La Malinche, sus padres y sus hijos

Margo Glantz
(Coordinadora)

La Malinche, sus padres y sus hijos

TAURUS
PASADO Y PRESENTE

LA MALINCHE, SUS PADRES Y SUS HIJOS
D. R. © Gordon Brotherston, Mercedes de la Garza, Georges Baudot, Pilar Gonzalbo, Elsa Cecilia Frost, Bolívar Echeverría, Carlos Monsiváis, Roger Bartra, Jean Franco, Claudia Leitner, Jorge Alberto Manrique, Herbert Frey, Sandra Messinger Cypess, Hernán Lara Zavala y Margo Glantz (Coordinadora), 2001.

taurus

De esta edición:
D.R. © Aguilar, Altea, Taurus, Alfaguara, S.A. de C.V., 2001.
Av. Universidad 767, Col. del Valle
México, 03100, D.F. Teléfono 56 88 89 66
www.taurusaguilar.com.mx

Director de la colección: Enrique Florescano

- Distribuidora y Editora Aguilar, Altea, Taurus, Alfaguara, S. A.
  Calle 80 Núm. 10-23, Santafé de Bogotá, Colombia.
- Santillana S. A.
  Torrelaguna 60-28043, Madrid, España.
- Santillana S. A.
  Av. San Felipe 731, Lima, Perú.
- Editorial Santillana S. A.
  Av. Rómulo Gallegos, Edif. Zulia 1er. piso
  Boleita Nte., 1071, Caracas, Venezuela.
- Editorial Santillana Inc.
  P.O. Box 19-5462 Hato Rey, 00919, San Juan, Puerto Rico.
- Santillana Publishing Company Inc.
  2105 N. W. 86th Avenue, 33122, Miami, Fl., E.U.A.
- Ediciones Santillana S. A. (ROU)
  Constitución 1889, 11800, Montevideo, Uruguay.
- Aguilar, Altea, Taurus, Alfaguara, S. A.
  Beazley 3860, 1437, Buenos Aires, Argentina.
- Aguilar Chilena de Ediciones Ltda.
  Dr. Aníbal Ariztía 1444, Providencia, Santiago de Chile.
- Santillana de Costa Rica, S. A.
  La Uraca, 100 mts. Oeste de Migración y Extranjería, San José, Costa Rica.

Primera edición en Alfaguara: octubre de 2001.

ISBN: 968-19-0809-0

D.R. © Diseño de cubierta: Fernando Ruiz Zaragoza

Impreso en México

Todos los derechos reservados. Esta publicación no puede ser reproducida, ni en todo ni en parte, ni registrada en o transmitida por un sistema de recuperación de información, en ninguna forma ni por ningún medio, sea mecánico, fotoquímico, electrónico, magnético, electroóptico, por fotocopia o cualquier otro, sin el permiso previo, por escrito, de la editorial.

ÍNDICE

Nota introductoria   9
Margo Glantz

La Malinche histórica   17
   La Malintzin de los códices   19
   Gordon Brotherston

   Visión maya de la Conquista   39
   Mercedes de la Garza

   Malintzin, imagen y discurso de mujer
   en el primer México virreinal   55
   Georges Baudot

   La Malinche: la lengua en la mano   91
   Margo Glantz

   Doña Marina y el Capitán Malinche   115
   Margo Glantz

La Malinche en la Colonia   135
   De huipil o terciopelo   137
   Pilar Gonzalbo Aizpuru

El símbolo del triunfo   159
  Elsa Cecilia Frost

La Malinche y los mitos   **169**
  Malintzin, la lengua   171
  Bolívar Echeverría

  La Malinche y el malinchismo   183
  Carlos Monsiváis

  Los hijos de la Malinche   195
  Roger Bartra

  La Malinche y el Primer Mundo   201
  Jean Franco

  El complejo de la Malinche   219
  Claudia Leitner

  Malinche   247
  Jorge Alberto Manrique

  La Malinche y el desorden amoroso novohispano   251
  Herbert Frey

  Re-visión de la figura de la Malinche en la dramaturgia mexicana contemporánea   257
  Sandra Messinger Cypess

  Las hijas de la Malinche   277
  Margo Glantz

  Las cuatro heridas   305
  Hernán Lara Zavala

Nota introductoria
Margo Glantz

Si se empieza un texto como éste y se dice que la Malinche es un personaje controversial, se cae en la conversación plana o en el pleonasmo, cuando menos. Otro problema grave cuando se habla de ella es la aparente escasez de las fuentes y su poca confiabilidad y la muy probable ocurrencia de que todos digamos lo mismo. Más grave aún es su evanescencia. Y sin embargo, estoy convencida de que como cualquier personaje mítico y a la vez histórico —que desaparece y reaparece en forma cíclica en nuestra historia—, debe ser periódicamente revisado y quizá descifrado, problema al que responde en parte esta memoria del coloquio intitulado *La Malinche, sus padres y sus hijos*. Enigma cada vez más poderoso, sobre todo si se tiene en cuenta que no hace mucho celebramos (o execramos) el Quinto Centenario del Descubrimiento de América y que la Malinche es el paradigma por excelencia del mestizaje.

Cada vez que consulto las fuentes tradicionales que sobre ella existen, soy objeto, de manera invariable, de una fascinación peculiar. Procedo, de inmediato, a un ejercicio de limpieza para recuperarla debajo de tantas gallinas y gallipavos, mantas de algodón bien labrado, joyezuelas, turquesas de poco valor, maíz y las otras diecinueve mujeres que formaban parte del lote entregado a Cortés después de la batalla de Cintla.

Entregada como instrumento necesario para cumplir y hacer llevaderas las tareas de la vida diaria a los soldados, incluidas las tareas de la reproducción, Malinche, cuyo nombre designa una fatalidad, según el calendario o *tonalpoualli* azteca, será convertida en figura fundacional de nuestra historia, investida de ese halo sospechoso que rodea y encubre a Eva a partir del día en que nos obligó a dejar el Paraíso, a Elena cuando provocó la Guerra de Troya, o a la Cava por cuya culpa se perdió España.

Condenada al silencio historiográfico, como dice Angelo Morino en su muy interesane libro *La donna Marina*, su liga con Cortés la convierte en uno de los personajes más frecuentados de la escritura de los conquistadores y en figura esencial de los códices de los vencidos, a tal punto que en algunas crónicas y en algunos códices se convierte en diosa. Este destino singular la persigue, ya sea como elemento providencial para el triunfo de Cortés o como la culpable de nuestra desgracia, al grado que en *El laberinto de la soledad*, uno de sus más difundidos e importantes escritos, Octavio Paz la fusiona nada menos que con La Chingada.

Carlos Fuentes reflexiona a menudo sobre ella, y lo ha vuelto a hacer en su libro *El naranjo*, como madre de un bastardo, Martín II. En el libro de Tzvetan Todorov tiene también un lugar que ha provocado muchas controversias y adhesiones. Varias novelas sobre la Malinche circulan por el mundo, y aquí debo consignar recibo de un manuscrito que me ha llegado de Argentina, es de Susana Villalba y se llama *Papalote*. Es bueno recordar en este contexto que Cortés no tiene calle en México, pero en Coyoacán la calle de Malintzin está situada entre las calles de Xicoténcatl y Moctezuma, *of all people*! La Malinche ha sido muy frecuentada como inspiradora de óperas, tragedias, dramas románticos y de crónicas, poemas —entre ellos, y muy especial, el que le dedica Rosario Castellanos— y también caricaturas de los moneros de *La Jornada*, ¿verdaderos nuevos códices?

No importa, ya sea como heroína o como traidora, Malinche es sujeto de la historia y objeto de una mitificación. Hemos querido por ello revisitarla, indagar en nuestras raíces, esas raíces estrechamente vinculadas con el mestizaje y replantear muchas de sus andanzas actuales y pasadas y aclarar su significado, en tanto generadora de malinchismos, para muchos, o como antecesora de los movimientos feministas, o hasta como bandera de las chicanas que ven en ella y en Frida Kahlo un símbolo perfecto de su propia identidad. ¿No dice acaso Gloria Anzaldúa, en su libro *Borderland La Frontera. The Mestiza*, lo siguiente?:

> No vender yo a mi pueblo, ellos venderme a mí. A Malinali, Tenepat o Malintzin se le conoce como la Chingada, y por ello se ha convertido en la blasfemia más constante en boca de los chicanos. Es la puta, la prostituta, la mujer que vendió su pueblo a los españoles; estos son los insultos despreciativos que los chicanos escupen diariamente contra ella. Pero el peor tipo de traición es el que pretende hacernos creer que la mujer india que llevamos dentro es la traidora. Nosotras, indias y mestizas, civilizamos a nuestro indio interior, y la brutalizamos y la condenamos. ¡Buena labor ha hecho la cultura de los machos entre nosotras!*

Insisto, el coloquio fue importante, una tentativa, un ensayo sobre la interdisciplina. Aquí hemos reunido varias de las ponencias presentadas, y se revisa a la Malinche desde varias perspectivas, analizando su contexto histórico, su instauración como mito y su ambivalente persistencia hasta nuestros días.

La primera parte reflexiona sobre el personaje histórico, y en ella se incluyen varios trabajos que se sustentan en documentos contemporáneos del personaje: crónicas,

---

* [Traducción mía.]

archivos y códices. El libro inicia con un ensayo de Gordon Brotherston, ahora corregido, y estudia desde un punto de vista especial, no muy frecuentado, su presencia en los códices de los vencidos, lo que sirve para iluminarla desde otra perspectiva, pero sobre todo para afinar el testimonio de los invasores, calificado por él de "escueto y contradictorio". Me pareció conveniente añadir un ensayo —ya publicado— de Mercedes de la Garza para complementar esta visión desde el ángulo "de los vencidos", y penetrar en otros ámbitos indígenas donde la aparición de la Malinche se maneja en antiguos dramas mayas como figura emblemática y ya legendarizada, unas décadas después de la Conquista. Georges Baudot ha investigado con rigor y minucia sus huellas en los archivos mexicanos y españoles para enmendar y disipar algunos errores históricos, y sobre todo para afianzar al personaje en el suelo de la historia. Finalizan esta primera parte dos textos míos. El primero, "La Malinche: la lengua en la mano", parte de un cotejo de los diversos rostros que sobre ella dibujan varios de los cronistas de la época, e intenta dilucidar la figura del lengua o intérprete en la Conquista y su contraparte en la época moderna. El segundo es un texto que ahora se agrega, "Doña Marina y el Capitán Malinche", y fue presentado en el coloquio dedicado a la Malinche, organizado por Barbara Droescher de la Universidad Libre de Berlín (Freie Universität) en febrero de 2000.

La segunda parte del volumen se dedica a los contemporáneos de la Malinche y se incluyen ensayos de corte antropológico e histórico. Por su parte, Pilar Gonzalbo explora la situación de la mujer —tanto española como mestiza e indígena— durante los primeros años que siguieron a la Conquista. Elsa Frost revisa las curiosas relaciones que los españoles sostuvieron con las naturales y la jurisdicción española que las (des)amparaba.

La tercera parte del libro está dedicada a los hijos de la Malinche, contiene varios artículos de distinta longitud y enfoque, relacionados con los ingredientes míticos de que ha sido revestido el personaje y su sintomática y proteica transformación hasta nuestros días. Bolívar Echeverría hace un análisis filosófico sobre la relación que existe entre la acción singular de algunos individuos y su transformación épica en la historia, y la función del intérprete durante la Conquista, para entender la mitificación actual del personaje. Con su acostumbrada clarividencia, Monsiváis nos muestra cómo en el origen el malinchismo se encuentra en los pensadores del liberalismo mexicano. Roger Bartra señala las manías desmitificadoras que preocupan a los gobernantes y la forma en que algunos de los mecanismos de mitificación se adaptan a nuevas condiciones históricas y sociales. Jean Franco trabaja las lecturas colonizadoras del Primer Mundo y el papel descolonizador que juega la Malinche en el nuevo discurso femenino, sobre todo en el de las chicanas. Esta edición cuenta con un nuevo texto de Claudia Leitner intitulado "El complejo de la Malinche", fino y profundo estudio de la figura histórica y sus proyecciones actuales, sobre todo en lo que se refiere a los estudios de género y presentado en el Coloquio de Berlín arriba mencionado. Jorge Alberto Manrique y Herbert Frey se ocupan de la sexualidad y de la función que juegan el deseo y la posesión, así como la elaboración de la imagen de la mujer traidora. Sandra Messinger Cypess revisa la figura de la Malinche en la dramaturgia mexicana contemporánea y hace una comparación entre la producida por varones y la contrasta con la escrita por mujeres desde la perspectiva de los estudios de género. Finalmente, añado otro texto mío donde analizo una de las proyecciones modernas de este arquetipo en la literatura mexicana y Hernán Lara Zavala elabora un texto creativo cuya figura central es, naturalmente, la Malinche.

No quiero finalizar esta nota introductoria sin agradecer a quienes hicieron posible la primera edición, la doctora Juliana González, directora de la Facultad de Filosofía y Letras de la Universidad Nacional Autónoma de México cuando el Coloquio tuvo lugar, en 1992, y ahora a la editorial Taurus, especialmente a Marisol Schulz, porque gracias a ella esta nueva edición ve la luz. Tambien agradezco A Karim Garay, Mónica Tahuilan y Edith Leal por ayudarme a revisar esta edición. Finalmente, en primerísimo lugar, agradezco su colaboración a los participantes del coloquio y del libro, cuyos brillantes estudios configuran una imagen de nuestra primera madre sospechosa.

La Malinche histórica

La Malintzin de los códices*
Gordon Brotherston

Con mínimas excepciones, la vida de Malintzin-Malinche-Marina-Mariana se ha construido a partir del testimonio, escueto y contradictorio, de los invasores de México que se sirvieron de ella en beneficio propio. Indicativo en este sentido es lo que aprendemos de los primeros en conocerla, ya en marzo de 1519, al juntarse con la expedición de Grijalva.

Por un lado, están las menciones que le concede Hernán Cortés en sus *Cartas de relación*, donde típicamente no pasa de caracterizarla como mero factor verbal, si no anatómico, al llamarla "la lengua". Esta pobre condición corresponde con un pasado falto de todo amor, en el que ella —antes de caer en manos de Cortés— había sido vendida como esclava por lo menos dos veces; por sus padres a los comerciantes nahuas de Xicalanco y por éstos a los potonchanes, mayahablantes de Tabasco. La misma abyección que nos declara esta triste biografía la ha exonerado de toda responsabilidad de su gran "traición", en alguna que otra hagiografía que quisiera recuperarla para la nación de

---

* Después de su primera publicación en 1994, el argumento que se presenta aquí se ha elaborado en el segundo capítulo de mi libro *Painted Books of Mexico*. Se trata sobre todo de la Malinche militar que, escudo en mano, da órdenes de batalla y que se ve retratada tanto en el *Lienzo de Tlaxcala* como en los *Cantares mexicanos* (los muy satíricos cantos 69-72).

hoy.[1] Más seriamente ha venido a prefigurar la durísima tarea que implica la emancipación de la ciudadana mexicana.[2]

Por otro lado, pero siempre dentro de la misma compañía de conquistadores, Bernal Díaz del Castillo la trata con muchísimo más respeto, concediéndole no sólo un nombre cristiano, Marina, sino el reverencial "doña". Según esta versión, lejos de haber sido esclava de nacimiento, la Malintzin pagana gozaba de cierto rango social: era hija de caciques quien (según Andrés de Tapia, otro conquistador) había sido "hurtada" por unos mercaderes.[3] A este propósito se nos informa que cuando Malintzin y Cortés regresaron a Tabasco en 1523, ella dijo que era "de aquella provincia", y "gran señora y cacica de pueblos y vasallos".[4] De ser el caso, es evidente que su condición correspondería más bien a la de la aristocracia indígena con que trabajó Cortés en Totonacapan, Tlaxcala, Tepexic y otros lugares cuya hostilidad hacia Tenochtitlán fue desarrollada y fomentada por medio de una diplomacia hábil y altamente eficaz.

Cualquier intento de resolver estas discrepancias se enfrenta de inmediato con un gran problema de taxonomía y terminología político-social, y también con la discrepancia previa que existía y existe entre las perspectivas indígena[5] y occidental. Por ésa y otras razones resulta sorprendente que hasta la fecha no se haya prestado más atención a las fuentes indígenas que se refieren a Malintzin,

---

[1] *Cf.* Geney Torruco Sarana, *Doña Marina, Malintzin*.
[2] *Cf.* Jean Franco, "On the impossibility of Antigone and the inevitability of la Malinche", en *Plotting women. Gender and Representation in Mexico*.
[3] *Cf.* Tapia, citado en Manuel González Calzada, *De cómo vinieron y contaron los cronistas de Indias*.
[4] Bernal Díaz del Castillo, *Historia verdadera de la conquista de la Nueva España*.
[5] En todo lo que tiene que ver con esta perspectiva indígena, especialmente la de Tlaxcala, Luis Reyes García ha sido una fuente de información inmejorable y le estoy muy agradecido. Véase Gordon Brotherston, *América indígena en su literatura*.

sobre todo a los códices que la presentan gráficamente.[6] Sería útil, por ejemplo, tener una guía de tales fuentes, las cuales siguen bibliográficamente dispersas. Anticipando un análisis más comprensivo y detallado, se comentan en este ensayo textos representativos de las causas pro y antimexica, es decir, del imperio de Tenochtitlán y de la alianza que se formó en contra suya.

En primer lugar habrá que notar que por encima de cualquier diferencia política de esta naturaleza, estos testimonios indígenas concuerdan en reconocerle a Malintzin un estatus social elevado —por decirlo así—, dándole más razón a Díaz del Castillo que a Cortés en todo lo que se refiere a su experiencia compartida después de desembarcarse en Chalchicueyecan-Veracruz en abril de 1519. Aunque ninguna crónica indígena ofrezca dibujar la vida de Malintzin antes de ese momento clave, no hay duda alguna, según las mismas fuentes, respecto al privilegio e incluso al poder político que tuvo de allí en adelante.

Donde sí se abren diferencias dentro de la tradición indígena es en el grado de hostilidad que se expresa hacia su persona. Como sería de esperarse, los textos compuestos por los que quedaron leales a Tenochtitlán y la causa mexica dejan entender una desaprobación fuerte del comportamiento de Malintzin y un resentimiento vivo del poder que ejerció con y aun sobre Cortés.

Por otro lado, los aliados de Cortés la presentan como señora indígena ejemplar que ya sabe operar y manipular los nuevos valores políticos y religiosos del momento.

Entre los documentos que provienen de la metrópoli hostil, tal vez el más elocuente es el *Códice florentino*, libro XII, que narra con gran detalle visual y verbal todo lo que sucedió entre la llegada de Malintzin y Cortés a la costa veracruzana en abril de 1519 y la toma del mercado de Tla-

---

[6] Son excepciones: Gustavo A. Rodríguez, *Doña Marina. Monografía histórica*; Miguel Ángel Menéndez, *Malintzin en un fuste, seis rostros y una sola máscara*; J. Jesús Figueroa Torres, *Doña Marina, una india ejemplar*.

telolco en agosto de 1521. Aunque es de fecha tardía y auspiciado por el fraile Bernardino de Sahagún, y aunque su lenguaje visual se ve alterado por conceptos renacentistas, este texto permanece notablemente leal a las prioridades que defendió Cuauhtémoc. En total, se refiere a Malintzin ocho veces (a-e son imágenes, de las cuales b-e corresponden a momentos de la narrativa en náhuatl; f-h sólo son momentos de la narrativa en náhuatl):

a) Como intérprete en la costa veracruzana en abril de 1519 (portada, fig. 1).
b) Interpretando para Cortés (cap. 9).
c) Como intérprete entre Moctezuma y Cortés (cuyo idioma se dice bárbaro) durante su primer encuentro en noviembre de 1519; viste un traje espléndido para la ocasión (fig. 2, cap. 16).
d) Exigiéndoles perentoriamente, desde una azotea en Tenochtitlán, a los mexicas que traigan comida para los españoles; a su lado Cortés queda disminuido, con aire de impotente (fig. 3, cap. 18).
e) Aceptando en nombre de Cortés el tributo de comida que les dejaron los de Teocalhueyacan, sus anfitriones después de la derrota y la humillante huida de Tenochtitlán en mayo de 1520 (cap. 25).
f) Informándole a Cortés del temor que les inspiraban los mexicas a los de Teocalhueyacan (cap. 26).
g) Aceptando, sentada al lado de Cortés, la rendición formal de Cuauhtémoc en agosto de 1521, también en una azotea (cap. 40).
h) Tratando con Cortés de averiguar dónde había quedado el oro que se extravió cuando los españoles habían huido de Tenochtitlán (cap. 41).

Aun una mirada rápida a esta secuencia nos asegura que Malintzin tuvo un papel clave. Ya en la costa (a) se la ve como intermediaria poderosa entre el emisario de Tenochtitlán y los españoles que sumidos en su malla escriben atentamente en un papel lo que ella les dicta. Desde la azotea (d) exhibe una prepotencia notable y a lo mejor chocante para las costumbres locales.

El comentario a su segundo acto de "interpretación" (b), cuyos efectos políticos ya se hacían sentir por el imperio, nos hace clara una sorprendente preocupación de parte del emperador Moctezuma; trascendiendo sexo y clase social, se pregunta éste cómo uno de "los nuestros" (titlaca) podría obrar de manera tan traicionera ("le entró a Moctezuma al corazón: esa mujer de entre los nuestros les trajo, intepretó para ellos": *yiollo itlan tlaliloc in Motecuçoma: ce cioatl nican titlaca in quinoalhuicac, in oalnaoatlatotia*). Finalmente, después de la última batalla (h), el vergonzoso deseo de riqueza material que comparte Malintzin con Cortés provoca el siguiente intercambio con los vencidos, reproducido con evidente intención por el historiador mexica:

> Entonces volvió a hablar Malintzin: "Dice el capitán: 'producirán doscientas piezas de oro de este tamaño'", e hizo el tamaño con sus manos, haciendo un pequeño círculo. Y contestó el otro: "Tal vez alguna mujercita [*ciualtzintli*] las metió debajo de la falda; se buscarán; él las encontrará".[7]

En náhuatl, el fino insulto que se dirige aquí a Malintzin (quien como intérprete se lo habrá tenido que tragar) se hace aún más inevitable, dado que el término para oro en aquella lengua es *teocuitlatl* o divina mierda.

Como se sabe, en los años posteriores a la toma de Tenochtitlán, Malintzin siguió identificándose como com-

---

[7] Charles Dibble y A.J.O. Anderson, *The florentine codes: Book XII*. [Traducción mía.] Este códice es descrito y citado por Miguel León-Portilla en *El reverso de la Conquista*; Serge Gruzinski lo considera notable por su manera de expresar la "native sensibility", en *Painting the Conquest. The mexican indians and the european renaissance*, p. 41.

pañera del encomendero Cortés. Por eso, se vio metida en varios pleitos, por vejaciones, agravios, derechos a tierras o tributos en la antigua órbita mexica, que, fomentados en parte por la Corona en su incipiente intento de apocar el poder de los encomenderos, generaron su propia documentación indígena. Un ejemplo muy gráfico de esos años, en el cual domina la hostilidad ya comentada, proviene de Coyoacán, el mismo lugar donde hicieron su casa los dos y tuvieron a su hijo Martín. Se conoce por el título elocuente de "Manuscrito del aperreamiento", y funcionó como denuncia legal.[8] Muestra el atroz ataque canino que, encadenados, sufrieron siete principales del lugar que evidentemente habían sido llamados a encontrarse con Malintzin y Cortés con un pretexto enteramente falso. Arriba del glifo del coyote de Coyoacán y de mucha sangre derramada por los monstruosos mastines europeos, vemos a Cortés haciendo con sus dedos la V invertida que quiere decir "reunión" mientras que detrás de él, pero a la misma altura, Malintzin ("Mariana") despliega el rosario que denota el propósito ostensible de la reunión, es decir, instrucción en la doctrina cristiana (fig. 4). Ambos aparecen como cómplices igualmente aborrecibles. Abajo, se le culpa también a "Andrés de Dabia" (Tapia) de los siete asesinatos.

En cuanto a los documentos producidos por los que decidieron combatir el poder mexica con la ayuda de Cortés, Malintzin se presenta universalmente bajo una luz mucho más favorable. Aun los hechos que cuentan, difieren algo de los de la versión mexica. Los textos del Totonacapan y Tlaxcala ponen gran énfasis en los primeros encuentros con Malintzin y Cortés, un proceso que Tenochtitlán pudo observar sólo de lejos, por medio de sus emisarios. Siempre se caracteriza como apacible, aunque no lo fuera, la entrada de los dos, y se hace de Malintzin

---

[8] Véase Gordon Brotherston, *Image of the New World. The american continent portrayed in native.*

una principal conversa que por su misma presencia confirma la viabilidad de las nuevas reglas del juego.

Especialmente linda es la escena dibujada en el *Mapa de Tepetlán*, situado al noreste de Jalapa, entre la costa y Tlaxcala.[9] En el camino que viene del puerto Quiahuitzlán (arriba, hacia el este), donde se ve el barco en que llegaron Cortés y Malintzin, don Diego Toltecatl y don Juan Huitzilpopoca salen a recibir a los dos (fig. 5): a un lado se ve la palapa provisoria de Cortés (*ychan marques*) y se espera su llegada formal al centro de Tepetlán y el encuentro con el gran *tecutli*, don Pablo Huey Ilhuitl. Abajo, se representa además la reunión que había organizado previamente Huey Ilhuitl, entre él mismo y los señores de las cuatro cabeceras de Tepetlán, en la cual se decidió mandar a dos de ellos (Toltecatl y Huitzilpopoca) a recibir a los recién llegados. Se detallan los dos distintos tipos de dádiva o tributo que mandaron, es decir, comida, que eran pavos, y objetos de valor duradero y transferible como tejidos y oro labrado, categorías que corresponden a las expresiones nahuas *quitlacualmacaque* y *quitlauhtique* (comestibles y riquezas). El texto es del año 1551, debe haber servido para defender terrenos y la economía locales. Detalles como la indumentaria, el tributo y su numeración y los glifos de personas y lugares, tanto como la representación del espacio en plano y en perfil, permanecen netamente precortesianos; al mismo tiempo y como, profilácticamente, se anuncia la nueva religión por medio de cruces, iglesias enteras y la fecha emblemática de "1519".

En esta situación general se le concede una gran importancia a Malintzin. Recibe tributo de más valor que Cortés mismo: ochenta pavos, tres collares de oro y —el ítem extra— un *tilmatli* o manta. Y todo el encuentro se centra en el diálogo entre ella y Toltecatl, las figuras más grandes de la escena y los únicos que tienen volutas verba-

---

[9] *Cf.* Gerdt Kutscher, *Mapa de San Antonio Tepetlán. Postkolumbische Dilddokumente aus Mexiko*, pp. 277-300.

les delante de la boca. Mientras tanto, sentado a un lado y con la cabeza vuelta hacia Malintzin, Cortés parece casi un observador.

Reconocer la lógica indígena de este texto (poco conocido) de Tepetlán se hace indispensable cuando pasamos, siempre en compañía de Malintzin y Cortés, a Tlaxcala, la fuente no sólo de ejércitos poderosísimos sino de todo un acervo de textos, entre ellos el famoso *Lienzo*, donde Malintzin aparece hasta dieciocho veces. Es más: atendiendo a la secuencia cronológica de documentos en la cual se encaja este *Lienzo de Tlaxcala*, tenemos la posibilidad única de recuperar la imagen de Malintzn como si fuera retroactivamente, notando los cambios sucesivos que se impusieron al primerísimo ejemplo de la serie (figuras 6-8).

Conocido como el *Texas Fragment,* o, de preferencia, *Códice de Tizatlán*, este original apenas se ha difundido, por lo cual se publica en el presente volumen.[10] Consiste en cuatro páginas en papel indígena, que representan cómo supuestamente[11] fueron recibidos Malintzin y Cortés al llegar de Totonicapan a Tizatlán, una de las cuatro cabeceras de Tlaxcala. Exhibe una poderosa lógica interna: los dos pares de páginas 1-2 y 3-4, forman unidades según los respectivos conceptos "bienvenida al viajero", y "hospedaje". En ambos casos recuerda con fuerza los modelos tradicionales en general, y el *Mapa de Tepetlán* en particular, en materias como los topónimos del paisaje y las hue-

---

[10] Quedo muy agradecido con Wm. T. Reilly, curador de la Archer M. Huntington Art Gallery Austin, por su amabilidad al contestar algunas preguntas técnicas acerca de este *Códice de Texas* o *Códice de Tizatlán*, y por el permiso para reproducirlo. También agradezco a Sue Ellen Jeffers, del Museum Registrar University of Texas, por haber mandado las transparencias.

[11] Al pasar el muro que defendía Tlaxcala, Cortés peleó contra Xicoténcatl el Joven; se ven batallas sangrientas con los otomíes tlaxcaltecas en el *Lienzo de Huamantla*. Véase Carmen Aguilera, *Lienzo de Huamantla*, y Charles Gibson, *Tlaxcala in the sixteenth century*.

llas del camino,¹² la división formal entre tributo comestible y duradero,¹³ glifos nominales, y el juego entre representación en plano y en perfil. Como en el caso de Tepetlán, la pareja es recibida apaciblemente desde un principio por un comité representativo de las cuatro cabeceras: le toca el honor precisamente a Tizatlán, por ser la primera en el camino que viene de la costa.

Se sostiene también la eminencia de Malintzin en asuntos diplomáticos y materiales. Cerca de la cascada de Atlihuetzyan, sujeto o *tlaxilacalli* de Tizatlán, Tepeloatecutli, emisario y homónimo del fundador de la cabecera, la saluda primero,¹⁴ seguido por Xicoténcatl, quien saluda a Cortés, debajo de la bandera del ejército español.¹⁵ Después, en la casa de Xicoténcatl (*ychan Xicotencatl*),¹⁶ éste y ella entran en conversación directa a cada lado de Cortés, quien vuelve a quedar de observador, aunque sea esta vez desde una posición central y más dominante. En cuanto al tributo, a Malintzin parecen corresponder los primeros regalos de comida en el camino mientras que los dos encargos principales de comida (como pavos y otros) y riquezas (tejidos y oro, etcétera) se asignan a los dos, es decir, no exclusivamente a Cortés. En la última página, es de especial interés ver cómo cada uno recibe cortesías: a Cortés le toca la delegación de señores de las cuatro cabeceras (Xicoténcatl, Maxistzin, Tziuhcuacatl, Tleuexolotl); a ella, la dádiva de hijas nobles con sus riquísimos tejidos, la cual en las fuentes españolas es de esclavas y se reparte más bien entre el sediento ejército.

En fin, siempre vestidos ella de rojo y él de negro, Malintzin y Cortés se contraponen en cada página, ella a pie, él a caballo, a pie y sentado. Armonizando más con la

---

¹² *Códice de Tizatlán*, pp. 1 y 2.
¹³ *Ibid.*, pp. 3 y 4.
¹⁴ *Ibid.*, p. 1.
¹⁵ *Ibid.*, p. 2.
¹⁶ *Ibid.*, p. 3.

lógica binaria del texto, ella mantiene la cabeza erguida[17] o inclinada hacia atrás,[18] *aquetza* en náhuatl, con toda la arrogancia que distingue a las aristócratas celebradas en algunos de los anales precortesianos.[19]

Según la política de los tlaxcaltecas —y su muy comprensible aversión a pagar tributo a los conquistadores— a mediados del siglo, el *Códice de Tizatlán* tuvo como propósito constatar la deuda material y política incurrida, por el contrario, por los españoles. Efectivamente, el tributo que se les dio se representa de la misma manera que en los documentos que servían en estos mismos años para defender derechos indígenas ante la Real Audiencia. El tributo se dispone en plano según las categorías y subcategorías tradicionales, en cantidades contables y con minuciosas glosas en náhuatl, y ocupa proporcionalmente una gran parte del segundo par de páginas. Con los años este texto pasó a formar parte del mucho más extenso *Lienzo de Tlaxcala* (véase cuadro en el anexo), que, promovido por el cabildo (ya en 1552[?]),[20] tuvo el propósito adicional de presentar a los tlaxcaltecas como conquistadores en derecho propio, es decir, ya cristianizados. Se conoce en tres versiones sucesivas, las de Cahuantzin y Chavero (que se parecen mucho) e Yllañes.[21] En todas, la narrativa empieza con un gran mapa ritual de las cuatro cabeceras de Tlaxcala y termina con las conquistas de Michoacán, Jalisco, Guatemala y otros lugares de más allá del antiguo imperio mexica. Malintzin aparece en las escenas de 1519 que fueron tomadas del *Códice de Tizatlán* y extiende su presencia por gran parte de la narrativa. Se destaca sobre todo cuando los españoles

---

[17] *Ibid.*, pp. 1-3.
[18] *Ibid.*, pp. 2-4.
[19] Le debo este término al fallecido nahuatlato inglés William Fellowes.
[20] *Cf.* Andrea Martínez, "Las pinturas del Manuscrito de Glasgow y el *Lienzo de Tlaxcala*", en *Estudios de cultura náhuatl*, pp. 141-162.
[21] Véase Alfredo Chavero, *"Lienzo de Tlaxcala"*, en *Antigüedades mexicanas*; John B. Glass, *Catálogo de la colección de códices*, p. 83.

vuelven a Tlaxcala en 1520, y cuando se rindió Cuauhtémoc sobre la azotea en 1521 (*ye poliuque mexica*). En efecto, la otra entrada a Tlaxcala de 1520, esta vez por las cabeceras occidentales de Quiyahuitzla y Ocotelolco, urge un notable argumento: gracias en gran parte a Malintzin, Tlaxcala volvió a ayudar a los españoles aunque éstos, después de la derrota de la Noche Triste, habían quedado humillados e indefensos.

La narrativa del *Lienzo* se prolonga aún más en el *Códice de Tlaxcala*, texto que representa conquistas hasta Nicaragua en el este y California y Zuni en el noroeste, y que además añade un capítulo inicial sobre la temprana evangelización de Tlaxcala. Posterior a las tres versiones del *Lienzo*, este códice se relaciona con la visita de Diego Muñoz Camargo y otros tlaxcaltecas a Madrid en 1585.[22] En el siglo XVII, esta larga línea de textos alimenta escenas del muy tardío *Códice Entrada de los españoles en Tlaxcala* y los dibujos de Panes,[23] los cuales, sin embargo, sólo glorifican lo español, según el gusto colonial, a la vez que se desentienden de toda norma de escritura y representación indígena.

Formalmente, el mero hecho de insertar en el *Lienzo* las cuatro páginas del *Códice de Tizatlán* las desvistió necesariamente de su propia lógica expositiva: en el *Lienzo* vienen a ser sólo unas escenas más en las filas de siete que determinan el formato de este texto posterior. Junto con este desplazamiento formal se nota la pérdida progresiva de glifos nominales y de categorización del tributo, y el juego entre las dos órdenes de espacio (en plano y en perfil) tiende a ceder a una perspectiva unitaria. El encuentro de Xicoténcatl con Cortés se ve reformulado, para que el estandarte de éste deje espacio al nuevo tema de la cruz. En

---

[22] Se redescubrió recientemente en Glasgow. Véase Diego Muñoz Camargo, *Descripción de la ciudad y provincia de Tlaxcala*, y Gordon Brotherston y Ana Gallegos, "El *Lienzo de Tlaxcala* y el *Manuscrito de Glasgow*", en *Estudios de cultura náhuatl*, pp. 117-140.

[23] Véase Jorge Gurría Lacroix, *Códice Entrada de los españoles en Tlaxcala*.

el códice de 1585 este proceso continúa: el dibujante confunde más la neta línea del topónimo Atlihuetzyan y reduce y entremezcla las dos categorías de tributo. Se crea la ilusión de fondo renacentista, las figuras humanas indígenas y españolas adquieren poses y gestos importados,[24] y se confirma el redondeamiento que se había anunciado ya en la versión de Yllañes. Y no sólo no se respeta la lógica binaria del *Códice de Tizatlán*, sino que además se invierte el orden de las antiguas escenas 3 y 4; y entre éstas y las primeras dos se entremete otra que apoya el intruso motivo de la cruz. Finalmente, en el tardío *Códice Entrada*, donde falta todo indicio de escritura indígena, la perspectiva general es europea, las pocas glosas son en español y se deshace el concepto de escenas enmarcadas a favor de un cuadro múltiple.

Y, ¿qué significa todo esto para la imagen de Malintzin? Con el paso del *Códice de Tizatlán* al *Lienzo de Tlaxcala* y del tema del tributo al de la previa evangelización, ella es literalmente desplazada por la cruz misma. En lo que era la segunda salutación en el camino, Cortés y Xicoténcatl abrazan una enorme cruz, olvidándose de Malintzin, quien se vuelve un factor secundario, lo que confirma, por definición negativa, la interpretación ofrecida de su significado inicial en la tradición de textos antimexicas. Ya menos clave para el argumento general, con el paso a Yllañes queda aún más en segundo plano: el dibujo de su figura se ve interrumpido por elementos masculinos más dominantes. Redondeado, su cuerpo se hace necesariamente "femenil", según la estética importada, y lo "femenil", se va haciendo implícitamente propiedad de los nuevos dueños de la historia. En la época del *Códice Entrada*, disminuyen hasta la extinción su autonomía y todo el inteligente contra-

---

[24] En el *Lienzo de Tlacotepec*, también de Tlaxcala y del siglo XVIII, Malintzin muestra actitudes tan europeas como las de Cortés, al igual que el *Chichimecatecutli* o gran señor indígena Luis Bartolomé Iztac Cuauhtli. *Cf.* John B. Glass, *op. cit.*, p. 8.

punto o geometría que la había relacionado con Cortés. Siempre "dueña" y "doña", se incorpora a conjuntos sociales cuya disposición y movimiento obedecen al machismo flagrante y trascendental de la Colonia; y con la perspectiva y el efecto de fondo, se desliza hacia atrás junto con su mundo indígena antimexica y bonachón, patéticamente ansiosos todos de complacer, de satisfacer el gusto invasor. Se instituye así la premisa tomada como básica, desde un principio, por todos los cronistas europeos.

Dada la riqueza de la tradición literaria representada aquí, por textos de Tenochtitlán y Coyoacán, Tepetlán y Tizatlán-Tlaxcala, nuestro análisis se ofrece como un gesto inicial hacia posibilidades más amplias. En el lenguaje visual tan elocuente de estas fuentes, la enigmática Malintzin adquiere rasgos reconocibles y altamente sugerentes, que se leen por encima de diferencias políticas internas. Esclarecida aún más mediante la comparación diacrónica, esta imagen suya corrige de todas formas ciertos excesos u omisiones de la historiografía occidental.

Bibliografía

AGUILERA, Carmen (ed.), *El Lienzo de Huamantla*. Tlaxcala, Instituto de Cultura Tlaxcalteca, 1986.

ARCHIVO GENERAL DE LA NACIÓN, *Códice florentino*, ed. facs., vol. 3, libro XII, cap. IX, México, 1979.

BIERHORST, John, *Cantares mexicanos: Songs of the Aztecs*, Stanford, Stanford University Press, 1985.

BROTHERSTON, Gordon, *Image of the New World. The American Continent Portrayed in Native*, Londres/Nueva York, Thames and Hudson, 1979.

―――――, *La América indígena en su literatura*, México. FCE, 1997.

―――――, *Painted Books from Mexico*, Londres, British Museum Press, 1995.

———, y Ana GALLEGOS, "El *Lienzo de Tlaxcala* y el *Manuscrito de Glasgow*", en *Estudios de cultura náhuatl*, vol. 20, México, UNAM, Instituto de Investigaciones Históricas, 1990.

CHAVERO, Alfredo (ed.), "*Lienzo de Tlaxcala*", en *Antigüedades mexicanas*, México, Junta Colombina, 1892.

CORTÉS, Hernán, *Cartas de relación de la Conquista*, Graz-Adeva, 1960.

DÍAZ DEL CASTILLO, Bernal, *Historia verdadera de la conquista de la Nueva España*, México, Secretaría de Fomento, 1904.

DIBBLE, Charles y A.J.O. ANDERSON, *The Florentine Codex: Book XIII*, Salt Lake City, Universidad de Utah, 1969.

FIGUEROA TORRES, J. Jesús, *Doña Marina, una india ejemplar*, México, Costa-Amic, 1975.

FRANCO, Jean, "On the impossibility of Antigone and the inevitability of la Malinche", en *Plotting women. Gender and Representation in Mexico*, Nueva York, Universidad de Columbia, 1988.

GIBSON, Charles, *Tlaxcala in the Sixteenth Century*, Stanford, Universidad de Stanford, 1967.

GLASS, John B., *Catálogo de la colección de códices*, México, Museo Nacional de Antropología, 1964.

———, "A Census of Native Middle American Pictorial Manuscripts", en *Handbook of Middle American Indians,* vol. 14, Austin, Universidad de Texas, 1975.

GONZÁLEZ CALZADA, Manuel, *De cómo vieron y contaron los cronistas de Indias*, Villahermosa, Gobierno del Estado de Tabasco, 1981.

GRUZINSKI, Serge, *Painting the Conquest. The Mexican Indians and the European Renaissance*, París, Flammarion/ UNESCO, 1992.

GURRÍA LACROIX, Jorge, *Códice Entrada de los españoles en Tlaxcala*, México, UNAM, 1966.

KUTSCHER, Gerdt, *Mapa de San Antonio Tepetlán. Postkolumbische Bilddokumente aus Mexiko*, Baessler Archiv, 1963.

LEÓN-PORTILLA, Miguel, *El reverso de la Conquista*, México, Joaquín Mortiz, 1964.

MARTÍNEZ, Andrea, "Las pinturas del Manuscrito de Glasgow y el *Lienzo de Tlaxcala*", en *Estudios de cultura náhuatl*, vol. 20, México, UNAM, Instituto de Investigaciones Históricas, 1990.

MENÉNDEZ, Miguel Ángel, *Malintzin en un fuste, seis rostros y una sola máscara*, México, Populibros, 1964.

MESSINGER CYPESS, Sandra, *La Malinche in Mexican Literature. From History to Myth*, Austin, Universidad de Texas, 1991.

MUÑOZ CAMARGO, Diego, *Descripción de la ciudad y provincia de Tlaxcala*, René Acuña (ed.), México, UNAM, 1984.

PHILLIPS, Rachel, "Marina/Malinche. Masks and Shadows", en Beth Miller (ed.), *Women in Hispanic Literature*, Berkeley, Universidad de California, 1983.

REYES GARCÍA, Luis, "La represión ideológica en el siglo XVI", en *Civilización, configuración de la diversidad*, México, Centro de Investigaciones y Estudios Superiores de Antropología Social (CIESAS), 1983.

—————, *La escritura pictográfica en Tlaxcala*, Universidad Autónoma de Tlaxcala (UAT)-CIESAS, 1993.

RODRÍGUEZ, Gustavo A., *Doña Marina. Monografía histórica*, México, Secretaría de Relaciones Exteriores, 1935.

STORM, Deliah Anne, *Retextualized transculturation: the emergence of La Malinche as a figure in Chicana Literature*, Ph. D. Dissertation, Universidad de Illinois, 1994.

THOMAS, Hugh, *The Conquest of Mexico*, Londres, Hutchinson, 1993.

TORRUCO SARANA, Geney, *Doña Marina, Malintzin,* Villahermosa, Gobierno del Estado de Tabasco, 1987.

Anexo. Correlación de las escenas

	Bienvenida		Hospedaje	
	a	b	a	b
Códice de Tizatlán	1	2	3	4
Lienzo de Tlaxcala:				
Cahuatzin/Chavero	4	5	6	7
Yllañes	D	E	F	G
Códice de Tlaxcala	31	32	35	34
Códice Entrada			[3	4]

Figura 1. *Códice florentino*, detalle.[25]

Figura 2. *Códice florentino*.[26]

[25] ARCHIVO GENERAL DE LA NACIÓN, *Códice florentino*, portada.
[26] *Ibid.*, cap. 16.

Figura 3. *Códice florentino.*[27]

Figura 4. *Manuscrito del aperreamiento;* detalle.[28]

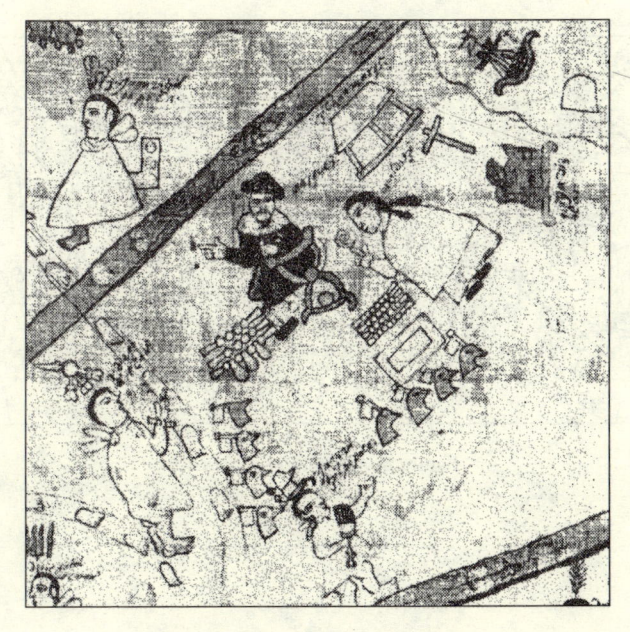

Figura 5. *Mapa de Tepetlán;* detalle.[29]

---

[27] *Ibid.*, cap. 18.
[28] Gordon Brotherston, *Image of the New Word...*
[29] Gerdt Kutscher, *Mapa de San Antonio Tepetlán...*

Figura 6. *Lienzo de Tlaxcala.*[30]

Figura 7. *Códice de Tlaxcala.*[31]

Figura 8. *Manuscrito de Panes.*[32]

---

[30] Alfredo Chavero, *op. cit.*, escena 6.
[31] Diego Muñoz Camargo, *op. cit.*, escena 35.
[32] Jorge Gurría Lacroix, *op. cit.*, lámina 79.

Figura 9. *Códice de Tizatlán.*[33]

---

[33] Luis Reyes García, *La escritura pictográfica en Tlaxcala.*

Visión Maya de la Conquista
Mercedes de la Garza

En 1695 fue exterminada por los españoles la tribu lacandona en la selva del mismo nombre, después de un proceso largo y dramático iniciado en 1530; se trató de un etnocidio, como afirma Jan de Vos,[1] ya que la mayoría de los llamados lacandones que habitan hoy esa región no desciende de aquéllos, sino que proviene de un grupo de mayas yucatecos que se internaron posteriormente en la selva para salvarse del dominio español.

Dos años después, en 1697, cae el que al parecer fue el último baluarte indígena de la Mesoamérica prehispánica: la ciudad de Ta Itzá, llamada por los españoles Tayasal, que era gobernada por la familia Canek del linaje de los Itzaes, y que se ubicaba en las márgenes del lago Petén Itzá en Guatemala, conservando la forma de vida indígena prehispánica, mientras en la Nueva España brillaban Sor Juana Inés de la Cruz y Juan Ruiz de Alarcón.

La Conquista de América es un hecho histórico tan complejo y multívoco, que son muchas las perspectivas desde las que puede ser enfocado. Y, además, es necesario reconsiderar y reinterpretar ese hecho a la luz de nuestro ser histórico y nuestras posibilidades actuales de conocimiento, que son distintas a las de ayer. En este trabajo, me

---

[1] Jan de Vos, *La paz de Dios y el Rey. La conquista de la selva lacandona.*

interesa únicamente destacar la respuesta a la Conquista, así como la conciencia de sí mismos ante ella, que tuvieron algunos hombres de varios grupos mayances, tanto de la Península de Yucatán, como de Tabasco y Guatemala.

Independientemente de la infinita conceptualización alrededor de la Conquista, cabe decir que, como actitud predominante, los españoles llegaron a América y no pudieron verla sino en función de sí mismos; la consideraron suya de inmediato y la poseyeron, física y espiritualmente, porque, con honrosas excepciones, no tomaron a sus habitantes como hombres, sino como infrahombres, por ser diferentes, por no tener las costumbres y creencias conocidas. Los conquistadores no fueron capaces de ver a los hombres mesoamericanos como sujetos, sino como "objetos vivientes", según Todorov,[2] y, así, las actitudes de atropello y explotación, que fueron las predominantes, se basaron en esa idea de que el que es diferente es inferior.

Y los mejores, aquellos que aceptaron a los indígenas como seres humanos y que incluso llegaron a admirar algunas de sus creaciones, se afanaron por "sacarlos del mal", es decir, por hacerlos semejantes a ellos: buenos cristianos, para que tuvieran derecho a ocupar un sitio en el mundo. Pero su propio sitio ya les había sido enajenado y para siempre.

Esa postura de los españoles ante los indígenas puede entenderse por los valores que regían la vida humana en la cultura occidental durante el siglo XVI y, particularmente, por el momento histórico que vivía España; pero no puede entenderse ni justificarse hoy y, aunque parezca increíble, todavía hay muchos que la suscriben. Cito, por ejemplo, la opinión que sobre la Conquista expresó Manuel Bendala en 1980, al hablar del Archivo de Indias de Sevilla:

> la más grandiosa empresa acometida por un pueblo: la de descubrir, conquistar, evangelizar, colonizar, humanizar y poblar un continente vacío y

[2] Tzvetan Todorov, *La Conquista de América. El problema del otro.*

silencioso, de polo a polo y de mar a mar [...] [Los españoles fueron, añade] los debeladores del mar [...] los semidioses de la epopeya [...] los embajadores de Cristo [...] los que llevaron el trigo, el caballo, la rueda y el arado [...] los que trasladaron la Universidad, la Ley, la Dignidad y la Libertad [...] los que pusieron su carne, su sangre y su palabra para llenar de risa morena y de acento dulce un continente vacio y silencioso.[3]

Esta visión actual de la Conquista, que se atreve incluso a decir que la América prehispánica era "un continente vacío y silencioso", exige que, como dije arriba, se profundice en las investigaciones sobre el tema, se reinterprete el hecho a la luz de los conocimientos de hoy, tanto de España como del mundo prehispánico, y se divulguen dichos conocimientos, como se divulga el libro de Bendala, que lleva diez ediciones.

En cuanto a lo que hicieron, pensaron y sintieron los despojados ante la ocupación española, podemos señalar que en el momento de la caída de Ta Itzá, todos los demás sitios mayas habían sido ya colonizados, y un movimiento indígena de rechazo al dominio español, iniciado desde el siglo XVI, inmediatamente después de la Conquista, se había extendido a gran parte del área maya. Ese movimiento indígena, que implica una intensa lucha por conservar algo de las tierras y bienes materiales, así como las creencias religiosas y las costumbres, incluye rebeliones armadas, suicidios, huidas en masa de los pueblos fundados por los españoles para facilitar la evangelización, y otras muchas formas de resistencia, que llevaron a cabo unos cuantos, pues según autorizados estudios, entre 1519 y 1620, de veintidós millones de indígenas murieron aproximadamente veintiún millones.[4]

---

[3] Manuel Bendala Lucot, *Sevilla*, p. 65.
[4] Datos de la Escuela de Berkeley tomados de Peter Gerhard, *A Guide to Historical Geography of New Spain*, p. 23.

Pero ese movimiento de resistencia no era una lucha ciega contra la opresión, sino que se apoyaba en una clara conciencia en los dirigentes de la necesidad de salvaguardar su sitio en el mundo, su propia identidad, invalidada por los españoles. Esta conciencia se expresa fundamentalmente en la realización de ceremonias religiosas clandestinas (que se hacían en las noches y en los campos, y que eran castigadas con la muerte), así como en la elaboración de textos, en lenguas indígenas y escritura latina. Estos textos se pueden dividir en dos grupos, por las finalidades con las que fueron escritos: ser leídos en esas ceremonias prohibidas o ser presentados ante las autoridades españolas para conservar las tierras heredadas de los antepasados y disminuir la carga del tributo. A estos dos tipos de textos les hemos llamado "Libros sagrados de la comunidad" y "Libros histórico-legales de la comunidad".[5]

Las ceremonias clandestinas, llamadas en el ámbito maya "Bailes del Tun", eran muy semejantes a las prehispánicas: se hacían danzas, cantos, oraciones, ofrendas de flores y de incienso, sacrificios de animales y de seres humanos (muchas veces con la nueva forma aprendida de los españoles: la crucifixión), así como representaciones dramáticas y lectura de los textos sagrados. Sólo que los rituales tenían un nuevo ingrediente: la finalidad de contraponerse a la evangelización. De este modo, todo lo que los indígenas aprendían de día, de noche era negado y condenado por sus propios sacerdotes.

Diego López de Cogolludo, en su *Historia de Yucatán*, asienta: "Tenían fábulas muy perjudiciales de la creación del mundo, algunos [después de que supieron] las hicieron escribir, y guardaban, aun ya cristianos bautizados, y las leían en sus juntas".[6]

Fuentes y Guzmán, hablando de los mayas de Guatemala, confirma el dato: "Danzan, pues, cantando alabanzas del santo que se celebra; pero en los bailes prohibidos

---

[5] Mercedes de la Garza, comp., "Prólogo", en *Literatura maya*.
[6] Diego López de Cogolludo, *Historia de Yucatán*, vol. I, p. 310.

cantaban las historias y hechos de sus mayores y de sus falsas y mentidas deidades".[7]

Los Bailes del Tun se realizaron hasta el siglo XVIII[8] y fueron, en mi opinión, una de las causas fundamentales tanto de las mútliples rebeliones indígenas ocurridas en el área maya, como de la notable conservación de costumbres y creencias prehispánicas, apoyada en la concepción indígena del mundo y de la vida, que encontramos en los grupos mayances actuales.

La visión maya de la Conquista española, expresada en sus libros sagrados y en sus textos histórico-legales, es diversa y a veces contradictoria. Sin embargo, las opiniones que presentan la Conquista como la peor desgracia sufrida por los indígenas aparecen fundamentalmente en los libros sagrados de la comunidad, escritos para apoyar la contraevangelización; mientras que las que la mencionan sin emitir opinión alguna o expresando agradecimiento por haber sido incorporados a la verdadera fe y al verdadero reino, se encuentra en los libros escritos para las autoridades españolas, muchas veces a petición de éstas. Paralelamente, en los libros sagrados encontramos los mitos cosmogónicos indígenas y en los libros histórico-legales, versiones del Génesis adaptadas a la propia historia, en las que los mayas se presentan como hijos de Adán, y relatan incluso su salida de Egipto. Por ejemplo, *El Título,* de Pedro Velasco, dice: "Vinimos del Paraíso Terrenal porque fue comido el zapote prohibido".[9]

Es obvio que los autores de estos últimos textos no estaban muy influidos por los españoles, como afirman algunos, sino que buscaban un beneficio material o al menos no ser despojados de sus escasos bienes, como lo dicen ellos mismos.

---

[7] Antonio de Fuentes y Guzmán, *Recordación florida*. vol. I, pp. 212-213.
[8] *Cf.* René Acuña, *Farsas y representaciones escénicas de los mayas antiguos.*
[9] *Cf.* Pedro Velasco en *El Título Yax y otros documentos quichés de Totonicapán, Guatemala*; *cf. El Título de Totonicapán.*

Los principales libros sagrados que conocemos son el *Popol Vuh*, el *Rabinal Achí* y el *Diálogo u "original" del baile de la Conquista*, de los quichés; el *Memorial de Sololá* de los cakchiqueles, y el *Ritual de los Bacabes*, los *Cantares de Dzitbalché* y los *Libros del Chilam Balam* de los mayas yucatecos.

Textos histórico-legales hay muchos más. Son principalmente títulos de propiedad y probanzas de méritos y servicios, escritos por mayas yucatecos, quichés, cakchiqueles, pokomchíes, pokomames, zutuhiles, mames y chontales, entre otros, todos ellos grupos mayances.

Hablaremos primero de la apreciación de la Conquista expresada en algunos de estos libros histórico-legales, y después de la que encontramos en los libros sagrados.

Entre los títulos y probanzas quichés, que son numerosos, destaca el *Título de Ixquín-Nehaib, señora del territorio de Otzoyá*, que relata detalladamente la gran batalla en la que los quichés fueron derrotados por los españoles; el enfrentamiento entre el caudillo Tecún Umán y Pedro de Alvarado, que culminó con la muerte del primero. El autor, sintomáticamente, se limita a describir los hechos, sin emitir ningún juicio.

La *Historia de los Xpantzay* de Tecpán, texto cakchiquel, es un título escrito en 1554, cuando ya estaba todo perdido para ese pueblo y sólo quedaba protegerse del despojo de sus tierras. Por eso asientan:

> Yo soy el Señor Cahí Ymox, el Ahpozotzil, yo que fui bautizado por la gracia de Dios con el nombre de Don Pedro [...] Mucho nos regaló el Adelantado porque fuimos a recibirlo a Yuncut Calá. Nunca le tuvimos miedo y no sabíamos la lengua castellana ni la mexicana. Y esto fue el año 1524.[10]

---

[10] M. de la Garza, *op. cit.*, p. 414.

Otro texto histórico-legal digno de ser destacado por su visión de la Conquista es el *Título Cagcoh* de los pokomchíes, escrito también con la finalidad de no perder la herencia de sus antepasados. Después de narrar su historia, desde la creación del hombre, como lo hace la mayoría, menciona la Conquista y la actitud de resistencia a la conversión, a pesar de las "dulces palabras del gran conquistador". Dice el texto:

> En Cagcoh se hizo cuanto pudo y le respondieron los inocentes que no necesitaban nada; que ellos tenían su Dios; que no querían otro ni otra fe de Dios más que la de ellos. Hasta unos dijeron que para qué servía Dios, y que para qué servían los padres; que si seguía en la conquista sería el padre recibido en la punta de los dientes, y lo haremos pedazos, y al mismo tiempo manifiesto mi valor.[11]

Esta actitud les costó muy cara a los pokomchíes, pues el resultado fue que:

> Ahora de tantos que fuimos no nos hemos quedado más que ocho hombres, no habiendo más que sólo nosotros, hijos criollos y nacidos aquí [...] De la tierra salimos sin ninguna resistencia, y nos hicimos a la christiana, según la recomendación de los primeros hombres que son nuestros abuelos.[12]

Más precavidos, los quichés de Totonicapán, en un pequeño documento llamado *Memoria de la Conquista*, expresan que los principales:

---

[11] Mario Crespo Morales, *Algunos Títulos indígenas del Archivo General del Gobierno de Guatemala*, p. 15.
[12] *Ibid.*, p. 13.

> dieron sus presentes; oro y plata con mucha humildad ante el señor Capitán Don Pedro de Alvarado, el Conquistador, en presencia de todos los principales y soldados españoles [...] por ser ya cristianos católicos por el señor Capitán [...] que de él recibimos merced de habernos conquistado los de este pueblo de Extocac.[13]

Y después revelan la causa de su docilidad: el miedo a Alvarado.

De las tierras bajas contamos con el *Texto chontal* de los *Papeles de Paxbolon-Maldonado*, que son las probanzas de méritos y servicios, con versiones en chontal y en español, del cacique y gobernador de Tixchel, Pablo Paxbolon y su yerno Francisco Maldonado.

El texto relata la famosa llegada de Cortés ante el rey Paxbolonacha, llevando consigo a Cuauhtémoc; cuando éste se encontró a solas con el rey chontal le dijo: "Señor rey, estos españoles vendrá tiempo que nos den mucho trabajo y nos hagan mucho mal y que matarán a nuestros pueblos. Yo soy de parecer que los matemos, que yo traigo mucha gente y vosotros sois muchos".[14]

Pero Paxbolonacha, viendo que los españoles sólo les habían pedido que los llevaran a Ulúa y no les habían hecho daño, denunció a Cuauhtémoc ante Cortés, quien lo prendió, lo bautizó y en seguida le cortó la cabeza, que fue clavada en una ceiba delante del templo indígena en el pueblo de Yaxzam.[15]

Paxbolonacha sumisamente ayudó a Cortés y aceptó a los franciscanos que llegaron después a enseñar "el verdadero camino", como dice el mencionado texto; así los principales chontales entregaron a sus ídolos y delataron a

---

[13] M. Crespo Morales, *op. cit.*, p. 98.
[14] France V. Scholes y Ralph L. Roys, *The Maya Chontal Indians of Acalan-Tixchel*, publ., 560, pp. 372.
[15] *Idem.*

los que no los querían entregar, quienes fueron aprisionados y azotados delante del pueblo. Sin embargo, en la región hubo levantamientos indígenas, como reacción a las deportaciones masivas con fines de facilitar la evangelización, y hubo grupos que continuaron fieles a su antigua religión y huyeron de los poblados. Los autores de la Probanza los llaman "cimarrones idólatras".

El señor maya yucateco Nakuk Ah Pech escribió un texto sobre su pueblo, la *Crónica de Chac-Xulub-Chen*, donde relata escuetamente la conquista de Yucatán, desde la primera llegada de los españoles a la zona maya, en 1511, después de un naufragio. Unos cuantos dzules, como llamaron los mayas a los españoles, arribaron nadando a Cozumel, y después, dice el texto, "terminaron por caminar todos por la tierra".[16]

Muy distintas son, en cambio, las visiones de la Conquista y de los conquistadores que encontramos en los "Libros sagrados de la comunidad". De los textos quichés, el *Popol Vuh* y el *Rabinal Achí* significativamente no mencionan la Conquista española. Ésta, por el contrario, es el tema del *Diálogo u "original" del baile de la Conquista*, una obra dramática en la que los personajes son doce caciques aliados y dos hijas del rey Quicab, a las que llaman Malinches, porque en un momento de la obra una de ellas ofrece su ayuda y sus favores a Alvarado. Los personajes centrales son el rey Tecún Umán y el cacique Uitzitzil Tzunún, los principales protagonistas indígenas de la conquista quiché. Los otros personajes son siete hidalgos castellanos, encabezados por Pedro de Alvarado.

La obra inicia con un mensaje de Moctezuma al gobernante Quicab, avisándole que Pedro de Alvarado se dirigía al reino quiché para destruirlo: "preparad ya la batalla —le dice— si no quereis ser bautizado" (como sinónimo de destruido), y el rey quiché exclama: "¡[...] oprimido el co-

---

[16] Nakuk Ah Pech, "Crónica de Chac-Xulub-Chen", en *Crónicas de la Conquista*, p. 189.

razón no encuentra a dónde acogerse! Si Alvarado viene a verme, no quisiera mirarle; antes quisiera matarlo, porque no venga a ofenderme".[17]

En el segundo acto, se representa la llegada de los españoles y el famoso enfrentamiento entre Alvarado y Tecún Umán. Al morir este gran caudillo, cuya actuación equivale a la de Cuauhtémoc en Tenochtitlán, los quichés se entregan y aceptan el dominio y la fe cristianos. Un canto de las Malinches expresa:

> Llanos del Pinal, si sabéis sentir,
> llorad tanta sangre de que vestís;
> rojo está tu suelo; ay triste de ti,
> los árboles verdes, ¿quién pudo sentir,
> con tanta sangre humana de indio infeliz?
> Oh si nuestro llanto mudara el matiz,
> ya Tecún fue muerto con lanza sutil,
> pues su corazón le pudo partir, don Pedro de
> Alvarado,
> capitán feliz...
>
> Tecún querido,
> por el fiel vasallo perdiste la vida.
> aquí sepultado en el triste olvido,
> quedas para siempre, Tecún querido.[18]

El *Memorial de Sololá* de los cakchiqueles es una larga obra colectiva que se empezó a escribir en el siglo XVI y se terminó a principios del XVII. El primer autor, que fue un miembro de la familia de los Xahil, recogió la tradición antigua, copiando los datos históricos tal vez de un antiguo códice. Después el texto fue continuado por otros, en forma de anales.

---

[17] *"Diálogo u "original" del baile de la Conquista"*, en *Guatemala Indígena*, vol. 1, núm. 2, p. 104.
[18] *Ibid.*, pp. 137-138.

Al principio del libro, se narran las historias que contaban los antiguos padres, Gagavitz y Zactecauh, patriarcas del grupo cakchiquel. Estas historias se inician con el mito cosmogónico prehispánico, que es el mismo que aparece en el *Popol Vuh*, donde el hombre de barro no sirvió, lo cual implica una crítica al Génesis. Además, la historia de los antepasados los presenta como grandes chamanes, con poderes sobrehumanos. Por ello, pensamos que el libro fue escrito originalmente para ser leído en las ceremonias clandestinas, como el *Popol Vuh*, es decir, fue un "Libro sagrado de la comunidad".

Después se relata la Conquista española, y a partir de entonces, el escrito va declinando; ya no se asientan acontecimientos destacados, como las hazañas épicas de los gobernantes prehispánicos, sino hechos sin importancia como pleitos familiares. Esto es altamente expresivo de la pérdida del sentido de la vida que significó la Conquista para el pueblo cakchiquel, y de la pérdida del carácter sagrado que el libro tenía cuando se empezó a escribir. Además, en la última parte encontramos opiniones sobre el sometimiento español que nos hacen pensar que el libro fue utilizado, en una última etapa de su redacción, como título y probanza.

En esta obra cakchiquel la conquista de la región se expresa de una manera lacónica y fría, pero con un sustrato de amargura. Se asienta:

> El día 1 Ganel [20 de febrero de 1524] fueron destruidos los quichés por los castellanos. Su jefe, el llamado Tunatiuh Avilantaro [Pedro de Alvarado], conquistó todos los pueblos. Hasta entonces no eran conocidas sus caras. Hasta hacía poco se rendía culto a la madera y a la piedra [...] Pronto fueron sometidos los reyes a tormento por Tunatiuh [...] El día 4 Qat [7 de marzo de 1524] los reyes Ahpop y Ahpop Qamahay fueron quemados por

Tunatiuh. No tenía compasión por la gente el corazón de Tunatiuh durante la guerra."[19]

Y cuando los españoles se presentan ante la ciudad cakchiquel de Yxmiché, el 12 de abril de 1524, los indígenas expresaron: "En verdad infundían miedo cuando llegaron. Sus caras eran extrañas. Los Señores los tomaron por dioses. Nosotros mismos, vuestro padre, fuimos a verlos cuando entraron a Yximché."[20]

El texto continúa relatando simplemente los hechos, entre los que está el ahorcamiento de todos los señores cakchiqueles, y asentando cuidadosamente las fechas, según el sistema indígena de ese momento en esa región, como si no se hubiera producido un cambio esencial. Narra también los levantamientos cakchiqueles ocurridos después de la entrada pacífica de Alvarado, uno de ellos incitado por un chamán de los que han sobrevivido hasta hoy: un hombre-rayo, cuando ya los cakchiqueles se habían dado cuenta de que los invasores no eran dioses. Las guerras fueron cruentas, pero los cakchiqueles se resistieron. Dice el texto: "El día 1 Caok [27 de marzo de 1527] comenzó nuestra matanza por parte de los castellanos. Fueron combatidos por la gente y siguieron haciendo una guerra prolongada. La muerte nos hirió nuevamente, pero ninguno de los pueblos pagó el tributo."[21]

Es puesto el énfasis en la obsesión de Alvarado por obtener oro, y en las batallas libradas. Se narra, además, la llegada de los frailes dominicos y el inicio de la evangelización. El autor de esta parte o es un cristiano convertido, o usó el libro sagrado como probanza para conservar tierras y fueros, pues afirma: "Hasta entonces no conocíamos la palabra ni los mandamientos de Dios; habíamos vivido en las tinieblas. Nadie nos había predicado la palabra de Dios."[22]

---

[19] M. de la Garza, *op. cit.*, pp. 161-162.
[20] *Ibid.*, p. 162.
[21] *Ibid.*, p. 166.
[22] *Ibid.*, p. 171.

Y sin duda la visión más dramática de la Conquista española es la que se encuentra en los textos sagrados de los mayas yucatecos: los *Libros del Chilam Balam*, que son alrededor de diecisiete.

En estos libros están patéticamene descritos el dolor y la resistencia ante la Conquista; predominan los sentimientos de impotencia, humillación y despojo, así como el intento de salvaguardar la autoridad de sus dirigentes y sus creencias. Es muy claro que fueron escritos para ser leídos en las ceremonias clandestinas, formando parte de un intenso movimiento de defensa de su identidad y de oposición al dominio extranjero, que persistió varios siglos hasta que, a finales del XIX, estalló en la Guerra de Castas.

Las significativas palabras de los sabios chamanes mayas, los Chilam Balamoob, no requieren interpretación del sentir esencial de ese pueblo; hablan por ellas mismas, y son el testimonio más sincero y verdadero de lo que sería el corazón de la visión maya de la Conquista.

Destacaré sólo dos pasajes: en el "Libro de los linajes" del *Chilam Balam de Chumayel* se relata la llegada de los españoles, llamados dzules, y sobre ello dice:

> Esta es la memoria de las cosas que sucedieron y que hicieron. Ya todo pasó. Ellos hablan con sus propias palabras y así acaso todo se entienda en su significado; pero derechamente, tal como pasó todo, así está escrito [...]
>
> Solamente por el tiempo loco, por los locos sacerdotes, fue que entró a nosotros la tristeza, que entró a nosotros el "Cristianismo". Porque los "muy cristianos" llegaron aquí con el verdadero Dios; pero ese fue el principio de la miseria nuestra, el principio del tributo, el principio de la "limosna", la causa de que saliera la discordia oculta, el principio de las peleas con armas de fuego, el principio de los atropellos, el principio de los des-

pojos de todo, el principio de la esclavitud por las deudas [...] el principio del padecimiento. Fue el principio de la obra de los españoles y de los "padres".

¡Que porque eran niños pequeños los muchachos de los pueblos, y mientras se les martirizaba! ¡Infelices los pobrecitos [...] no protestaban contra el que a su sabor los esclavizaba, el Anticristo sobre la tierra, tigre de los pueblos, gato montés de los pueblos, chupador del pobre indio[...]![23]

Y al narrar la historia de esos itzaes que se fueron después de 1441 hacia el lago Petén Itzá en Guatemala y que habrían de ser sometidos hasta 1697, el *Chilam Balam de Chumayel* asienta:

Y he aquí que se fueron. También sus discípulos fueron tras ellos y les daban sustento [...] No quisieron esperar a los dzules ni a su cristianismo. No quisieron pagar tributo. Los espíritus señores de los pájaros, los espíritus señores de las piedras preciosas, los espíritus señores de las piedras labradas, los espíritus señores de los jaguares, los guiaban y los protegían. ¡Mil seiscientos años y trescientos años más y habría de llegar el fin de su vida! Porque sabían en ellos mismos la medida de su tiempo.

Toda luna, todo año, todo día, todo viento, camina y pasa también. También toda sangre llega al lugar de su quietud, como llega a su poder y a su trono [...] Medido estaba el tiempo en que pudieran encontrar el bien del Sol. Medido estaba el tiempo en que miraran sobre ellos la reja de las estrellas, de donde, velando por ellos, los contemplaban los dioses, los dioses que están aprisionados en las estrellas. Entonces era bueno todo y entonces

---

[23] M. de la Garza, *op. cit.*, p. 226.

fueron abatidos. Había en ellos sabiduría. No había entonces pecado. Había santa devoción en ellos. Saludables vivían. No había entonces enfermedad; no había dolor de huesos; no había fiebre [...] no había viruelas, no había ardor de pecho, no había dolor de vientre, no había consunción. Rectamente erguido iba su cuerpo entonces.

No fue así lo que hicieron los dzules cuando llegaron aquí. Ellos enseñaron el miedo; y vinieron a marchitar las flores. Para que su flor viviese, dañaron y sorbieron la flor de los otros.

No había ya buenos sacerdotes que nos enseñaran. Ése es el origen de la Silla del segundo tiempo [...] Y es también la causa de nuestra muerte. No teníamos buenos sacerdotes, no teníamos sabiduría, y al fin se perdió el valor y la vergüenza. Y todos fueron iguales.

No había Alto Conocimiento, no había Sagrado Lenguaje, no había Divina Enseñanza en los sustitutos de los dioses que llegaron aquí. ¡Castrar al Sol! Eso vinieron a hacer aquí los extranjeros. Y he aquí que quedaron los hijos de sus hijos, aquí en medio del pueblo, y ésos reciben su amargura.[24]

Bibliografía

ACUÑA, René, *Farsas y representaciones escénicas de los mayas antiguos*, México, UNAM, Instituto de Investigaciones Filológicas, Centro de Estudios Mayas, 1978. (Cuadernos, 15.)

AH PECH, Nakuk, "Crónica de Chac-Xulub-Chen", en *Crónicas de la Conquista*, México, UNAM, 1950. (Biblioteca del estudiante universitario.)

BENDALA LUCOT, Manuel, *Sevilla*, España, Everest, 1980.

---

[24] *Ibid.*, pp. 228-229.

COOK, S. y W. W. BORAH, *The Indian Population of Central Mexico (1531-1610)*. Universidad de California, 1960.

CRESPO MORALES, Mario, *Algunos títulos indígenas del Archivo General del Gobierno de Guatemala* (Tesis), Guatemala, 1968, Universidad de San Carlos de Guatemala, Facultad de Humanidades.

"*Diálogo u "original" del baile de la Conquista*", en *Guatemala Indígena*, vol. 1, núm. 2, Guatemala, Centro Editorial José de Pineda Ibarra/Ministerio de Educación Pública, 1961.

El Título de Totonicapán, México, UNAM, Instituto de Investigaciones Filológicas, Centro de Estudios Mayas, 1985. (Fuentes para el estudio de la cultura maya, 3.)

El Título Yax y otros documentos quichés de Totonicapán. Guatemala, México, UNAM, Instituto de Investigaciones Filológicas, Centro de Estudios Mayas, 1989. (Fuentes para el estudio de la cultura maya, 8.)

FUENTES Y GUZMÁN, Antonio de, *Recordación florida*. Guatemala, Sociedad de Geografía e Historia, 1932, 3 vols. (Biblioteca "Goathemala", VI-VIII.)

GARZA, Mercedes de la (comp.), Prólogo, en *Literatura maya*, Caracas/Barcelona, Galaxis, 1980. (Biblioteca Ayacucho, 57.)

GERHARD, Peter, *A Guide to Historical Geography of New Spain*, Cambridge Mass., Universidad de Cambridge, 1972.

LÓPEZ DE COGOLLUDO, Diego, *Historia de Yucatán*, vol. 1, 3a. ed., Mérida, Imprenta de Manuel Aldana Rivas, 1867.

SCHOLES, France V. y Ralph L. ROYS, *The Maya Chontal Indians of Acalan-Tixchel*, publ. 560, Washington, Carnegie Institution, Washington, 1948.

TODOROV, Tzevtan, *La Conquista de América. El problema del otro,* México, Siglo XXI, 1987.

VOS, Jan de, *La paz de Dios y el Rey. La conquista de la selva lacandona*, México, Gobierno del Estado de Chiapas, 1980. (Ceiba, 10.)

Malintzin, imagen y discurso de mujer en el primer México virreinal
Georges Baudot

Al evocar hoy, ante ustedes, con toda la solemnidad requerida, pero también con una indudable emoción por aquella mujer que fuera el personaje más enigmático de la historia de México, y probablemente también una de las figuras más decisivas en un capítulo crucial de la historia de la humanidad, como es la Conquista de América por los europeos hace casi cinco siglos, muchas, en verdad muchas son las dudas y las preguntas que me asaltan. No sólo el personaje de Malintzin, su imagen y su discurso son aún deplorablemente misteriosos y borrosos, pero parece como si el esfuerzo de historiadores y universitarios para acercarse a ella fuera siempre una empresa sin fondo y sin término, una lenta tarea ciclópea fuera de nuestro humilde alcance o aun como el dificultoso ascenso de Sísifo empujando su roca para nunca verla encumbrada. Como si Malintzin hubiese decidido seguir vengando su infancia sacrificada, refugiándose en la oscuridad histórica o como si hubiese sido de tal magnitud su trayectoria y su epopeya que ya sólo la ficción, la novela y el teatro, la literatura que retoma las realidades y las transforma con los filtros del imaginar y de la quimera, pudieran dar cuenta cabal y auténtica de ella. Su dificultad estriba, pues, en su silencio y en los mitos que genera el silencio.

Cuando hace algunos años empecé a investigar sobre ella y a publicar mis primeros estudios sobre su figura histórica,[1] fueron las oscuridades y las abismales lagunas de la documentación accesible lo que más me sorprendió. No porque se hubiera escrito poco sobre ella. No, ni mucho menos. Sino lo poco, lo muy poco que las fuentes auténticas, los testigos de su vivencia, nos comunicaban. Así es como, cuando el historiador se preocupa por el personaje de Malintzin, lo primero que le sale al paso, para una figura histórica de este calibre, es la parquedad, la pobreza y la fragilidad de la información disponible, la real debilidad y hasta a veces la inconsistencia —cuando no la incoherencia— de la documentación confiable y explotable con algún provecho. En realidad, pocas son las fuentes razonablemente seguras y son muy escasos los testimonios directos, *de visu*, dignos de tenerse en cuenta. Es un poco como si, anticipando los mitos y fantasmas que los siglos XIX y XX construirían posteriormente alrededor de la figura de Malintzin, una extraña y voluntaria vergüenza hubiera sumergido crónicas, folios y legajos que guardan los archivos.

Y los relatos de los conquistadores, actores directos del drama, a veces parece como si no quisieran ayudarnos directamente, sino empezar ya a contarnos una leyenda, un mito inscrito en modelos culturales y literarios que, si no son falsificadores, por lo menos son el resultado de un proceso de "ficcionalización". Así, por ejemplo, el testimonio fundamental de Bernal Díaz del Castillo, quien conoció personalmente a Malintzin, y quien en más de una ocasión nos dice con sus propias palabras: "Todo esto que digo se lo oí yo muy certificadamente y lo juro [...]" y que, sin embargo, debemos leer con alguna prudencia. Hace poco, efectivamente, y acentuando aún más el camino in-

---

[1] Georges Baudot, "Malintzin, l'Irrégulière", en *Femmes des Amériques*, pp. 19-29; "Política y discurso en la Conquista de México: Malintzin y el diálogo con Hernán Cortés", en *Anuario de Estudios Americanos*, vol. XLV, pp. 67-82.

dicado en gran parte por Beatriz Pastor (*Discursos narrativos de la Conquista*), Sonia Rose ha cuestionado la representación que de Malintzin nos ha dado el cronista, recordando los modelos culturales, literarios, en que éste hubiera moldeado su relato.[2] Parece así que hay una real dificultad para fiarse de Bernal, creerle a pies juntillas y otorgarle un crédito absoluto.

El soldado de Cortés sería a fin de cuentas el primero, y quizá el más ilustre, de los autores de una de las "reencarnaciones" de Malintzin, o si quieren ustedes, en el día de hoy, uno de sus primeros "padres". Nuestro cronista habría incurrido en una construcción narrativa cuyas partes serían el resultado cuidadoso de una selección de una construcción y de una presentación, moldeadas sobre un esquema paradigmático sacado de la tradición literaria y artística de Europa. De tal modo, según Sonia Rose, la vida de Malintzin habría sido reorganizada en estampas y cuadros ejemplares que se asemejan a una *predella* medieval donde se narra la vida de un santo. Todos los episodios narrados por Bernal conllevarían, en cierta manera, lo hierático y las secuencias que inmovilizan el relato de la *predella* en un patrón ejemplar, ampliamente fijado en el tiempo. Y a los caballeros de las novelas de caballerías que gestan la proeza de la Conquista de México —entiéndase Cortés y sus hidalgos (entre ellos Bernal Díaz del Castillo, claro está)—, correspondería una dama con las cualidades de las doncellas de la novela de caballerías ("princesa astuta", "dama aguerrida", etcétera), con naturales cualidades morales, excelencias de toda índole y promesas inauditas de realización plena dentro de estos esquemas una vez convertida a la religión cristiana.

Esto entraña, desde luego, que Malintzin no tendrá nombre hasta no haber sido bautizada. No puede tener pa-

---

[2] *Cf.* Sonia Rose-Fuggle, "Bernal Díaz del Castillo frente al otro: doña Marina, espejo de princesas y damas", en *La représentation del'Autre dans l'espace ibérique et ibéro-américain*, pp. 77-87.

sado propio anterior, por lo menos un pasado reconocible, que pueda tenerse en cuenta. Este pasado no acaecido es un "no tiempo", un tiempo a la escucha y a la espera del verdadero tiempo por venir. El tiempo que ha de empezar cuando la reciban los conquistadores, cuando se convierta a la fe católica, cuando integre por fin los tiempos de la historia, es decir, de la historia europea de Occidente. Doña Marina es digna de figurar en el catálogo de los héroes de la Conquista, pero Malintzin no existe. Su infancia, su doloroso tiempo de esclavitud, su condición de víctima, no existe o sólo existe como pre-texto (digo bien: *pre-texto*, preparación y anterioridad del texto) y es sólo producto artístico de una composición "literaria", a la vez estilística y temática, organizada sobre modelos narrativos tradicionales "en los cuales se diluye la base real de la historia".[3] Su abolengo prehispánico, "gran señora y cacica de pueblos y vasallos", es la necesaria grandeza espiritual y la virtud que proviene de una alta cuna que predispone, claro está, a la heroína a su excelso papel posterior una vez fecundada por el cristianismo. Un poco como si nuestro cronista necesitara imperativamente integrar el relato preparatorio de un molde bíblico —la historia de Moisés, por ejemplo, o aun el motivo del niño abandonado en el bosque y respetado por las fieras— a la realidad de la historia que va narrándonos. Y, por fin, y de manera ejemplar, el reencuentro de Malintzin con su madre, su padrastro y su hermanastro, en 1523 cuando la expedición a la Hibueras no sería más que una escena de reencuentro construida como una anagnórisis, según un recurso ampliamente utilizado por las novelas de caballerías. Así, Malintzin, en su avatar doña Marina, es sobre todo una imagen paradigmática, no una mujer de carne y hueso sino "un personaje monolítico, sin contradicciones y lejana", instrumento de la Providencia, "muda y pétrea".

[3] *Ibid.*, p. 80.

Desde luego, el historiador que está atento a lo que arrojan documentos y testimonios no puede comulgar enteramente con esta manera de leer los textos, más aún cuando éstos son una crónica que se tilda de "verdadera" hasta en la enunciación de su propio título, y que pretende refutar, eso sí justamente, otros relatos calificados de apócrifos o supuestos y poco seguros, como el de López de Gómara. No niego el interés del análisis de Sonia Rose y de muchos otros universitarios preocupados por los mecanismos de la estética y de la retórica. Hoy en día pretenden con alguna razón desconfiar de los relatos que nos ofrecen las crónicas como testimonios verídicos y aprovechables para el historiador e insisten en los aspectos propiamente "literarios" de dichos testimonios que sólo nos ofrecerían versiones de los hechos reordenadas y recalibradas con arreglo a modelos retóricos, a patrones estéticos, propios de una narrativa tradicional europea. Bien.

Pero aquí el testimonio de Bernal ofrece otras altas garantías de haber sido hecho con apego estricto a la verdad histórica, por sus circunstancias mismas (tanto las del autor como las de la composición de su obra). Y las repetidas reivindicaciones y alegatos del autor respecto a la veracidad de su decir son de tal índole que nos parecen descartar cualquier "arreglo". Bernal no era esclavo de sus esquemas estéticos, ficcionalizantes, e incluso éstos no distorsionaban la realidad traducida en el relato. El hecho de ordenar la realidad histórica en un marco retórico no la deformaba y la *mise en scène* del narrador sólo es eso, una manera de escenificar la realidad, quizá para hacerla más entendible. Si no, los historiadores no se pondrían a escribir nunca. Desde luego, podríamos entrar en el detalle de ellos, y de hecho lo haremos llegado el momento.

Por ahora bástenos subrayar que sí, de verdad, podemos aprovechar las crónicas para conocer parte, aunque parte ínfima, de la realidad histórica de Malintzin. Porque si no, además, sería muy desesperante. A los muchos "padres" que la Malintzin mítica —es decir "la Malinche"— va a tener a partir de la Independencia de México y del siglo XIX, habría que añadir paternidades míticas desde el mismo principio de su recorrer histórico-legendario y despedirse, pues, para siempre, de conocer algún día su llana y sencilla realidad histórica. No lo quiera Dios. Y más cuando vemos el trayecto de sus "hijos míticos" y de los padres de éstos, desde hace dos siglos más o menos, y cuando vemos cómo la figura histórica ha venido a ser un avasallante signo literario al correr del tiempo. El libro de Sandra Messinger Cypess *La Malinche in Mexican Literature. From History to Myth* —que ampliamente trata de este proceso y sobre el que hemos de volver— está dentro de una óptica perfectamente edificante, ya que rastreando el nacimiento del mito retoma y profundiza estas consideraciones sobre los niveles retóricos y estéticos con una relectura de los primigenios textos coloniales de parecidísima índole.

Pero, por ahora, investiguemos hasta donde sea posible la realidad histórica de Malintzin si queremos entender su discurso, y su discurso de mujer. No porque el panorama que ofrece una interpretación "retórica" o "metafórica" del relato de Bernal Díaz disminuya en algún modo un discurso femenino. Sino porque, a mi modo de ver, al encerrar a Malintzin en las categorías de dama o doncella de una novela de caballería o de una *predella* medieval, la encerramos en una categoría femenina del Renacimiento europeo construida con arreglo a nostalgias y estereotipos de un Medioevo igualmene europeo, y que así reducimos la posibilidad de saber verdaderamente de ella a una exclusiva contemplación aburrida de una princesita del *Amadís de Gaula* o del *Palmerín de Inglaterra*. O de cualquier otra Dulcinea que el filtro burlón, brillando en la mirada maliciosa de un Cervantes, ni siquiera hubiera revisado. Cuando Malintzin, en realidad, era una mujer amerindia, o era maya nahua, de carne y hueso, inmersa como pocas personas de este mundo en los vaivenes y en los dramas de la historia.

Volvamos entonces, si ustedes quieren, a la interrogación acuciante que propone cómo conocerla y cómo conocer su discurso de mujer. Podríamos tratar a Cortés como hemos visto que se ha hecho con Bernal. Y hasta con más razones. Efectivamente, Hernán Cortés (quien tenía obviamente las más sólidas razones para escribir largo y tendido sobre ella) sólo ha hecho discretísimas alusiones a su papel y a sus verdaderas responsabilidades en las *Cartas de relación* dirigidas a Carlos V, como si abrigara algunos temores de disgustar al emperador o de introducir alguna que otra turbación en la visión que de la Conquista había de guardar el monarca y, digámoslo claramente, como si temiera alguna que otra disminución posible de sus méritos y de su responsabilidad decisiva en la empresa. Las *Cartas de relación*, amén de proceder también a una vigorosa "ficcionalización" del relato ofrecido, construyéndolo en torno a una figura heroica y con arreglo a cánones "literarios", son además un texto con finalidades políticas muy obvias y Malintzin sólo puede esperar un trato "subversivo" de su realidad. Lo único que concede el Conquistador es una alusión pasajera a la situación de intermediario obligado que cumplía Malintzin al organizarse las conversaciones políticas con las autoridades amerindias que les salían al paso. Y eso con el calificativo bastante anodino de "nuestra lengua" o de la "lengua".

Si tenemos en cuenta que este mensaje del Conquistador se halla inscrito dentro de una estrategia verbal muy pensada y por una pluma sumamente racional, muy atenta a los niveles de proximidad del relator con respecto al relato y a su voluntaria y supuesta objetividad, no podemos menos que situarlo, entonces, en una categoría que decididamente interpreta y hasta "subvierte" la realidad histórica. En el proceso de ficcionalización que va a plasmar su representación de la empresa conquistadora, el papel atribuido así, aunque con alguna displicencia, a la palabra de Malintzin es, a pesar de todo, un papel crucial. Ella va a ser, según Cortés, quien distribuya el discurso, quien lleve el reparto político y verbal, lo cual requiere de una situación central. Sin embargo, pese a ello, es casi seguro que en un nivel inmediato no fuera ésta la intención del Conquistador debido a las disposiciones tácticas que estructuran el relato de las *Cartas de relación*.

Pero, si consideramos lo que intuimos de la realidad, es parco, muy parco inclusive, este testimonio. Recordemos que se trataba de la mujer que le procuraba las claves y las llaves de un imperio fabuloso, de la mujer que había de darle un hijo muy querido, Martín Cortés, que el capitán español haría bautizar con el nombre de su propio padre: Martín, como si se tratara de fundamentar una filiación privilegiada al entroncarlo con la intimidad más significativa de su identidad personal. Un hijo, además, que haría legitimar por la bula pontificia de Clemente VII del 16 de abril de 1527, y para quien lograría un hábito de caballero de la Orden de Santiago. Un hijo, por fin, que habría de favorecer generosamente en su testamento[4] y de quien Cortés podía a veces proclamar el profundo cariño que éste le inspiraba, como reza tan afectuosamente aquella notable carta que escribiera el Conquistador a Francisco Núñez, desde Santiago del Mar, el 20 de junio de 1533, cuando el hijo de Malintzin, Martín Cortés, se encontraba enfermo y cuando el Conquistdor se enojaba por no haber tenido noticias suyas desde hacía tres meses, recalcando, y son palabras de Cortés: "y sobre tal relación de

---

[4] *Cf.* Testamento de Hernán Cortés del 11 de octubre de 1547, 11 ff., en Archivo Provincial de Protocolos Notariales de Sevilla, cuya cláusula XXII establece una renta anual de mil ducados para el hijo de Malintzin, quien a cambio debe comprometerse a reconocer y acatar el mayorazgo de su medio hermano, el otro Martín Cortés, hijo de la marquesa. Véase Antonio Muro Orejón, "Hernando Cortés, exequias, almoneda e inventario de sus bienes...", en *Anuario de Estudios Americanos*, vol. XXIII, pp. 537-609.

enfermedad bien podréis creer si tendría pena, y no me quisisteis escribir della. Pues hágoos saber que no le quiero menos que al que Dios me ha dado en la Marquesa", lo que a todas luces confiere al primer hijo de Malintzin una legitimidad familiar indudable. Y para concluir sobre este detalle, un hijo a quien el 6 de noviembre de 1547, es decir, a escasos días antes de fallecer (Cortés murió el 2 de diciembre), regalaba algún dinero, unos cien ducados, para cubrir sus deudas.[5]

Pero antes de acercarnos a las filiaciones originadas en Malintzin, que son seguramente parte insoslayable de su discurso de mujer, veamos lo que hayan podido legarnos aún sus "padres" mitificadores del siglo mismo de su trayectoria histórica, es decir, los cronistas del siglo XVI que han tratado de ella. Si así contemplamos los datos de Francisco López de Gómara —el clérigo que nunca había estado en América pero que disponía de archivos y testimonios muy aledaños al meollo mismo de la empresa conquistadora—, nos es forzoso confesar que aquí la ficcionalización propia del relato literario se "enriquece" con una cantidad nada desdeñable de chismes y de patrañas más o menos antipáticas, y que más bien se trata de lo que hoy en día bautizaríamos con el nombre moderno de "desinformación".

Lo más lamentable es que nos damos cuenta, al releer muchos otros textos de la época, que los cronistas siguientes en gran parte han utilizado imprudentemente estos materiales de desecho. Sin llegar, por cierto, a las altas cumbres de un Suárez de Peralta, que maneja muy tardíamente, hacia 1589, una alucinante imaginación hasta atribuir a los amores de Malintzin y Cortés nada menos que seis hijos:

> Malas lenguas dijeron que de celos [se refiere a la prohibición impuesta por Cortés para impedir que sus compañeros tratasen con Malintzin], y esta du-

[5] *Ibid.*, partida 44 del 6 de noviembre de 1547.

da la quitó al tener de ella, como tuvo, seis hijos que fueron: don Martín Cortés, caballero de la Orden de Santiago, y tres hijas, las dos monjas en la Madre de Dios, monasterio en San Lúcar de Barrameda, y doña Leonor Cortés, mujer que fue de Martín de Tolosa.[6]

O a las también atrevidísimas afirmaciones de un Diego Muñoz Camargo que no duda en casar a Malintzin con Jerónimo de Aguilar, en el transcurso de una fábula divertida que nos representa al flamante matrimonio departiendo amigablemente, en lengua maya de Yucatán, antes de conocer a Cortés:

> Habiendo pues quedado Aguilar en aquella tierra, procuró de servir y agradar en gran manera a su amo ainsí en pesquerías como en otros servicios que los sabía bien hacer, que vino a ganar tanto la voluntad que le dio por mujer a Malintzin [...] y Malintzin, compelida de la misma necesidad, tomó la lengua de aquella tierra, tan bien y tan enteramente, que marido y mujer se entendían y la hablaban como la suya propia.[7]

Añadiré, tan sólo para ultimar este repaso de las posibles fuentes que hubieran podido ser las crónicas del siglo XVI o de principios del XVII, que los historiadores mestizos como Alvarado Tezozómoc o Alva Ixtlilxóchitl, quienes tan útiles podrían haber sido, se limitan a repetir las patrañas o invenciones de sus predecesores. Así, y sin querer alargarnos en demasía hoy sobre esta revisión crítica, pondremos el ejemplo del historiador texcocano que en su *Historia de la nación chichimeca*[8] empieza por seguir a López

---

[6] Juan Suárez de Peralta, *Tratado del descubrimiento de las Indias...*, p. 49.
[7] Diego Muñoz Camargo, *Historia de Tlaxcala*, p. 180.

de Gómara, para acabar en las fantasías de Muñoz Camargo, y declarando: "[...] andando el tiempo, se casó con Aguilar". Creo, pues, que hay que cambiar de referencias.

Claro está, si miramos ahora hacia los textos que nos han legado los propios amerindios vencidos y por tanto víctimas de la labor política y discursiva de Malintzin, los relatos aztecas de la Conquista podrían ser fuentes de primerísima importancia.

Al igual que Cortés o Bernal Díaz son testigos directos de primera fila, y los antiguos guerreros que testimonian en los *Anales históricos de la nación mexicana* y que nos dan la primera versión amerindia de la Conquista, ya en 1528, o aquellos que contaron a fray Bernardino de Sahagún, por 1555, "su conquista", en las que fueran luego las páginas del libro XII del *Códice florentino*, habrían de ser fuentes cruciales. Desgraciadamente estos testimonios hablan poquísimo de Malintzin, poquísimo. Se limitan a señalar su nombre: *Itoca Malintzin*[9] y a indicar que su aparición al lado de los extraños semidioses venidos del agua-del-cielo significaba un portento más y una desgracia más, como lo recalca con hondo pesar uno de los guerreros relatores del *Códice florentino*: "Yoan ilhuiloc, ixpantiloc, nonotzaloc, caquitiloc, yiollo itlan tlaliloc in Motehcuçoma: ce cihuatl nican, titlaca, in quinoalhuicac, in ualnauatlatotia: *Itoca Malintzin*, teticpac ichan, in ompa atenco, achto canaco...", es decir:

> "Y se dijo, se declaró, se enseñó, se contó, se hizo oír en su corazón, en el corazón de Motecuhzoma, que una mujer de aquí, de nuestras gentes, los guiaba, los venía sirviendo hablando náhuatl: se llamaba Malintzin, su hogar era Teticpac, allá en la costa habían venido primero a recogerla".[10]

---

[8] Fernando de Alva Ixtlilxóchitl, *Relaciones e historia de la nación chichimeca. Obras históricas*, t. II, p. 198.
[9] Cf. *Códice florentino*, ed. facs., vol. 3, libro XII, cap. IX.
[10] *Idem*.

De este modo, si queremos saber de su ascendencia, de sus padres "históricos", físicos, de su filiación real y auténtica, habremos de acogernos a otras fuentes, a tradiciones orales o a improbables documentos que los archivos aún no han entregado al historiador. La tradición oral puede no ser nada desdeñable para dibujar la trayectoria de Malintzin antes de su encuentro con Cortés. Francisco Javier Clavijero en parte nos ha mostrado el camino, al recoger en el siglo XVIII una tradición oral tardía del pueblecito de Painalla, en la región de Coatzacoalco, que se jactaba de ser cuna de Malintzin, y al comunicarnos también así su apodo: *Tenepal*,[11] que acompañaba al nombre principal procurado según las reglas onomásticas prehispánicas por signo del día de nacimiento en el *tonalpoualli*, en el calendario adivinatorio, y que en su caso el *malin*, de *ce malinalli*: "una hierba-trenzada", del verbo *malina*: "torcer algo sobre el muslo". Por cierto, un día con un signo desastroso, nefasto como pocos: "los que en él nacían tenían mala ventura, eran prósperos en algún tiempo y presto caían de su prosperidad[...] era como bestia fiera este signo...", y las personas nacidas en el cuarto, quinto y sexto días de dicho signo: "serían desdichados y mal acondicionados, y revol-

---

[11] La etimología de *Tenepal* no es clara. Véase Miguel Ángel Menéndez, *Malintzin en un fuste, seis rostros y una sola máscara*. Precisando y afinando lo que afirma este autor, puede considerarse que deriva de *tentli*: "labios", "boca", pero cabe destacar que "persona de gruesos labios" es *tentomauac* o, en rigor, *tentomactli*. Por otra parte, respetando la derivación a partir de *tentli*, puede ubicarse este apodo en *tene*: "afilado", "puntiagudo" y relacionarlo con la expresión *tene, tlatole*: "quien posee boca, quien posee" y que así designa a los que tienen facilidad para hablar y que hablan mucho. *Pal* es afijo en posición de sufijo que significa "por", "por medio de", "gracias a". Así, *tenepal*: "gracias a quien tiene boca" o "por medio de quien habla", lo que me parece muy sugestivo sobre el papel desempeñado por Malintzin como dueña del discurso político y narrativo que funde la empresa conquistadora, como reconocimiento de su asimilación a la palabra, al verbo central que crea, elabora, el acaecer histórico. En este caso, el apodo *Tenepal* podría ser posterior a la Conquista.

tosos y malquistos...", y los nacidos en los días octavo y noveno del signo: "son ladrones y salteadores y adúlteros", nos aclara Sahagún en su libro IV dedicado al *tonalpoualli*.

Hace algunos años creí posible hallar en la infamia de tal signo calendárico la razón de la desgracia original de Malintzin, el principio mismo de su extraño destino, al justificar este signo maldito la entrega secreta de la pequeña Malintzin a los mercaderes de esclavos de Xicalanco, ya que tan fatales marcas de predestinación sólo podían turbar y asustar a su madre, cuidadosa, por otra parte, de cumplir con las ambiciones de su segundo esposo. No he cambiado de opinión. El testimonio de Bernal Díaz, quien dice haber conocido personalmente a la madre de Malintzin en 1523 y en Coatzacoalco: "conocí a su madre y a su hermano de madre, hijo de la vieja [...] y después de vueltos cristianos se llamó la vieja Marta y el hijo Lázaro", me sigue confirmando la probabilidad de esta explicación. Y sigo convencido de que toda su vida, primero esclava en tierras mayas, entregada posteriormente a los españoles, intérprete de Cortés, luego, al poco tiempo, su consejera política, y por fin su amante durante dos años, desde la llegada a Tlaxcala hasta el asedio final a México-Tenochtitlán, en rigor el arma más afilada de todas las que manejó el Conquistador para llevar a cabo su empresa, toda su vida fue un lento intento de reparar, anular, disminuir o destrozar aquella tremenda injusticia hondamente clavada en unos lancinantes recuerdos de infancia y de adolescencia.

Pero hoy sólo pensemos en aquella mujer de carne y hueso que con sus dos hijos significó un nuevo mundo naciente, complejo y de difícil alcance, de tan delicada comprensión. Y en el discurso femenino que esto entraña, quizá la otra cara, la otra vertiente, de su crucial papel político y de todos los mitos que en él se originarían. A la Malintzin-argumento, a la Malintzin-pretexto, a la metonimia Malinche, figura de retórica inventada conjuntamente por

Cortés y por la auténtica Malintzin *Tenepal* de carne y hueso en los fragores de la gesta conquistadora, a ese personaje hierático, central, de códices y relatos, distribuidor de la palabra política y del discurso de la Conquista, opongamos a la esposa y a la madre reales, aquellas que manifestaron su humilde humanidad en los primeros años del México colonial o virreinal. No porque queramos anular u olvidar los más alucinantes y significativos códigos históricos que la Malinche entraña y que Malintzin alberga en su intimidad semántica. No. Aquella imagen imborrable del pasado fundador de México que en las iconografías más representativas del *Códice de Florencia* o del *Lienzo de Tlaxcala*, etcétera, nos ofrece la tremebunda figura de aquella bella mujer siempre situada en el corazón del discurso, cuando españoles y *mexicah* se refugian en las márgenes del dibujo, en actitud de espera, y cuando ella, en el eje central del texto, del significado, dominando decididamente el espacio ficticio del gráfico, en la intimidad absoluta de la representación, se yergue, esplendorosa, para distribuir la palabra.

Pero, sobre las leyendas primero, sobre los mitos más tarde, que anidarán en el corazón de la metonimia Malinche, otros hablarán en estos días que vamos a intentar un reencuentro con Malintzin. El camino es largo y vario. Desde la primera representación de la Malinche después de la Independencia, en 1826, en aquella novela anónima Xicoténcatl que en parte estamos redescubriendo, hasta los modernos "hijos de la Malinche" acuñados por Octavio Paz, y otras tantas creaciones de hoy en día que cruzan sus significados en la figura de aquella fascinante mujer, la trayectoria mítica, "literaria" y retórica es compleja y variopinta. Sandra Messinger Cypess nos ha dado un buen acercamiento global a este itinerario semántico en su reciente libro *La Malinche in Mexican Literature. From History to Myth* y, desde luego, a él remitimos en espera de las palabras y de los análisis que en estos días han de renovar aún el tema y tratar de asediar a "padres" y a "hijos" retóricos de la metonimia Malinche.

Pero yo, hoy mismo, humildemente, para inaugurar el camino que pueda llevarnos a ella, debo atenerme a la realidad histórica, a Malintzin *Tenepal*, a la mujer y a la madre que fue, exclusivamente de Martín Cortés y de María Jaramillo. Y para llegar hasta su figura y su discurso, después de haber evocado y descrito ante ustedes hace poco la desoladora pobreza o fragilidad de las crónicas, sólo me queda el camino de los archivos, de los legajos, de aquellas cartas y expedientes amarillentos y polvorientos que los depósitos documentales reservan para las miles de horas de trabajo silencioso que son destino inevitable del historiador. Y me es necesario confesar, en este terreno, que aquí también la cosecha es parca, difícil y hasta ahora poco abundante, como notaba hace algunos instantes. Y, sin embargo, confunde y sorprende cómo un personaje histórico de tamaña magnitud ha podido dejar tan pocas huellas una vez concluida su empresa central.

Pero, mejor, resumamos lo que se ha hallado y lo que probablemente queda. Su matrimonio con Juan Jaramillo en Ostoticpac, cerca de Orizaba, cuando la expedición de las Hibueras, está documentado en Bernal Díaz, con alguna que otra interpretación anterior chismosa de López de Gómara que se atreve a afirmar: "se casó Juan Jaramillo con Marina, estando borracho. Culparon a Cortés que lo consintió teniendo hijos en ella", pero tal realidad no plantea verdaderos problemas para el historiador. La trayectoria de Malintzin, después del retorno de las Hibueras en 1526, ésa sí que plantea serios silencios. Aquí también cabe interrogarse e incluso extrañarse.

Una vez concluida la Conquista de México-Tenochtitlán, vuelto a casar Cortés después de convertirse en marqués del Valle, a partir del 6 de julio de 1529, la vida de Malintzin no estaba por ello condenada obligatoriamente a un discreto pasar silencioso. Podía haber dado qué hablar y dejado muchas huellas. Su nuevo marido, Juan Jaramillo, era también, a su modo, todo un personaje y alguien muy representativo de aquellos españoles que habían de fundar la Nueva España. Sabemos bastantes cosas de él y su huella consta en un manojo de fuentes nada desdeñable.[12] Hijo de Alonso Jaramillo, hidalgo, que había sido conquistador de Tierra Firme y Santo Domingo, fue alcalde de Veracruz en 1519, figuró entre las huestes cortesianas que se opusieron a Pánfilo de Narváez y capitaneó la retaguardia de Cortés cuando la Noche Triste, comandando después uno de los bergantines del asedio a México-Tenochtitlán. Participó asimismo en las conquistas de Oaxaca y Pánuco (donde fue nombrado alférez general), así como en Honduras en donde fue alférez general de todo el ejército. Después de la Conquista de México, el 9 de marzo de 1524 es regidor de México y el 12 de octubre, camino a las Hibueras, es cuando se casa con Malintzin. ¡El 12 de octubre! ¡Como si Malintzin fuera imán mágico que atrajera a sí códigos, símbolos y signos semánticos!

El 26 de junio de 1526, Cortés nombra a Jaramillo alcalde ordinario de México. Pese a estas circunstancias, al ser ya esposo legítimo de Malintzin, aparece en documentos del Archivo de Notarías de México,[13] en 1527, como abrumado por una serie de deudas varias: 190 pesos a Garci Martín, 30 pesos a Hernando Rodríguez por una cota de malla, 88 pesos a Antón Jiménez por unas vestimentas, 100 pesos a Daniel de Busto por vino y aceite, etcétera. Sin embargo, en enero de 1528 es alférez de México y en mar-

---

[12] Archivo General de Indias, gpos. docs. Justicia, leg. 223, Patronato, leg. 54, exps. 8 y 6; leg. 55 y exps. 4, 3; leg. 62, exps. 1 y 4; leg. 76, exps. 2 y 10; leg. 169, etcétera. Audiencia de México, leg. 96, etcétera. Archivo General de la Nación de México, gpos. docs. Hospital de Jesús, caja 123, ex. 31; Mercedes, caja II, leg. 503 y 509, caja III; gpo. doc. California, caja LXIII.

[13] *Cf.* Agustín Millares Carlo y José I. Mantecón, *Índice y extractos de los protocolos del Archivo de Notarías de México*, ent. 356, p. 105; ent. 371, p. 107; ent. 379, p. 110; ent. 381, p. 110; ent. 388, p. 111; ent. 906, p. 214.

zo recibe merced de un solar para edificar su casa, a pesar de haber incurrido en más deudas aún, como con el clérigo Cristóbal Bello y el deberle 35 pesos a Cristóbal Bonilla. El 20 de julio de 1530 se le otorga el honor de llevar la bandera el día de San Hipólito que celebra el aniversario del término de la Conquista, pero en esto se va de la ciudad, prácticamente desdeñando el asunto. Recibe más solares en 1532, con la autorización de plantar vides y frutales de Castilla y, en 1538, siendo vecino de México, recibe su escudo de armas, su blasón nobiliario. En 1541 es alcalde de mesta, y en 1542 manda redactar la *Información de méritos y servicios de su esposa Malintzin*.[14] En 1543, siendo siempre vecino de México, recibe una "caballería" y media de tierras en Tabasco y, por fin, en 1546 recibe una estancia de Xilotepec. Francisco A. Icaza en su diccionario autobiográfico de *Conquistadores y pobladores de Nueva España* sitúa su fallecimiento en 1547, lo que puede parecer extraño según otros documentos muy estimables.

Cierto es que las fechas aquí se contradicen ampliamente, ya que sitúan la muerte de Malintzin en 1531 y el segundo matrimonio de Juan Jaramillo con Beatriz de Andrada en 1532.[15] Parece difícil no ver aquí un error de amanuense. Efectivamente, tanto Orozco y Berra, como Fernando Ramírez,[16] subrayan la presencia de Malintzin en México en 1537 donde aún servía en ocasiones de intérprete de Hernán Cortés. Ambos aducen a una estampa, copia de un original que se custodia en el Museo de Antropología, y que representa a Malintzin detrás de Cortés, con un rosario en las manos. El grabado representaría en sí, en conjunto, como apunta Orozco y Berra: "el castigo de ape-

---

[14] *Colección de documentos inéditos relativos al descubrimiento...*, vol. 41, p. 188 y ss.
[15] Archivo General de Indias, sección Patronato Real, leg. 56, exps. 8 y 6, f. 1v.
[16] *Cf.* Manuel Orozco y Berra, *Historia antigua y de la Conquista de México*, t. IV, p. 123; Fernando Ramírez, *Proceso de residencia contra Pedro de Alvarado*, p. 290.

rreamiento impuesto en Coyoacán por orden de Cortés a sus principales de Cholula, servidores de Andrés de Tapia, año de 1537".[17]

Por otra parte, otro documento del que ya hice mención hace algunos años en anteriores estudios, y que yo sacaba del Archivo General de la Nación de México,[18] indica a todas luces que Malintzin aún vivía en 1551. Se trata de una demanda de delimitación de predios hecha en la ciudad de México por Martín Cortés, el hijo de Malintzin, el 21 de julio de 1551, que así reza: "por la otra parte la calle que atraviesa e linderos de las casas de Joan Rodríguez Albañiz *en que bibe al presente Doña Marina* fasta el fin de la dicha calle". Confirma hoy en día dicha aseveración otro documento sacado también del Archivo General de la Nación[19] que es, esta vez, una probanza de otro Martín Cortés, es decir, del marqués del Valle en un pleito sobre casas, en la ciudad de México y que así declara: "la esquina del sitio que confina con la calle de Ystapalappa, frontero de la cassa del dicho tesorero Joan Alonso de Sosa, que volviendo *por la calle donde agora bive doña Marina*, que hera la de Juan Rodríguez Albañiz".

Para terminar (muy provisionalmente sobre estas dificultades por hallar fechas fidedignas) acudiré a otro documento que pude hallar en Madrid, hace algunos años, en los archivos históricos del Instituto "Valencia de Don Juan",[20] que es del 27 de septiembre de 1587, y que nos procura una serie de notas y expedientes del 18 de enero de 1583 sobre los pleitos acaecidos entre Juan Jaramillo y el primer titular de la encomienda de Xilotepec, Hernando de Santillana, y posteriormente entre los herederos de dicho Hernando de Santillana y la familia de Jaramillo, su

---

[17] M. Orozco y Berra, *op. cit.*
[18] *Cf.* Gpo. doc. Hospital de Jesús, caja 285, último cuaderno, f. 152r.
[19] *Ibid.*, caja 285, exp. 96, 6v.
[20] Archivos Históricos del Instituto Valencia de Don Juan, caja 35, 23o. envío, doc. 258.

segunda esposa, Beatriz de Andrada, y su yerno Pedro de Quesada, también nombrado Luis de Quesada. Subrayemos desde ahora algunos detalles que nos permiten reencontrar a la familia de Malintzin y a lo que fue su entorno en esos años de discreción, un poco fuera de la historia. Para una consulta completa de la totalidad del documento, remito a la transcripción aquí publicada como apéndice a continuación de mi texto. Pese a sus deudas, su marido Juan Jaramillo es calificado de: "*muy poderoso y criado del Marqués, cassado con una criada suya*",[21] lo que también habla claro de la existencia en vida de Malintzin por aquella fecha.

Un poco más lejos[22] se aclara que "Juan Xaramillo es rico y favorescido y que es casado en Nueva España", y eso en 1539. Sin embargo, y esto podría ser muy importante, se cita la muerte de Hernando de Santillana el 9 de agosto de 1541, y se comenta como inmediata anterioridad:

> que es Juan Xaramillo caballero hijodalgo y *casado dos beces, la segunda con doña Beatriz,* hija de Leonel de Cervantes, Caballero del hábito de Santiago y es uno de los primeros conquistadores y pobladores de la Nueva España y se ha hallado en todas las más entradas y descubrimientos de la Nueva España con sus armas y caballo y criados.[23]

Desde luego, cabe aquí interrogarse sobre el problema que plantea la fecha del fallecimiento de Malintzin. Como hemos visto unas líneas atrás, parece indudable que ella viviera aún en 1539; la frase incluida en el folio recién citado[24] da por definitiva su muerte ya el 9 de agosto de 1541. Claro está que nos es posible dudar de la lectura de estas fechas. Si fue en 1541 (antes del 9 de agosto) o en 1551, como in-

---

[21] *Ibid.*, f. 3v.
[22] *Idem.*
[23] *Ibid.*, f. 4v.
[24] *Idem.*

dican las delimitaciones de predios hechas a petición de Martín Cortés. Esperaremos otros documentos por aparecer antes de concluir.

El 27 de agosto de 1546, Diego de Santillana, heredero de Hernando, seguía arremetiendo contra Juan Jaramillo que podía presentar ejecutoria ganada en buena ley contra dicha familia. Más tarde intervendría Beatriz de Andrada, la segunda mujer de Jaramillo, sin que quede clara la fecha de dicha intervención. Bien.

No los vamos a abrumar con una avalancha de detalles biográficos y jurídicos que serán más oportunamente plasmados en un texto escrito de lenta lectura. Pero, en lo más inmediato, sí notemos algunos hechos que sirven para una mejor comprensión del entorno de Malintzin. Lo que creo que más conviene recordar y evocar es que Jaramillo y Malintzin tuvieron una hija, María, y que ésta sería la única descendiente de Juan Jaramillo. ¿Cómo se llevarían los dos hermanos, Martín Cortés y María Jaramillo? Los dos hijos de Malintzin, ambos nacidos de padres españoles, se casarían con españoles. Martín Cortés con doña Bernardina de Porras, española, vecina de México, y María Jaramillo con Luis López de Quesada, primo de los conquistadores Alonso y García de Aguilar, llegado a Nueva España en 1535.[25] De María, hasta donde sé, sólo conocemos sus pleitos y desvelos por rescatar la encomienda de Xilotepec ya que, al morir Malintzin, Jaramillo contrajo segundas nupcias con Beatriz de Andrada, como hemos visto, y al morir a su vez Jaramillo, la segunda esposa casó con el medio hermano o con el hijo del segundo virrey, Luis de Velasco, intentando adjudicarse dicha encomienda. El documento que utilicé hace algunos años y que obra en el Archivo General de Indias de Sevilla bien claro lo indica:

[25] Archivo General de Indias, gpos. docs. Audiencia de México, leg. 96, exp. 4; seccion Epistolario de la Nueva España, vol. XIV, p. 833; *Colección de documentos inéditos relativos al descubrimiento...*, vol. 41, p. 210.

soy casado con doña María, hija única y legítima de *Marina, Yndia y Señora, la cual fue gran parte para que la tierra se ganase*. Ésta se casó con Juan Jaramillo de quien nació mi muger, su heredera. Muerto él dan todos los bienes y los yndios a la segunda muger [...] que dijo llamarse doña Beatriz, dexando a la heredera, y esto porque vuestro visorey casó a su hijo don Francisco con ella.[26]

De los descendientes habidos de su primer hijo, Martín Cortés, que fuera el símbolo más significativo del discurso femenino de Malintzin, tenemos amplias noticias. Desde la conjura de su medio hermano del mismo nombre en 1568, hasta el cuadro genealógico que pretendiera el ilustre bibliógrafo mexicano Federico Gómez de Orozco, estableciendo su propia filiación con Malintzin,[27] no faltan informaciones ni datos para ponernos a relfexionar. Por mi parte, prefiero saber de sus hijos "reales", físicos, una vez más, de sus hijos de carne y hueso, los que anidaron en el centro vivo y auténtico de su propio discurso y de su propia conducta de mujer y de madre, de los años 22 a 51 del siglo XVI, cuando vivió, soñó, sufrió o gozó de la placentera vida regalada de una ilustre dama del incipiente virreinato (a pesar de que su marido parece haber tenido algunas deudas, haber debido a los amigos algunos dineros de cuando en cuando), a saber mejor que de los "hijos" metafóricos, que de los fantasmas o de los mitos encarnados en su filiación, fabricados e imaginados casi tres siglos más tarde, por aquellos siglos XIX y XX que corren en busca de sus propias angustias, intentando resolver sus propias vacilaciones ante el temeroso problema de la identidad nacional, cultural o étnica, o sencillamente vivencial.

---

[26] Archivo General de Indias, gpo. doc. Audiencia de México, leg. 68, ramo 2. Carta de Luis de Quezada, de México, 15 de febrero de 1552.
[27] Véase Gustavo A. Rodríguez, *Doña Marina*, p. 58.

Malinztin no tiene hoy por qué asumir una responsabilidad, fraguada hace poco más de siglo y medio, que nunca imaginó. Como sugerí hace algunos años, para mí la Conquista de México, por haber contado con la inapreciable y aun hoy en día incalculable ayuda de aquella bella esclava entregada en Potonchán el 15 de marzo de 1519, es más que otra cosa el resultado de una venganza de mujer, de una mujer que así recupera su señorío, su lugar privilegiado en el orden social de su mundo, y que destruye también así el orden de los valores que había vivido de niña y que le habían negado en carne propia al encerrarla en un destino maléfico, en una predestinación sin salida ni redención. Sus dos hijos, Martín y María, son el resultado coherente y ordenado de aquel discurso femenino de venganza. Son mestizos paradigmáticos e inauguran un mundo que a su vez niega a los anteriores, a los cuales envejece y torna obsoletos, un mundo hecho de sangres y palabras mezcladas, cruzadas, novedosas, un mundo de sentires y decires trastocados y vertiginosos que inauguran un mundo. No. Malintzin no es la "Llorona", no es una nueva reencarnación de ésta, que hubiera muerto corroída por el remordimiento, negada la paz a su alma, y que vendría a recorrer por las noches las calles de la Ciudad de México para llorar todos los llantos de una culpa histórica inconmensurable. No. Malintzin *Tenepal* es una mujer histórica, que existió con punzante y aterradora realidad, una figura de primerísima magnitud en nuestra historia de hombres, y que nos convoca a no refugiarnos en fantasmas metafóricos de más o menos acertada composición, sino a trabajar para reconocerla, con cuidado, en quién fue realmente para así reconocer al mismo tiempo el camino difícil de la historia.

Anexo. Instituto Valencia de Don
Juan de Madrid, Archivo Histórico, caja 35, 230.
envío, doc. 258, s.f.

[Al margen: Pues para esto, se podrá effectuar conforme a ello.]

[f.1r] Señor, V[uestra] M[erce]d fue servido mandarme en una consulta mía del 21 de julio viesse lo que el fiscal deste Consejo decía en el papel y R[elaci]ón que aquí vuelve cerca del pleyto de Gaspar de Santillana y que procurase encaminar lo del concierto como más conviniese. Y, en cumplimi[ent]o desto he ydo hablando en este neg[oci]o con cuidado y tenido algunas sesiones con la parte y el fiscal, y él ha venido a resolverse en que, haviéndole V[uestra] M[erce]d de mill pesos de renta de a ocho reales cada año, en la Caxa Real por sus terçios, y q[ue] aya de gozar dellos conforme a la ley de la sucesión, comenzando del las vidas se aparta del derecho que tiene a la que tiene a la quarta parte q[ue] tiene de repartimi[ent]o de Xilotepeque y a los fructos corridos dél. Que por importar esta quarta parte 3 mil 500 pesos cada año. Se ha tenido por buen medio lo q[ue] en esto se ha acordado. V[uestra] M[erce]d mandare lo q[ue] fuere servico. En Madrid, 27 de sep[tiembr]e, 1587.

[f. 2r] [Al margen: Xilotepeque.]
En la çiudad de México, a diez y ocho días del mes de henero de mill y qui[nient]os y ochenta y tres años, los señores pr[esident]e e oydores de la Audiençia Real de la Nueba España, aviendo visto la quenta y visita que fue hecha de la provinçia de Gilotepeque y de los demás pueblos a ella subjetos, que dizque tienen en encomienda doña Beatris de Andrada y don Pedro de Quesada en que se hallaron *nuebe mill y seyscientos y ochenta y cinco tributarios sin dozientos y honze tributarios chichimecas,* dixeron que mandavan y mandaron que de aquí adelante hasta que otra

cosa se provea y mande, los d[ic]hos nuebe mill y seysçientos y ochenta y çinco tributarios den de tributo en casa un año para los d[ic]hos sus encomenderos *diez mill y ciento y noventa y tres pesos de oro común* por los terçios dél y tres mil y ochocientos y veynte y seys hanegas y media de mayz al tiempo de la cosecha, puesto en la caveçera del d[ic]ho pueblo y para pagar el d[ic]ho tributo se rreparta y cobre de los dos mill y treynta y dos tributarios que se hallaron en los pueblos de Alfaxoyuca, Tlalisticapa, Teopançolco, Tepoçantla, Atlanco, Xochitlán, Tepetla, Coçolco, Quihuacac, Timanca, Tenextlaçotla, Çacachichilco, Castepantla, Huexotlica, Tequixquipa, Ahuacatlan, San Juan Ystachichimeca, Pantecaquipan, Çimpana, Ystlauaca, Quatlicama, de cada uno de ellos diez rreales de plata para el tributo de los d[ic]hos sus encomenderos. Y demás, desto, paguen para su comunidad, cada uno de él los dos rreales de plata que montan quinientos y ocho p[es]os y los siete mill y seys cientos y çincuenta y seys tributarios rrestantes que ay en los demás pueblos, partes y lugares de la d[ic]ha provinçia. A cada uno dellos, ocho rreales de plata y media hanega de mayz y de los biudos o biudas, solteros o solteras que vibieren de por sí y sobre si fuera de poderío paternal, de sus padres la mitad y para su comunidad hagan las simenteras de mayz que por el auto acordado por esta Rreal Audiençia está mandado que hagan los pueblos desta Nueba Esp[añ]a lo proçedido. De lo qual se gaste y distribuya en cosas conbinientes y neççesarias a su rrepública y pro[vincia] della, de lo qual tengan quenta y rrazón para la dar cada vez que les sea mandado. Y porque según lo en el d[ic]ho auto expresado de las mugeres biudas y solteras que hazen medio tributario, que no an de yr a las d[ic]has sementeras, se a de cobrar de cada una dellas un rreal para la d[ic]ha comunidad y no se le a de pedir ni llevar más tributo ni serviçio. Los d[ic]hos tributarios so las penas de las hordenanças, çédulas y provisiones de Su M[ajestad] y esto guarden por tasación y se asiente en los libros dellas. Y que sea a cargo de los d[ic]hos encomenderos proveher lo neçcesario al hornato del culto divino del d[ic]ho pu[e]bl]o y sustensión de los rreligiosos que tienen a cargo la doctrina de los naturales y a los doscientos y honze tributarios chichimecas no se les ynpone tributo alguno ni de ellos se a de cobrar de ningún género ni por ninguna bía sin horden desta Rreal Audiençia. Y así lo pronunçiaron y mandaron.

Este d[ic]ho día, mes e año susod[ic]ho se pronunçio el auto del suso contenido en pública audiençia. Agurto. CORREGIDO CON EL AUTO SIG[UIENT]E. SANCHO LÓPEZ DE AGURTO.

Los escribanos de Su Magestad que aquí firmamos nuestros nombres, çertificamos y damos fe que Sancho López de Agurto dé auto de tasación arriba contenido. Está firmado ese escri[t]o [f. 2v] del Audiençia y Chançillería Real que rreside en esta çiudad de México, de la Nueba Esp[añ]a y como a tal a los autos y escrituras que ante él an pasado y pasan, se a dado entera fe y crédito en z[...] y fuera dél y para que dello co[n]ste, dimos ésta firmadas de nuestros nombres. En México, a quatro días del mes de Junio de myll qui[nient]os y ochenta y seis años. BALTHASAR DE AGUIRRE, JUAN MARTÍNEZ Y JOAN CLEMENTE [siguen firmas ilegibles].

[f. 3r] *Memorial del pleito entre Gaspar de Santillana de la una parte, con Juan Xaramillo, difunto, y doña Beatriz de Andrada y don Pedro de Quesada y el fiscal de la otra, sobre la quarta parte de los yndios de Xilotepeque, comforme a la de Malinas.*

Presupuesto que el año de 1522 en 4 días del mes de abril, Hernando Cortés encomendó en Hernando de Santillana la quarta parte deste pueblo.

Quel mesmo año de 1522 en 4 de dizienbre el mesmo Hernando Cortés depositó en Juan Xaramillo todo el pueblo de Xilotepeque, y dice: "[...] os doy en depósito al señor y naturales del pueblo de Xilotepeque que solían tener depositados Fran[cis]co de Quevedo y sus consortes".

Demanda

En diez de diziembre de 1538, Hernando de Santillana pone demanda a Juan Xaramillo sobre la 4a parte del d[ic]ho pueblo en que diçe que sirvió en la conquista de la Nueva España, con sus armas y cavallo, y en remuneraçión de sus serviçios el general Hernando Cortés le dio la encomienda de la d[ic]ha quarta parte, de la qual llevó los frutos y aprovechamientos, y sin su culpa está excluso. Pide que sea condenado Xaramillo a que dexe libre y desenbargada la posesión de la d[ic]ha 4a parte, restituyéndole y yntegrándole en ella, para que la tenga y posea, según y como la tenía antes y al tiempo que cayó de la posesión con frutos.

Excepçiones quel A no es parte y que la ac[c]ión que yntenta no le compecte y que tiene prescripto porque la posee por tiempo de más de diez y seys años, quieta y paçíficamente, estando pres[en]te el Hernando de Santillana todo este tiempo y quél a nunca aprehendió la posesión. Antes dixo al Marqués que no la quería, porque estava de guerra y hera ynhútil y assí el [f. 3v] Marqués la encomendó en el reo ques de los primeros conquistadores y que los pudo quitar y rremover al actor y dar al reo.

A replicato que poseyó y no le pudo el Marqués remover porque por haver sido el d[ic]ho Hernando de Santillana siempre muy pobre y *el d[ic]ho Xaramillo muy poderoso y criado del Marqués, cassado con una criada suya*, le metió en la poses[i]ón y niega haver diçho que no la quería, ni haver hecho delaçión de la encomienda y presentó el título. Resçívese este pleito a prueva y haçe provança Santillana y prue[b]a.

Prueva Hernando de Santillana, que fue uno de los prim[er]os conquistadores y descubridores de la Nueva

España y que sirbió bien con su persona y armas en todas las guerras y conquistas de Nueva [E]spaña, a su costa y sin acostamiento alguno en que pasó muchos travajos y peligros y ambres y travajo, como todos los d[ic]hos conquistadores. En la qual conquista y guerra fue herido peligrosamente, de questubo a punto de muerte y que en remuneraçión de sus servy[ci]os, el capitán general don Hernando Cortés le dio la encom[ien]da sobre que es este pleyto, y que por virtud de la d[ic]ha encomienda poseyó la quarta parte del d[ic]ho pueblo, hasta tanto que Juan Xaramillo se metió en la d[ic]ha posesión y que nunca hiço cosa por donde deviese ser removido de la d[ic]ha encomienda, y que después que Juan Xaramillo se metió en ella, el d[ic]ho Santillana a sido pobre y enfermo y *Juan Xaramillo rrico y favorescido y que es casado en Nueva [E]spaña*. Con esta provança del Hernando de Santillana se da en la Audien[ci]a de México sentençia, en vista por la qual, condenan a Juan Xaramillo a que restituya a Hernando de Santillana la encomienda con frutos, desde la contestaçión deste pley[t]o comforme a la tasaçión. *Esta sentençia se pronunçio en 21 de nobienbre de 1539.* De la cual se apeló por p[ar]te de Juan Xaramillo, para el Consejo Real de las Yndias, *en 26 de nobiembre del dicho año* y para allí y adonde con d[e]r[ech]o devía [f. 4r] porque exçede de los 1500 ducados. Otorgasele la apelaçión para que la siga comforme a las ordenanças del Audiençia este d[ic]ho día 26 de nobiembre del d[ic]ho año.

Juan Xaramillo dixo agravios en 9 de diçiembre del d[ic]ho año, que la sentençia no se havía dado a pedimiento de parte y q[ue] la acçión y rremedio yntentado por Hernando de Santillana no le competía y que él es poseedor de diez y siete años y más tiempo a esta parte de todo el d[ic]ho pueblo, por título de encomienda que le hiço el Marqués, en virtud de la qual se a servido del pueblo y llevado los aprovechamientos quieta y paçíficamente, biéndolo y sabiéndolo el d[ic]ho Hernando de Santillana, y estando en México y quando algún d[e]r[ech]o tubiera, le hubiera prescripto *y ques cavallero hijodalgo y que por sus serviçios se la dieron*, y también porque dejó otra encomienda y que los yndios se binieron a quejar que no q[ue]rían servir a personas tam bajas como hera Santillana, que *hera çapatero* y que siempre *fue hombre de a pie* y que le dieron yndios y se los quitaron por tratarlos mal y que ha tenido de comer con sus grangerías y alguaçilazgos y husado su ofiçio y que la encomienda estava baca quando se le dio y consintió que se le diese la encomienda a Juan Xaramillo.

A Hernando de Santillana dixo de bien juzgado fue el pleito rresçivido a prueva y pres[en]tó su encomienda a Xaramillo.

Joan Xaramillo prueva que por el mes de septiembre del año pasado de 1522, el pueblo de Xilotepeque estaba baco, siendo capp[it]án y governador general don Fernando Cortés y que el pueblo de Xilotepeque, baco por fin y muerte de Fran[cis]co de Quebedo y consortes, y questando baco le depositó don Her[nan]do Cortés en Juan Xaramillo, y tomó la posesión quieta y paçíficamente del d[ic]ho pueblo, y llevando los frutos, tributos y aprovechamientos, biéndolo Hernando de Santillana. Y que Juan Xaramillo quando le dieron la encomienda sobre que es este pleito, dejó otra encomienda que tenía, la qual rrepartió a otros conquistadores. Y que Hernando de Santillana, en el tiempo que se conquistó [f. 4v] la çiudad de México era hombre a pie y ofiçial de çapatero. Y después de tomada la dicha çiudad, ganó muchos dineros con su ofiçio y otras grangerías que tenía, y quel Marqués del Valle y los demás governadores de la Nueva España han estado en costumbre de encomendar y depositar los yndios que se ganaban o bacaban en las personas que les paresçía conbenir a servy[ci]o de Su Mag[esta]d, y remover y quitar los tales depósitos y encomiendas por la mesma caussa. Y que de diez y ocho años a esta parte, los que han governado han dado de comer a Hernando de Santillana, dándole ofiçios de alguaçil y otras partes de salario, de cuya causa dexó el d[ic]ho ofiçio que tenía. *Y que es Juan Xaramillo cavallero hijodalgo y casado dos beçes. La segunda con doña Beatriz, hija de Leonel de Zervantes, cavallero del Hávito de Santiago y es uno de los primeros conquistadores y pobladores de la Nueva España*, y se ha hallado en todas las más entradas y descubrimy[ent]os de la Nueva España con sus armas y cavallo y criados, sirviendo como uno de los que más han servido a Su Mag[esta]d. Y que Hernando de Santillana no fue a la guerra de Pánuco, antes se quedó en la villa de Cuyoacán, travajando en su ofiçio, por no yr, y que al tiempo que se daban los yndios a Juan Xaramillo, que fue en el camino de Pánuco, se dixo y publicó que se quitaban a Santillana y a los demás que no habían querido benir a servir a la dicha guerra, siendo aperçibidos por la memoria del Marqués. Diçen dos testigos que creen que le quitaron los yndios a Santillana y a otros por no querer yr a la guerra.

Hecha esta provança, murió Hernando de Santillana, *en 9 de agosto de 1541*, y sale María Marroquina, su muger, diçiendo ser su subçesora en estos yndios y que el dicho Santillana no dejó hijos. Y presenta la provisión dada en favor de las mugeres, año de 1536, de mandamiento de la Audiençia.

Çítanse las partes para benir a Consejo en seguimiento deste pleyto en *2 de diçienbre de 1541*, conçiértanse y apártase el d[ic]ho Juan Xaramillo de la apelaçión que tenía ynterpuesta para el Consejo con que pudiese seguirla en la Audien[ci]a *en 30 de junio de 1542*.

[f. 5r] La d[ic]ha María Marroquina responde que se hiçiese todo lo que pide el d[ic]ho Juan Xaramillo.

En doçe de setiembre de 1542, proveyó auto la Audiençia que se siguiese en ella el d[ic]ho pleito, y el d[ic]ho Juan Xaramillo alega agravios en 22 de septiembre de 1542.

La d[ic]ha María Marroquina pide que se comfirme la d[ic]ha sent[enci]a. Resçívese a prueva el pleito y el d[ic]ho Juan Xaramillo presenta la provança que tenía hecha con el d[ic]ho Hernando de Santillana.

La d[ic]ha María Marroquina alega que a por bien que la d[ic]ha provança se ponga en el proçeso y la pase perjuiçio. Y declarando a las possiçiones que le fueron puestas, diçe que después que se conçertó no tiene justiçia la d[ic]ha Marroquina.

Concluso el pleito, se dio sentençia en favor del d[ic]ho Xaramillo en que revoca la primera y le dan por libre.

Ésta es una carta executoria quel Xaramillo presentó. Esta executoria se dio en 12 de diçiembre del año pasado de 1546.

3er. Pleyto

En 27 de agosto de 1546 Diego de Santillana haçe relaçión de todo el pleito y diçe ques hijo legítimo de Hernando de Santillana y de Catalina Rodríguez, su primera mujer, y queste pleito está remitido al Consejo. Que se rresçiva ynformaçión sobre su filiaçión, çitada la parte para presentarla en el Consejo.

Dióse traslado y responde Xaramillo. Alega que él tiene por justo título y executoria la d[ic]ha encomienda.

Auto. La Audiençia proveyó por auto que siguiese su justiçia conforme a la orden questava dada.

El dicho Diego de Santillana pone demanda comforme a la de Malinas en *24 de setiembre de 1546*. Haçe relaçión del pleyto y diçe que él es hijo legítimo de Hernando de Santillana, su padre, y que subçedió en su derecho y que en el estado en que está [f. 5v] se determine y que estava de partida para el Consejo y que por la nueva horden lo dexó y haçe presentaçión de todo el pleito.

El d[ic]ho Xaramillo alega quel d[ic]ho Hernando de Santillana no tenía yndios quando murió y que la ley no se estiende al d[ic]ho Diego de Santillana por no estar en la Nueva [E]spaña quando murió Hernando de Santillana, ni diez años antes, porque a diez y nueve años que no está en ella y estuvo en los reynos de Castilla y no fue en seguimiento del pleito al Consejo, y que tiene carta executoria.

Replica que él subçedió en el derecho que tenía su padre por la senten[ci]a y que no obsta deçir que la provisión Real se a de entender quando el que fallesçe tenía yndios y no quando no tenía yndios ni derecho a ellos, porque lo contrario pasa en verdad y está averiguado y probado y declarado por sentençia del audiençia que su padre tenía d[e]r[ech]o a la 4a parte. Y que la d[ic]ha real provisión se a de entender quando el que falleçe deja hijos en la Nueva [E]spaña. Porque él a estado y residido y estuvo y rresidió muchos años en ella y si se ausentó fue por causa justa de traer como trajo su muger y çinco hijas e yr en seguimiento deste pleito después de la muerte de su padre y con la yntençión que fue de traer su muger e hijas y bolvió a Nueva España en el tiempo que estava suspendido el conoçimiento de pleitos de yndios y él no bino. Por esta causa y después de haver benido muchos días havía, se hiço m[erce]d a los que pretendían tener derecho a yndios que lo pudiesen pedir y ansí su ausençia fue justa y con justa caussa, pues fue por su muger e hijas, y ansí no le a de pasar perjuiçio ni es la rreal yntençión tal y que el Marqués no pudo quitar a Hernando de Santillana la encomienda que se le havía dado en rremuneraçión de sus serviçios, y alega contra la executoria dada contra la d[ic]ha María Marroquina y presenta la encomienda de su padre.

El dicho Xaramillo presenta la executoria ganada contra la d[ic]ha María Marroquina y diçe que la d[ic]ha çédula no da derecho alguno al dicho Diego de Santillana.

Rescívese a prueva y Diego de Santillana prueva que es hijo legítimo de Hernando de Santillana y de Catalina Rodríguez, su primera muger, y que haçiendo bida maridable Her[nan]do [f. 6r] de Santillana con Catalina Rodríguez, su muger, se fue a las Yndias y que estando Diego de Santillana con su padre en México bino a Sevy[ll]a para llevar a su muger y [...] y estando allí supo cómo su padre hera muerto y que antes que se pregonase la ley de Malinas residía en México Diego de Santillana con çinco hijas su muger.

Xaramillo prueva que Diego de Santillana no estuvo en México ni quando se trataba el pleito con Hernando de Santillana, su padre, ni quando murió, ni quando se trataba el pleito con su muger. Y quel virey a dado a Diego de Santillana con qué se sustentar y que es calçetero y serviçio del d[ic]ho Xaramillo.

La Audiençia da auto en que manda que se trayga el proçesso a España y se çiten las partes.

Citóse Xaramillo en su cassa, por provisión a pedimiento de Santillana. En este estado muere Diego de Santillana y *también dizen que murió Xaramillo*.

Gaspar de Santillana, que es el que agora litiga, con quien se bio el pleito, pide en la audiençia que, çitadas las partes, se le rresçiva ynformaçión de su legitimidad y de cómo es hijo mayor de Diego de Santillana, y açe relación del d[ic]ho pleito, diçiendo que quiere benir en su seguimiento.

Mandóse dar traslado a las partes; contradízelo doña *Beatriz de Andrada*, diçiendo que Gaspar de Santillana es nieto y que no es parte por ser terçera byda. Y que tiene la mitad de la d[ic]ha encom[ien]da y la otra mitad de su Mag[esta]d, y alega la d[ic]ha executoria.

Sobre esto replicó Santillana quel pleito estava remitido al Consejo, y ansí, sobre si era parte o no, está rremitido al Consejo.

Auto. Da auto el Audiençia en que manda que se rresçiva la ymformaçión y dala el d[ic]ho Diego de Santillana. Mándasele dar con él traslado de los proçessos.

Çítase el fiscal, el qual diçe que se çite el fiscal del Consejo. Dícese *murió doña Beatriz*. Çítase don *Pedro de Quesada*, aunque contradixo el testimonio.

[f. 7r] El fiscal de Yndias. Señor, el liçen[çia]do Valtodano [?], fiscal de V[uestra] M[ajesta]d, digo questos años pasados se a visto en el Consejo Rreal de las Yndias un pleito entre Gaspar de Santillana, de la una p[ar]te, con Juan Jaramillo, difunto, y doña Beatriz de Andrada y don Pedro de Quesada y el fiscal de V[uestra] M[ajesta]d, de la otra, sobre la quarta p[ar]te de los yndios de Xilotepeque, que bino comforme a la de Malinas, y por tener por dubdosa la ju[sti]cia] de V[uestra] M[ajesta]d, y aver visto que los jueçes que vieron el pleito, em bista, no le tomaron tam bien como yo quisiera en favor del Fisco, y entender que la p[ar]te holgaría de tomar algún medio, contentándose con el quarto o terçio del valor de los yndios, sobre que es el d[ic]ho pleito. Me a pareçido dar quenta a V[uestra] M[ajesta]d, para q[ue] siendo servido ynviase a mandar al p[residente] de las Yndias, guiase esto como más V[uestra] M[ajesta]d fuese servida, pues lo podría ser q[ue]dando con 2 000 p[es]os de renta en cada un año para suplir otras neçesidades. El testim[oni]o del valor de los yndios y relación del p[lei]to ynvío a V[uestra] M[agesta]d para q[ue] lo mande ber y proveer, lo que más a su [juicio] convenga.

[f. 7v] P[residen]te de Yndias. 27 de sep[tiembr]e, 1587. Al Rey N[uest]ro S[eñor].

El medio q[ue] se ha tomado con Gaspar de Santillana en el pleyto de Xilotepeq[ue].

Bibliografía

ALVA IXTLILXÓCHITL, Fernando de, *Relaciones e historia de la nación chichimeca. Obras históricas*, t. II. Edición, estudio introductorio y apéndice documental de Edmundo O'Gorman. México, UNAM, Instituto de Investigaciones Históricas, 1977. (Historiadores y cronistas de Indias, 4.)

ARCHIVO GENERAL DE INDIAS, grupos documentales: Justicia; Patronato, Audiencia de México.

ARCHIVO GENERAL DE LA NACIÓN DE MÉXICO, grupos documentales: Hospital de Jesús; Mercedes, cajas II y III; California, caja LXIII.

ARCHIVO PROVINCIAL DE PROTOCOLOS NOTARIALES DE SEVILLA.

BAUDOT, Georges, "Malintzin, l'Irrégulière", en *Femmes des Amériques*, serie B, t. 11, Toulouse, Universidad de Toulouse-Le Mirail, 1986. (Travaux de l'Université de Toulouse Le Mirail).

—————, "Política y discurso en la Conquista de México: Malintzin y el diálogo con Hernán Cortés", en *Anuario de Estudios Americanos*, vol. XLV, Sevilla, Escuela de Estudios Hispano-Americanos, 1988.

Códice florentino, ed. facs., vol. 3, libro XII, cap. IX, México, 1979.

Colección de documentos inéditos relativos al descubrimiento, conquista y organización de las antiguas posesiones españolas de América y Oceanía, sacados de los Archivos del Reino y muy especialmente del de Indias, completamente autorizada, vol. 41, Madrid, Imprenta de Manuel G. Hernández, 1884. Reimpresión: Nendelen, Liechtenstein, Kraus Reprint Ltd., 1966.

ICAZA, Francisco A., *Conquistadores y pobladores de Nueva España*, Madrid, Imprenta de El Adelantado de Segovia, 1923. 2 vols.

INSTITUTO VALENCIA DE DON JUAN DE MADRID, Archivo histórico.

MENÉNDEZ, Miguel Ángel, *Malintzin en un fuste, seis rostros y una sola máscara*, México, Populibros, 1964.

MESSINGER CYPESS, Sandra, *La Malinche in Mexican Literature. From History to Myth*, Austin, Universidad de Texas, 1991. (The Texas Pan American Series)

MILLARES CARLO, Agustín y José I. MANTECÓN, *Índice y extractos de los protocolos del Archivo de Notarías de México, D. F.*, vol. I. México, El Colegio de México, 1945.

MUÑOZ CAMARGO, Diego, *Historia de Tlaxcala*, México, Alfredo Chavero (ed.), 1892.

MURO OREJÓN, Antonio, "Hernando Cortés, exequias, almoneda e inventario de sus bienes, con otras noticias de su familia", en *Anuario de Estudios Americanos*, vol. XXIII, Sevilla, Escuela de Estudios Hispano-Americanos, 1966.

OROZCO Y BERRA, Manuel, *Historia antigua y de la Conquista de México*, t. IV, México, Tipografía de G.A. Esteva, 1880.

RAMÍREZ, Fernando, *Proceso de residencia contra Pedro de Alvarado*.

RODRÍGUEZ, Gustavo A., *Doña Marina*. México, Imprenta de la Secretaría de Relaciones Exteriores, 1935.

ROSE-FUGGLE, Sonia, "Bernal Díaz del Castillo frente al otro: doña Marina, espejo de princesas y damas", en *La représentation de l'Autre dans l'espace ibérique et ibero-américain*, París, La Sorbonne Nouvelle, 1991.

SUÁREZ DE PERALTA, Juan, *Tratado del descubrimiento de las Indias (noticias históricas de Nueva España). Compuesto en 1589 por...* México, SEP, 1949. (Testimonios mexicanos, Historiadores.)

La Malinche: la lengua en la mano
Margo Glantz

Calar hondo...

Calar hondo para descubrir el secreto de las tierras recién descubiertas, parece haber sido una de las preocupaciones esenciales de Cortés. Esas frases se repiten a menudo en la primera carta de relación y en la segunda. En el pliego de instrucciones que Diego Velázquez le entrega a Cortés, antes de salir de Cuba, se lee:

> Trabajaréis con mucha diligencia e solicitud de inquirir e saber el secreto de las dichas islas e tierras, y de las demás a ellas comarcanas y que Dios Nuestro señor haya servido que se descubrieran e descubrieren, así de la maña e conversación de la gente de cada una dellas en particular como de los árboles y frutas, yerbas, aves, animalicos, oro, piedras preciosas, perlas, e otros metales, especiería e otra cualesquiera cosas, e de todo traer relación por ante escribano.[1]

---

[1] Hernán Cortés, *Cartas de relación*, pp. 9, 10, 14 y 15. *Cf.* Beatriz Pastor, *Discursos narrativos de la Conquista: mitificación y emergencia*, pp. 93 y 155.

Y es obvio que no es posible *calar hondo* ni descubrir secretos si se carece de lengua, es decir de intérprete. La primera buena lengua indígena que Cortés obtiene es Malinalli, Malintzin o Malinche, esa india que, como él dice, "hubo en Potonchán".[2]

¿Cómo hacer para descubrir el secreto que también a ella la encubre? Todos los cronistas la mencionan a menudo, con excepción de Cortés, quien sólo una vez la llama por su nombre, en la Quinta Carta de Relación.[3] Coinciden, además (incluso el marqués del Valle), en señalar que Marina formaba parte de un tributo o presente entregado al Conquistador después de la batalla de Centla, a principios de 1519, en dicho tributo se incluyen veinte mujeres para moler maíz, varias gallinas y oro.[4] Forma parte de un paquete tradicional o, mejor, de un lote, semejante al constituido para el trueque o rescate, pero en el que por lo general no entran las mujeres; cuando ellas se añaden al lote, es un símbolo de vasallaje (los cempoaltecas "fueron los primeros vasallos que en la Nueva España dieron la obediencia a su majestad")[5] aunque también puede ser de alianza, como puede verse luego en las palabras del cacique tlaxcalteca Maxixcat-

---

[2] H. Cortés, *op. cit.*, p. 45.
[3] *Ibid.*, p. 242.
[4] Cortés indica en la Quinta Carta, ya mencionada: "Yo le respondí que el capitán que los de Tabasco le dijeron que había pasado por su tierra, con quienes ellos habían peleado, era yo; y para que creyese ser verdad, que se informase de aquella lengua que con él hablaba, que es Marina, la que yo siempre conmigo he traído, porque allí me la habían dado con otras veinte mujeres". (*Idem.*) *Cf.* Bernal Díaz del Castillo, *Historia verdadera de la conquista de la Nueva España*, pp. 87-88; Andrés de Tapia, "Relación", en Carlos Martínez Marín, ed., *Crónicas de la Conquista*, p. 446. Menciona sólo ocho fray Francisco de Aguilar, *Relación breve de la conquista de la Nueva España, Ibid.*, p. 67. También son ocho para Hernando Alvarado Tezozómoc, *Crónica mexicana*, en Carlos Martínez Marín, *op. cit.*, p. 566; Francisco López de Gómara, *Historia de la Conquista de México*, p. 40; Bartolomé de las Casas, *Historia de las Indias*, pp. 242 y 244; Diego Muñoz Camargo, *Historia de Tlaxcala*, p. 188; Bartolomé Leonardo de Argensola, *Conquista de México*, pp. 97-98.
[5] B. Díaz del Castillo, *op. cit.*, p. 89.

zin: "démosles mujeres [a los soldados principales de Cortés] para que de su generación tengamos parientes".[6]

López de Gómara formula de esta manera el intercambio:

> Así que pasado el término que llevaron, vino a Cortés el señor de aquel pueblo y otros cuatro o cinco, sus comarcanos, con buena compañía de indios, y le trajeron pan, gallipavos, frutas y cosas así de bastimento para el real, y hasta cuatrocientos pesos de oro en joyuelas, y ciertas piedras turquesas de poco valor, *y hasta veinte mujeres de sus esclavas para que les cociesen pan y guisasen de comer al ejército*; con lo cual pensaban hacerle gran servicio, *como los veían sin mujeres*, y porque cada día era menester moler y cocer el pan de maíz, en que se ocupan mucho tiempo las mujeres [...] Cortés los recibió y trató muy bien, y les dio cosas de rescate, con lo que holgaron mucho, *y repartió aquellas mujeres esclavas entre los españoles por camaradas*.[7]

En este caso específico, las mujeres cumplen un doble servicio, acompañarán al ejército para alimentarlo y funcionarán *como camaradas* de los oficiales, eufemismo usado por López de Gómara para no mencionar su verdadero papel, el de concubinas o barraganas, contrato sospechoso, o para usar un término más moderno, el de soldaderas. En realidad, como se dice en el texto, son esclavas: "Los primeros conquistadores y pobladores europeos aplicaron la institución de la esclavitud de los indios de México por dos vías principales: la guerra y el rescate", explica Silvio Zavala.[8]

---

[6] *Ibid.*, p. 174.
[7] F. López de Gómara, *op. cit.*, pp. 39-40. Los subrayados son míos, salvo indicación de lo contrario.
[8] Silvio Zavala, *El servicio personal de los indios en la Nueva España*, p. 199. (Suplemento de los tres tomos relativos al siglo XVI.)

Desde el inicio de la Conquista uno de los recursos para conseguir intérpretes era apoderarse de los indios, para que, como califica Las Casas, "con color de que aprendiesen la lengua nuestra para servirse dellos por lenguas, harto inicuamente, no mirando que los hacían esclavos, sin se lo merecer".[9]

Si sólo hubiese cumplido con la doble función antes mencionada, Marina hubiese caído en el anonimato; al añadir a su género otra cualidad, la de la bilingualidad, es decir, conocer tanto el maya como el náhuatl, y también por ser de natural "entremetida y desenvuelta", según palabras de Bernal, acaba refinando su papel, para trascender la categoría del simple esclavo.

Entremetida y desenvuelta

Pero me detengo un poco: ¿qué es, en realidad, un o una lengua? En el primer *Diccionario de la lengua castellanalta*, Covarrubias lo define como "el intérprete que declara una lengua con otra, interviniendo entre dos de diferentes lenguajes". A partir de esto —haré unas observaciones pertinentes— se deducen de las fuentes históricas, y es bueno volver a tomarlas en cuenta:

1. Antes de tener lengua, los españoles se entienden con los naturales usando de una comunicación no verbal, "diciéndoles por sus meneos y señas", según Las Casas[10] o Bernal "y a lo que parecía [...] nos decían por señas que qué buscábamos, y les dimos a entender que tomar agua".[11]

2. Luego, al apoderarse a la fuerza de los naturales "para haber lengua", no se espera una verdadera comunicación. Las Casas expresa verbalmente sus dudas, acerca del Melchorejo: "traía el Grijalva un indio por lengua, de

---

[9] B. de las Casas, *op. cit.*, t. III, p. 208.
[10] *Ibid.*, p. 207.
[11] B. Díaz del Castillo, *op. cit.*, p. 9.

los que de aquella tierra había llevado consigo a la isla de Cuba Francisco Hernández, con el cual se entendían en preguntas y respuestas algo";[12] de quien también dice Gómara: "Mas como era pescador, era rudo, o más de veras simple, y parecía que no sabía hablar y responder".[13]

3. Por su peso cae que el lengua debe saber hablar, "declarar una lengua con otra", "intervenir". Ni Juliancillo ni Melchorejo, los indios tomados durante el primer viaje de Hernández de Córdova, y distinguidos así con ese diminutivo paternalista, son capaces de cumplir al pie de la letra con su oficio de lenguas, que por otra parte no es el suyo. Tampoco lo pueden hacer la india de Jamaica, sobreviviente de una canoa de su isla que dio a través en Cozumel, y que ya hablaba maya,[14] ni el indio Francisco, nahua, torpe de lengua,[15] encontrados ambos durante el segundo viaje, el de Grijalva.[16]

4. El sexo de las lenguas que se eligen es por regla general el masculino, con algunas excepciones, la recién mencionada, la india jamaiquina, por ejemplo, y la Malinche. El Conquistador Anónimo afirma que los mexicas son "la gente que menos estima a las mujeres en el mundo".[17] En consecuencia, sólo por azar se piensa en ellas, como bien lo prueba su escasez.

5. Los prisioneros de rescate o de guerra utilizados como lenguas suelen ser deficientes, proceden de mala fe ("y creíamos que el intérprete nos engañaba"),[18] no sólo eso, los indígenas vueltos lenguas a fuerza, traicionaban:

[12] B. de las Casas, *op. cit.*, t. III, p. 204.
[13] F. López de Gómara, *op. cit.*, p. 23.
[14] B. Díaz del Castillo, *op. cit.*, p. 25.
[15] *Ibid.*, pp. 34 y 36.
[16] *Cf.* Margo Glantz, "Lengua y conquista", en *Revista de la Universidad*, núm. 465.
[17] Anónimo, "El conquistador. Relación de algunas cosas de la Nueva España y de la gran ciudad Temextitlán, México, hecha por un gentilhombre del señor Fernando Cortés", en C. Martínez Marín, *op. cit.*, p. 402.
[18] Juan Díaz, "Itinerario de la armada del rey católico a la isla de Yucatán...", en Martínez Marín, *op. cit.*, p. 8. (Frag., pp. 1-16.)

e aquel mensajero dijo que el indio Melchorejo, que traíamos con nosotros de la Punta de Cotoche, se fue a ellos la noche antes, les aconsejó que nos diesen guerra de día y de noche, que nos vencerían, que éramos muy pocos; de manera que traíamos con nosotros muy mala ayuda y nuestro contrario.[19]

6. Consciente de esto, y advertido por los primeros expedicionarios de que algunos españoles, hombres barbados, están en poder de los naturales de Yucatán, Cortés dedica esfuerzos consistentes para encontrarlos. El resultado es la adquisición de "tan buena lengua y fiel",[20] Jerónimo de Aguilar, cautivo entre los mayas.

7. Salidos de territorio maya, el antiguo cautivo español ya no sirve como intérprete: "Todo esto se había hecho sin lengua, explica Gómara, porque Jerónimo de Aguilar no entendía a estos indios".[21] En ese momento crucial aparece Malintzin, "ella sola, con Aguilar, añade el capellán de Cortés, el verdadero intérprete entre los nuestros de aquella tierra".[22] Malintzin, la india bilingüe, entregada por Cortés a Alonso Hernández Portocarrero, muy pronto alejado de esta tierra como procurador de Cortés en España y quien la deja libre, en ese mismo año de 1519, al morir en la prisión española donde lo había puesto el obispo Rodríguez de Fonseca, amigo de Velázquez y enemigo jurado de Cortés. La mancuerna lingüística se ha sellado. Su ligazón es tan intensa que fray Francisco de Aguilar los fusiona, habla de ellos como si fueran uno solo, "la lengua Malinche y Aguilar,[23] y el cronista mestizo Diego Muñoz Camargo[24] los une en matrimonio, desde Yucatán: "habiendo

---

[19] B. Díaz del Castillo, *op. cit.*, p. 78.
[20] *Ibid.*, p. 71.
[21] F. López de Gómara, *op. cit.*, p. 46.
[22] *Ibid.*
[23] F. de Aguilar, *op. cit.*, p. 413.
[24] D. Muñoz Camargo, *op. cit.*, p. 189.

quedado Jerónimo de Aguilar [...] cautivo en aquella tierra, procuró de servir y agradar en tal manera a su amo [...] por lo que vino a ganarle tanta voluntad, que le dio por mujer a Malintzin"; y Fernando de Alva Ixtlilxóchitl,[25] reitera: "Malina andando el tiempo se casó con Aguilar". En realidad, es Cortés quien de ahora en adelante está ligado indisolublemente a la Malinche, "Marina, la que yo siempre conmigo he traído".[26] Se ha formado un equipo perfecto de intérpretes sucesivos, tal como se ve dibujado en un códice inserto en la *Descripción de la ciudad y provincia de Tlaxcala*, de Muñoz Camargo: "El indio informa, Marina traduce, Cortés dicta y el escribiente escribe".

8. Cortés no necesita un simple *lengua*, necesita además *faraute*. En las *Cartas de relación* esa palabra se repite varias veces: "dándoles a entender por los farautes y lenguas".[27] López de Gómara especifica que cuando Cortés advirtió los merecimientos de Malintzin, "la tomó aparte con Aguilar, y le prometió más que libertad si le trataba verdad entre él y aquellos de su tierra, pues los entendía, y él la quería tener por su faraute y secretaria".[28] En ese mismo instante, la Malinche ha dejado de ser esclava, ha trocado su función de proveedora —moler y amasar el maíz— y de camarada —ser la concubina de un conquistador— para convertirse en secretaria y faraute de Cortés. Lo ha logrado porque es, recuerda Bernal, de buen parecer, entrometida y desenvuelta.

Y aquí se dijo entremetido el bullicioso

¿Qué es entonces un faraute, palabra casi desaparecida de nuestra lengua? Un faraute es, con palabras de Covarrubias:

---

[25] Fernando de Alva Ixtlilxóchitl, *Historia de la nación chichimeca*, p. 229.
[26] H. Cortés, *op. cit.*, p. 242.
[27] *Ibid.*, p. 16.
[28] F. López de Gómara, *op. cit.*

el que hace principio de la comedia el prólogo; algunos dicen que faraute se dijo a ferendo porque trae las nuevas de lo que se ha de representar, narrando el argumento. Ultra de lo dicho significa el que interpreta las razones que tienen entre sí dos de diferentes lenguas, y también el que lleva y trae mensajes de una parte a otra entre personas que no se han visto ni careado, fiándose ambas las partes dél; y si son de malos propósitos le dan sobre éste otros nombres infames.

La Real Academia concuerda con esas acepciones y agrega una que a la letra dice: "el principal en la disposición de alguna cosa, y más comúnmente el bullicioso y entremetido que quiere dar a entender que lo dispone todo". Como sinónimo inscribe la palabra trujamán que, según la misma fuente, "es el que por experiencia que tiene de una cosa, advierte el modo de ejecutarla, especialmente en las compras, ventas y cambios".

No cabe duda de que todas esas acepciones le quedan como anillo al dedo a la Malinche. Una de las funciones del faraute es entonces la de lanzadera entre dos culturas diferentes. En parte también, la de espía, pero sobre todo la de intérprete de ambas culturas, además de modelador de la trama, como puede verse muy bien cuando en el *Diccionario de la Real Academia* se agrega: "El que al principio de la comedia recitaba o representaba el prólogo y la introducción de ella, que después se llamó loa". Y es en este papel justamente que aparece Malinche en la tradición popular recogida en el territorio de lo que fue el antiguo imperio maya.[29]

---

[29] *Cf.* Mercedes de la Garza, "Visión maya de la Conquista", en Mercedes de la Garza, ed., *En torno al nuevo mundo*, pp. 63-76, reeditado en el presente libro, además, la Malinche se ha convertido literalmente en faraute o corifeo de una obra dramática sobre la Conquista de México, *Diálogo u original del baile de la conquista*, en *Guatemala Indígena*, vol. 1, núm. 2, p. 104. Allí

Un faraute puede muy bien ser entrometido. "Entremeterse —vuelve a explicar el diccionario de Covarrubias— es meter alguna cosa entre otras, que en cierta manera no es de su jaez y se hace poco disimularla y regañar con ella. Entremeterse es ingerirse uno y meterse donde no le llaman, y de que aquí se dijo entremetido el bullicioso". Malinche ha demostrado que sabe las dos lenguas, es decir, se ha entremetido entre los españoles y los indios y ha enseñado su calidad: es por lo tanto bulliciosa. En una carta que le escribe a Carlos V, fray Toribio Motolinía se expresa así de fray Bartolomé de las Casas: "Yo me maravillo cómo Vuestra Majestad y los de vuestros Consejos han podido sufrir tanto tiempo a un hombre tan pesado, inquieto e inoportuno y bullicioso y pleitista".[30]

El bullicioso es el inquieto que anda de aquí para allá, suerte de lanzadera, de entremetido, de farsante. Todo bullicioso es hablador y Malintzin lo es, ése es su oficio principal, el de hablar, comunicar lo que otros dicen, entremeterse en ambos bandos, intervenir en la trama que Cortés construye. Cumple a todas luces con el papel que se le ha otorgado: es lengua, es faraute, es secretaria, y como consecuencia, mensajera y espía.

...habían de ser sordas y mudas

Parece ser que las niñas y las muchachas mexicas no hablaban durante la comida, además se les sometía "a una espe-

---

"los personajes son doce caciques aliados y dos hijas del rey Quicab, a las que llaman Malinches, porque en un momento de la obra una de ellas ofrece su ayuda y sus favores a Alvarado", y más tarde, en un canto entonado por ellas, narran la caída de los quichés: "Llanos del Pinal, si sabéis sentir-,/llorad tanta sangre de que vestís...", p. 71.
[30] Pierluigi Crovetto, *I segni del Diavolo e I segni di Dio. La carta al emperador Carlos V (2 gennaio 1555) di fray Toribio Motolinia*, p. 8.

cial parsimonia en el hablar", al grado que Motolinía tenía la impresión de que "habían de ser sordas y mudas".[31] De ser esto una regla general, la figura de Malinche es aún más sorprendente. López Austin aclara:

> En ciertos sectores de la población urbana las mujeres adquirían una posición de prestigio al abandonar las penosas y rutinarias actividades intrafamiliares para participar en las relaciones externas. Así, existe la mención de que las mujeres pertenecientes a familias de comerciantes podían invertir bienes en las expediciones mercantiles. Las fuentes nos hablan también de mujeres que llegaron a ocupar los más altos puestos políticos, y en la historia puede aquilatarse la importancia de personajes como Ilancuéitl, que tuvieron una participación de primer orden en la vida pública. Sin embargo, en términos generales, la sociedad enaltecía el valor de lo masculino.[32]

Si bien la excesiva pasividad que por las fuentes escritas por los misioneros podría deducirse, en relación con las mujeres, ha sido muy controversial, el hecho escueto es que no se tiene noticia de ninguna otra mujer que, durante la Conquista de México, haya jugado un papel siquiera parecido al de la Malinche. En la crónica del clérigo Juan Díaz, capellán de la expedición de Grijalva, se hace mención de un hecho singular, durante una transacción de rescate: "El dicho cacique trajo de regalo a nuestro capitán un muchacho como de veinte y dos años, y él no quiso recibirlo [...]"

Más tarde, sin embargo, Grijalva que nunca quiere recibir nada, como reitera Díaz, acepta "a una india tan

---

[31] José María Kobayashi, *La educación como conquista (empresa franciscana en México)*, p. 53.
[32] Alfredo López Austin, *Cuerpo humano e ideología*, p. 329.

bien vestida, que de brocado no podría estar más rica".[33] Aunque por este dato pudiera inferirse que también se incluían los esclavos varones como parte de un rescate, lo cierto es que en las crónicas sólo he encontrado esta excepción, y en la inmensa mayoría de los casos se hace únicamente mención de lotes de muchachas entregadas como esclavas. Entre ellos, el tantas veces mencionado obsequio de veinte doncellas, entre las cuales se encuentra Malintzin. Como regla general, aunque con excepciones, las otras mancebas se mantienen en el anonimato.[34] Más sorprendente es entonces, repito, el papel primordial que jugó en la conciencia no sólo de los españoles sino también de los indígenas, al grado de que, como es bien sabido, Cortés era llamado, por extensión, Malinche. Diego Muñoz Camargo la enaltece grandemente:

> mas como la providencia tenía ordenado de que las gentes se convirtiesen a nuestra santa fe católica y que viniesen al verdadero conocimiento de Él por instrumento y medio de Marina, será razón haga-

[33] Juan Díaz, "Itinerario de la armada del rey católico a la isla de Yucatán...", en C. Martínez Marín, *op. cit.*, p. 13.
[34] La investigadora norteamericana Francis Karttunen habla, en un ensayo ("In their Own Voice: Mesoamerican Indigenous Women Then and Now", en *Suomen Antropologi*, 1, 1988, pp. 2-11), de algunas mujeres de principios del México virreinal, cuya conducta parece ser semejante a la de la Malinche en cuanto a su autonomía, su inteligencia y su actividad decisiva; la información aparece en unos *Huehuetlatolli* (sabiduría antigua, máximas para el comportamiento habitual), documentos conservados en la Biblioteca Bancroft de la Universidad de California, Francis Karttunen y James Lockhart, "The Art of Nahuatl Speech: the Bancroft Dialogues", en *UCLA Latinoamerican Studies*, vol. 65, núm. 2. Y Pilar Gonzalbo, por su parte, ha encontrado numerosos ejemplos de españolas criollas, mestizas e indias, cuya conducta es absolutamente emancipada y que contradice la idea general de que la mujer se encontraba supeditada de manera superlativa al hombre. Sin embargo, los campos de actuación estaban perfectamente delimitados. El paso de uno a otro ámbito se identifica y se califica siempre como si se adoptara una actitud —y una actividad— varonil, tanto en las culturas prehispánicas como en el virreinato.

> mos relación de este principio de Marina, que por los naturales fue llamada Malintzin y *tenida por diosa en grado superlativo*, que ansí se debe entender por todas las cosas que acaban en diminutivo es por vía reverencial, como si dijéramos agora mi muy gran Señor —Huelnohuey—, y ansí llamaban a Marina de esta manera comúnmente Malintzin.[35]

Si el sufijo *tzin* aplicado a Malinalli (que en náhuatl quiere decir varias cosas, cuyo significado es simbólico y hasta esotérico, como por ejemplo una trenza, una liana, una hierba trenzada), equivale al reverencial castellano *doña*, Malinche ha adquirido verdadera carta de nobleza.[36] Señora o doña, mujer muy honrada y principal, reverenciada, acatada, de buena casta y generación, Marina va adquiriendo estatura divina entre los naturales, como consta también en varios códices, por ejemplo, los fragmentos del *Códice Cuauhtlatzingo* donde, al reseñar los triunfos de Cortés, aparece doña Marina, ataviada como la diosa del agua, Chilchiuhtlicue[37] y en el *Lienzo de Tlaxcala*, su colocación en el espacio del códice y sus ademanes revelan que ocupa una jerarquía de gran autoridad. Este dato podría quizá remacharse, como lo hace Brotherston en su texto, los numerosos códices en donde Marina es personaje esencial, confirma la tradición en que se basa Muñoz Camargo para hablar de ella como si fuera una diosa. Pienso que a pesar de la ritualización de los comportamientos en la sociedad náhuatl, y por tanto del estrecho margen de acción que parece corresponderle, la mujer debe haber teni-

---

[35] D. Muñoz Camargo, *op. cit.*, pp. 186-187.
[36] *Cf.* Georges Baudot, "Política y discurso en la Conquista de México: Malintzin y el diálogo con Hernán Cortés", en *Anuario de Estudios Americanos*, vol. XLV, pp. 67-82.
[37] Agradezco a Cecilia Rossell haberme comunicado este dato, también reiterado por Ángeles Ojeda.

do mucho peso en la sociedad *mexica*, sin embargo, no me parece probable que se deifique a una mujer que cumple simplemente con las reglas de su cotidianidad, aunque ésta haya sido totalmente violentada por la invasión de los españoles. Sólo puede deificarse a alguien excepcional, y por lo general cuando las mujeres descuellan se tiende a deshistorizarlas y a convertirlas en mitos: la deificación es una de las formas de la mitificación. Marina acaba representando todos los papeles y es figura divinizada entre los naturales, y reverenciada por los españoles. A pesar de relativizar su elogio, cuando lo inicia diciendo, "con ser mujer de la tierra", la admiración de Bernal es enorme: "qué esfuerzo tan varonil tenía, que con oír cada día que nos habían de matar y comer nuestras carnes [...] jamás vimos flaqueza en ella".[38] Diego de Ordás testifica en Toledo, el 19 de julio de 1529, a fin de que Martín Cortés, el hijo bastardo del conquistador y la Malinche —entonces apenas de seis años y legitimado unos meses atrás—, recibiera el hábito de Caballero de Santiago: "[que] Doña Marina es india de nación de indios, e natural de la provincia de Guasacualco, que es la dicha Nueva España, a la cual este testigo conoce de nueve o diez años a esta parte [...] e que es habida por persona muy honrada e principal e de buena casta e generación".[39]

Figura legendaria, personaje de cuentos de hadas cuando se la hace protagonista de una historia singular, extrañamente parecida a la de Cenicienta: hija de caciques, a la muerte de su padre es entregada como esclava a los mayas, y como toda princesa que se precie de serlo, la sangre azul recorre con precisión su territorio corporal, presta a descender como Ión en Eurípides, José en la Biblia, Oliver Twist en Charles Dickens, o Juan Robreño en Manuel Payno, para habitar la figura del niño expósito, figura por

---

[38] B. Díaz del Castillo, *op. cit.*, p. 172.
[39] *Apud* Manuel Romero de Terreros, *Hernán Cortés, sus hijos y nietos, caballeros de las órdenes militares*, pp. 14-15.

esencia deambulatoria, aunque al mismo tiempo, ocupe quizá el hierático lugar de las damas de la caballería o la escultórica imagen de las predellas medievales.[40] ¡Quién sabe!, concretémonos ahora a su figura de lengua.

La de la voz

En las crónicas españolas, Malinche carece de voz. Todo lo que ella interpreta, todos sus propósitos se manejan por discurso indirecto.

En la versión castellana editada por López Austin del *Códice florentino*, Marina ocupa la misma posición en el discurso que ya tenía en los demás cronistas, es enunciada por los otros. Esta posición se altera, justo al final: los dos últimos parlamentos le corresponden en su totalidad a Marina. Lo señalo de paso, sería necesario intentar explicar esta discrepancia.[41]

En general, y en particular en Bernal, las expresiones utilizadas van desde lo más generales como: "según dijeron", "y dijeron que", "y digo que decía", "les preguntó con nuestras lenguas", "y se les declaró", "les hizo entender con los farautes", "y les habló la doña Marina y Jerónimo de Aguilar". Más tarde, se van refinando las frases y se especifica mejor la función de los lenguas: "Y doña Marina y Aguilar les halagaron y les dieron cuentas", frase en donde se advierte que los farautes no sólo ejecutan lo que se les dice, sino una acción personal. Y se puede culminar con esta explicación de Bernal: "un razonamiento casi que fue de esta manera, según después supimos, aunque no las pala-

---

[40] *Cf.* Sonia Rose-Fuggle, "Bernal Díaz del Castillo frente al otro: doña Marina, espejo de princesas y de damas", en *La représentation de l'Autre dans l'espace ibérique et ibéro-américain*, pp. 77-87. Citado por Georges Baudot en su texto "Malintzin, imagen y discurso de mujer en el primer México virreinal". *Vid. supra.*

[41] *Cf.* Bernardino de Sahagún, *Historia general de las cosas de la Nueva España*.

bras formales", en la que se maneja la idea de que Malinche ha interpretado a su manera los mecanismos de pensamiento y las propuestas de los españoles.

La interpretación es una acción consistente y continua. Su existencia es evidente. Se infiere en muchos casos o se subraya en muchos otros. Y sin embargo, en el cuerpo del texto se oye la voz de Cortés —y la de otros personajes— cuando se dirige a sus soldados, es decir, cuando no necesita interpretación; pero también cuando la necesita, esto es, cuando se dirige a sus aliados indígenas o a sus enemigos mexicas, por interpósita persona, la intérprete.

La voz es el atributo principal, o más bien literal, de la lengua. Quien no tiene voz no puede comunicar. Designar al intérprete con la palabra lengua define la función retórica que desempeña, en este caso, la sinécdoque, tomar la parte por el todo: quien se ve así despojado de su cuerpo, es solamente una voz con capacidad de emisión, y es la lengua, obviamente, la que desata el mecanismo de la voz. La voz no es autónoma y, sin embargo, por razones estratégicas y por su mismo oficio, la lengua es un cuerpo agregado o interpuesto entre los verdaderos interlocutores, el conquistador y los naturales. En los códices es la Malinche la que aparece intercalada entre los cuerpos principales.[42] Este mismo hecho, el de ser considerados sólo por su voz, reitera la desaparición de su cuerpo o, mejor, lo convierte en un cuerpo esclavo. Si refino estas asociaciones, podría decir que además de tener que prescindir de su cuerpo —por la metaforización que sufren sus personas al ser tomados en cuenta sólo por una parte de su cuerpo—, actúan como los ventrílocuos, como si su voz no fuese su propia voz, como si estuvieran separados o tajados de su propio cuerpo. Esta aseveración se vuelve literal en una frase de fray Juan de Zumárraga, cuando furioso ante los desmanes del lengua García del Pilar, enemigo de Cortés, y aliado de Nuño de Guzmán, exclama:

---

[42] He utilizado aquí algunas frases de mi artículo utilizado *supra*, núm. 16.

aquella lengua había de ser sacada y cortada —escribía el obispo al rey— porque no hablase más con ella las grandes maldades que habla y los robos que cada día inventa, por los cuales ha estado a punto de ser ahorcado por los gobernadores pasados dos o tres veces, y así le estaba mandado por don Hernando que no hablase con indio, so pena de muerte.[43]

La mutilación a la que se les somete se subraya si se advierte que, sobre todo en el caso específico de la Malinche, este cuerpo —entre sujeto y objeto— debe, antes de ejercer su función, bautizarse.[44] La ceremonia del bautizo entraña de inmediato el abandono del nombre indígena y la imposición de un nombre cristiano. En el caso de Malinche, ella deja de ser Malinalli para convertirse en Marina. Curiosamente, esta alteración de la identidad, el ser conocido por otro nombre, es decir, convertirse en otra persona, que en los lenguas indígenas anteriores —Melchorejo, Juliancillo, Francisco y aun en Aguilar— significa también cambiar de traje, comporta una extraña mimetización onomástica, en la crónica de Bernal.

El conquistador es rebautizado y adquiere el nombre de la esclava, es el capitán Malinche y ella deja de ser la india Malinalli para ser nombrada solamente Marina por el cronista. Bernal sabe muy bien que utilizar un apodo para designar a Cortés produce extrañeza en los lectores. Por ello, aclara de esta manera:

Antes que más pase adelante quiero decir cómo en todos los pueblos por donde pasamos, o en otros

---

[43] *Apud* José Luis Martínez, *Hernán Cortés*, p. 549.
[44] El significado de bautizarse entre los indígenas sería, después de la Conquista, ser destruido. *Cf.* artículo citado de De la Garza, *supra*, núm. 29: "preparad ya la batalla —le dice— si no queréis ser bautizado [como sinónimo de destruido]", p. 71.

> donde tenían noticia de nosotros, llamaban a Cortés Malinche; y así le nombraré de aquí adelante Malinche en todas las pláticas que tuviéramos con cualesquier indios, así desta provincia como de la ciudad de México, y no le nombraré Cortés sino en parte que convenga; y la causa de haberle puesto aqueste nombre es que, como doña Marina, nuestra lengua, estaba siempre en su compañía, especialmente cuando venían embajadores o pláticas de caciques, y ella lo declaraba en lengua mexicana, por esta causa le llamaban a Cortés el capitán de Marina, y para ser más breve, le llamaron Malinche.[45]

Pero no se queda allí la cosa, las transformaciones onomásticas se siguen produciendo, siempre en vinculación con Marina, como si el hecho de haber sido Malinalli y luego Malintzin —otra transformación fundamental dentro de la otra cultura—, es decir, dejar de ser esclava para convertirse en señora, en tzin o en doña, hiciese que los sustantivos lengua, faraute o intérprete también se modificaran y recibieran una nueva denominación, la de Malinches, transformación que a su vez había sufrido el nombre de Malintzin en la defectuosa captación fonética que los españoles tenían de ese nombre. Esta hipótesis mía parece comprobarse con las siguientes palabras de Bernal que completan su explicación sobre estos significativos cambios de nombre:

> y también se le quedó este nombre —Malinche— a un Juan Pérez de Arteaga, vecino de la Puebla, por causa que siempre andaba con doña Marina y Jerónimo de Aguilar deprendiendo la lengua, y a esta causa le llamaban Juan Pérez Malinche, que renombre de Arteaga de obra de dos años a esta

---

[45] B. Díaz del Castillo, *op. cit.*, pp. 193-194.

parte lo sabemos. He querido traer esto a la memoria, aunque no había para qué, porque se entienda el nombre de Cortés de aquí adelante, que se dice Malinche.[46]

Cualquiera diría, después de esta larga justificación bernaldiana que, desde el momento mismo en que doña Marina se vuelve uno de los factores esenciales para efectuar la Conquista, el adjetivo o apellido Malinche que se le da a Cortés se vuelve el paradigma del intérprete. Para remachar este razonamiento mediante la identificación de la palabra Malinche con la dualidad traidora-traductora que se le atribuye y que se concentra en la palabra malinchismo: los nombres utilizados anteriormente para designar su oficio —faraute, lengua, intérprete— carecen de eficacia para calificarlo. Sabemos también, y aquí se ha mencionado, que en náhuatl Malinche quiere decir la mujer que trae Cortés, el sufijo agregado a su nombre denota posesión.

Retomando el hilo: vuelvo a plantear la pregunta que hice más arriba. ¿Por qué, entonces, Marina, la de la voz, nunca es la dueña del relato? Su discurso soslayado por la forma indirecta de su enunciación, se da por descontado, se vuelve, en suma, "un habla que no sabe lo que dice", porque es un habla que aparentemente sólo repite lo que otros dicen. Su discurso —para usar una expresión ya manoseada— es el del otro o el de los otros. La palabra no le pertenece. Su función de intermediaria, ese bullicio —y recordemos que la palabra bullicio implica de inmediato un movimiento y un ruido—, es una respuesta a la otra voz, aquella que en verdad habla, porque permanece, la voz escrita.

¿Será que al pertenecer Marina a una cultura sin escritura, dependiente sobre todo de una tradición oral, es la enunciada, en lugar de ser la enunciadora? ¿Acaso al haberse transferido su nombre a Cortés, el poder de su voz ha pasado a la de él? ¿Acaso, por ser sólo una voz que transmi-

---

[46] *Ibid.*, p. 129.

te un mensaje que no es el suyo, no significa? Apenas reproduce la de aquellos que carecen de escritura, según la concepción occidental, en voz "limitada —como dice De Certeau—, al círculo evanescente de su audición". Esta ausencia es la enunciación —este discurso indirecto, oblicuo, en que desaparece la voz de Marina— contrasta de manera violenta con la importancia enorme que siempre se le concede en los textos.

Cortar lengua

En su *Crónica mexicana*, don Hernando Alvarado Tezozómoc, describe así el asombro de Moctezuma al enterarse de las habilidades de Malinche:

> y quedó Moctezuma admirado de ver la lengua de Marina hablar en castellano y *cortar la lengua*, según que informaron los mensajeros al rey Moctezuma; de que quedó bien admirado y espantado Moctezuma se puso cabizbajo a pensar y considerar lo que los mensajeros le dijeron: y de allí tres días vinieron los de Cuetlaxtan a decir cómo el Capitán don Fernando Cortés y su gente se volvieron en sus naos en busca de otras dos naos que faltaban cuando partieron de Cintla y Potonchán, adonde le dieron al capitán las ocho mozas esclavas, y entre ellas la Marina.[47]

Tezozómoc, como sabemos bien, es un historiador indio, descendiente directo de Moctezuma, sobrino y nieto a la vez del *tlatoani* azteca. Se dice que en su crónica "la forma del pensamiento, incluso la sintaxis, son náhuatl",[48] si esto

---

[47] Hernando Alvarado Tezozómoc, "Crónica mexicana", en C. Martínez Marín, *op. cit.*, p. 566.
[48] *Ibid.*, pp. 557-558, preámbulo de C. Martínez Marín.

es así, es importante subrayar la expresión *Cortar lengua* que utiliza para sintetizar la supuesta capacidad de Malintzin para hablar el castellano. *Cortar lengua* podría asociarse con el sobrenombre que según Clavijero tenía también la joven "noble, bella, piritosa y de buen entendimiento, nombrada *Tenepal*, natural de Painalla, pueblo de la provincia de Coatzacualco".[49] Miguel Ángel Menéndez, citado por Baudot, afirma que *Tenepal* proviene de tene "afilado, filoso, puntiagudo, cortante", y por extensión, persona que tiene facilidad de palabra, que habla mucho; *tenepal*, podría asimismo originarse en *tenpalli*, palabra que Menéndez traduce por labio, y *tenepal* puede significar "alguien que tiene gruesos labios" es decir "que habla mucho".[50] Dentro de este contexto, parece evidente que la expresión *Cortar lengua* usada por Tezozómoc está vinculada a *tenepal*. No me es posible llevar más lejos las correspondencias, pero lo que en realidad me importa subrayar aquí, es el diferente tratamiento que se le da a doña Marina en las crónicas de origen indio o mestizo y su enorme capacidad para la interpretación en una sociedad que, evidentemente, está vinculada con la tradición oral y donde los códices necesitan de la palabra memorizada para interpretarse. Malinche ya habla castellano, al decir de Tezozómoc, desde el inicio del avance de Cortés hacia la capital *mexicah*, y los españoles son aquellos hombres descritos por los viejos que

> predestinaron como sabios que eran, que había de volver Quetzalcóatl en otra figura, y los hijos que habían de traer habían de ser muy diferentes de nosotros, más fuertes y más valientes, de otros trajes y vestidos, *y que hablarán muy cerrado*, que no los habremos de entender, los cuales han de venir a

---

[49] Francisco Javier Clavijero, *Historia antigua de México*, pp. 299-300.
[50] Miguel Ángel Menéndez, *Malintzin en un fuste, seis rostros y una sola máscara.*, citado por G. Baudot, en "Malintzin, imagen y discurso...", *vid. supra.*

regir y gobernar esta tierra que es suya, de tiempo inmemorial.[51]

En este contexto, parece meridiano que sólo *puede penetrar en ese lenguaje cerrado* —en esa habla apretada— quien tenga la lengua filosa y los labios muy gruesos para poder cortar lengua. Y esa habilidad tajante, esa capacidad de hendir, de abrir aquello que está cerrado, en este caso un lenguaje, sólo puede hacerlo una diosa. Así convergen en este punto dos de las expresiones entresacadas y subrayadas por mí dentro de las crónicas que he venido analizando: para *calar hondo* en la tierra es necesario cortar lengua. Y en su papel de intermediaria, de faraute, la Malinche ha logrado atravesar esa lengua extraña, apretada, la de los invasores, aunque para lograrlo se sitúe entre varios sistemas de trasmisión, los de una tradición oral vinculada con un saber codificado, inseparable del cuerpo e ininteligible para quienes prefieren la escritura de la palabra, para quienes han trasferido la lengua a la mano, o en palabras de Bernal: "Antes que más meta la mano en lo del gran Moctezuma y su gran México y mexicanos, quiero decir lo de doña Marina".

Bibliografía

AGUILAR, fray Francisco de, *Relación breve de la Conquista de la Nueva España*, est. prelim., notas y apéndices de Jorge Gurría Lacroix, México, UNAM, 1988.
ALVA IXTLILXÓLCHITL, Fernando de, *Historia de la nación chichimeca*, Madrid, Historia 16, 1985.
ALVARADO TEZOZÓMOC, Hernando, *Crónica mexicana*, en Carlos Martínez Marín (ed.), *Crónicas de la Conquista...*
ARGENSOLA, Bartolomé Leonardo de, *Conquista de México*.

---

[51] H. Alvarado Tezozómoc, "Crónica mexicana", en C. Martínez Marín, *op. cit.*, p. 568.

Introd. y notas de Joaquín Ramírez Cabañas. México, Pedro Robredo, 1940.

BAUDOT, Georges, "Política y discurso en la Conquista de México: Malintzin y el diálogo con Hernán Cortés", en *Anuario de Estudios Americanos*, vol. XLV, Sevilla, 1988.

CASAS, Bartolomé de las, *Historia de las Indias*. Ed. de Agustín Millares Carlo. Est. prelim. de Lewis Hanke. México, FCE, 1976.

CERTEAU, Michel de, *L'écriture de l'histoire*, París, Gallimard, 1975.

CLAVIJERO, Francisco, *Historia antigua de México*. Pról. de Mariano Cuevas, México, Porrúa, 1976.

CORTÉS, Hernán, *Cartas de relación*. México, Porrúa, 1976.

CROVETTO, Pierluigi, *I segni del Diavolo e I segni di Dio. La carta al Emperador Carlos V (2 gennaio 1555) di fray Toribio Motolinia*. Roma, Bulzoni, 1992.

"Diálogo u "original" del baile de la Conquista", en *Guatemala Indígena*, vol. 1, núm. 2. Guatemala, Centro Editorial José de Pineda Ibarra, 1961.

DÍAZ DEL CASTILLO, Bernal, *Historia verdadera de la conquista de la Nueva España*. México, Porrúa, 1976.

DÍAZ, Juan, *"Itinerario de la Armada del Rey Católico a la Isla de Yucatán, en la India, en el año 1518, en la que fue Comandante y Capitán General Juan de Grijalva..."*, en Carlos Martínez Marín (ed.), *Crónicas de la Conquista...*

GARZA, Mercedes de la, "Visión maya de la Conquista", en Mercedes de la Garza (ed.), *En torno al nuevo mundo*, México, UNAM, 1992.

GLANTZ, Margo, "Lengua y conquista", en *Revista de la Universidad*, México, núm. 465, oct., 1989.

KARTTUNEN, Francis y James LOCKHART, "The Art of Nahuatl Speech: the Banccroft Dialogues", en *UCLA Latinoamerican Studies*, vol. 65, núm. 2. Los Ángeles, UCLA, Latin American Center Publications, 1987. (Nahuatl studies series.)

KARTTUNEN, Francis, "In Their Own Voice: Mesoamerican Indigenous Women Then and Now", en *Suomen Antropologi*, núm. 1, 1988.

KOBAYASHI, José María, *La educación como conquista (empresa franciscana en México)*. 2a. ed. México, El Colegio de México, 1985.

LEONARDO DE ARGENSOLA, Bartolomé, *Conquista de México*, Introducción y notas de Joaquín Ramírez Cabañas, México, Ed. Pedro Robredo, 1940.

LÓPEZ AUSTIN, Alfredo, *Cuerpo humano e ideología*, 2a. ed., México, UNAM, 1984.

LÓPEZ DE GÓMARA, Francisco, *Historia de la Conquista de México*. Pról. y cronología de Jorge Gurría Lacroix. Caracas, Biblioteca Ayacucho, 1984.

MARTÍNEZ, José Luis, *Hernán Cortés*. México, UNAM/FCE, 1991.

MARTÍNEZ MARÍN, Carlos, ed., *Crónicas de la Conquista*, 2a. ed. México, Promexa, 1992. (Clásicos de la literatura mexicana. Los cronistas: Conquista y Colonia.)

MENÉNDEZ, Miguel Ángel, *Malintzin en un fuste, seis rostros y una sola máscara*. México, La Prensa, 1964.

MUÑOZ CAMARGO, Diego, *Historia de Tlaxcala*, Ed. de Germán Vázquez, Madrid, 1986. (Historia 16).

PASTOR, Beatriz, *Discursos narrativos de la Conquista: mitificación y emergencia*. Reeditado y corregido. Hanover, Ediciones del Norte, 1988.

ROMERO DE TERREROS, Manuel, *Hernán Cortés, sus hijos y nietos, caballeros de las órdenes militares*. 2a. ed., México, Antigua Librería Robredo de José Porrúa e Hijos, 1944.

ROSE-FUGGLE, Sonia, "Bernal Díaz del Castillo frente al otro: doña Marina, espejo de princesas y de damas", en *La représentation de l'Autre dans l'espace ibérique et ibéro-américain*. París, La Sorbonne Nouvelle, 1991.

SAHAGÚN, Bernardino de, *Historia general de las cosas de Nueva España*. Introd., paleografía, glosario y notas de Josefina García Quintana y Alfredo López Austin. México, CNCA/Alianza, 1989.

ZAVALA, Silvio, *El servicio personal de los indios en la Nueva España*, t. IV. México, El Colegio de México/El Colegio Nacional, 1989.

Doña Marina y el Capitán Malinche
Margo Glantz

La raza de las mujeres

El mundo de la epopeya tiene poco que ver con las mujeres, aunque quizá mi afirmación valga en este caso sobre todo para la crónica de Bernal Díaz del Castillo, conocida como la *Historia verdadera de la conquista de la Nueva España*[1], único texto al que haré referencia aquí. La conquista tratada como un asunto heroico sólo se ocupa de las mujeres como personajes secundarios, anónimos y colectivos; forman parte de un botín de guerra y los soldados se sirven literalmente de ellas para resolver sus necesidades domésticas y cotidianas, esto es, la comida y el sexo.

Después de las batallas contra los tlaxcaltecas que terminan con el triunfo de los españoles, Xicoténcatl el Viejo le dice a Cortés, para sellar la alianza:

> "porque más claramente conozcáis el bien que os queremos y os deseamos en todo contentaros, nosotros queremos dar nuestras hijas para que sean vuestras mujeres y *hagáis generación*, porque que-

---

[1] Bernal Díaz del Castillo, *Historia verdadera de la conquista de la Nueva España*, México, Editorial Patria, 1983. Todas las citas provienen de esta edición y, salvo aclaración de lo contrario, los subrayados son míos.

> remos teneros por hermanos, pues sois tan buenos y esforzados. Yo tengo una hija muy hermosa, y no ha sido casada; quiérola para vos". Y asimismo Maseescaci y todos los demás caciques dijeron que traerían a sus hijas, y que las recibiésemos por mujeres; y dijeron otras muchas palabras y ofrecimientos, y en todo el día no se quitaban [...] de cabe Cortés [...] Y Cortés les respondió a lo de las mujeres que él y todos nosotros se lo teníamos en merced y que en buenas obras se lo pagaríamos el tiempo andando (p. 197).

Este tipo de pacto no es inédito, obviamente. Se da en las mejores familias y el sacrificio de Ifigenia en la epopeya y en la tragedia griegas puede suceder porque Clitemnestra entrega a su hija pensando que la casarán con un guerrero famoso, y a pesar de que Agamenón es el jefe de los aqueos, grupo racial al que pertenecen tanto Aquiles como Ifigenia, la entrega de una hija para el sacrificio como si se tratase de un animal propiciatorio permite la comparación. Las mujeres del pueblo en el México anterior a la Conquista parecen estar —estaban— a disposición de los vencedores —españoles e indios, mexicas o tlaxcaltecas, o lo que fueran— y un caso singular sería el de la Malinche, entregada a los conquistadores como parte de un botín, después de la batalla de Potonchán, quien de no haber sido entremetida, bulliciosa y desenvuelta, hubiese corrido la misma suerte que las demás mujeres, un total anonimato dentro de la esclavitud. Las hijas de caciques estaban a disposición de sus padres: un ejemplo sería el de la hija de Xicoténcatl el Viejo, hermana del Mozo, enemigo de Cortés. Su padre se la ofrece al conquistador, éste la toma y la manda bautizar junto con otras jóvenes nobles que han sido entregadas a los invasores "y se puso nombre a la hija de Xicotenga el ciego, doña Luisa, y Cortés la tomó por la mano y se la dio a Pedro de Alvarado (p. 200)".

Pedro de Alvarado era soltero y aunque luego se casa con una española, los hijos que "hubo" en doña Luisa se unirán a españoles encumbrados. Curiosamente, después del "desbarate" que los españoles sufren en Tenochtitlán, solamente se salvan la Malinche y doña Luisa, las dos indígenas. Bernal menciona además a una española, "que se decía María de Estrada, que no teníamos otra mujer de Castilla sino aquella" (p. 387).

Las mujeres son buenas para "hacer generación", como decía el cacique tlaxcalteca y más tarde Moctezuma, o simplemente para satisfacer el deseo primario de la sexualidad, en un mundo privado de mujeres reales, es decir, europeas. Las indias suelen ser llamadas simplemente así, indias; y muy a menudo, cuando ya forman parte de un botín de guerra, se les llama "piezas" y se las troquela con un hierro especial hecho para quintar lo obtenido en la futura Nueva España. Dicho hierro lleva la letra G que vale por Guerra: "Aquí se hubieron muy buenas indias y despojos, añade Bernal" (p. 173), cuando relata una de las batallas en que triunfaron, antes de que se ganara Tenochtitlán. Cabe agregar que este tratamiento es universal cuando se trata de los indios cautivados; Bernal relata cómo fueron "castigadas" varias poblaciones, entre ellas Zautla, Tepeaca, Iztacamextitlán, por haber sacrificado y comido a algunos de los españoles que pasaban por allí, mientras sus compañeros, entonces indefensos, eran expulsados de Tenochtitlán por los mexicas:

> Como Gonzalo de Sandoval hubo llegado a la villa de Segura de la Frontera, de hacer aquellas entradas que ya he dicho. Y en aquella provincia todos los teníamos ya pacíficos [...] porque todos los pueblos de los rededores habían dado la obediencia a Su Majestad, acordó Cortés, con los oficiales del Rey, *que se herrasen las piezas* y esclavos que se habían habido para sacar su quinto después que se hubiese primero sacado el de su Majestad, y para ello

> mandó dar pregones en todo el real que todos los soldados llevásemos a una casa que estaba señalada para aquel efecto a herrar todas las piezas que tuviesen recogidas, y dieron de plazo aquel día y otro, que se pregonó, y todos ocurrimos con todas las indias y muchachas y muchachos que habíamos habido, que hombres de edad no curábamos de ellos, que eran malos de guardar y no habíamos menester su servicio teniendo a nuestros amigos los tlaxcaltecas (p. 418).

Es evidente que este tipo de prácticas eran comunes a todos los conquistadores, ya fueran indios o españoles, pero la principal diferencia eran los métodos para castigar y sacrificar a los prisioneros, los indígenas se los ofrecen a sus dioses, sacan su corazón y se comen su carne —son objeto de sacrificio religioso— y los españoles los hierran y los convierten en "piezas", son instrumentos de trabajo. Cabe añadir que entre el indio esclavo y el indio aliado la diferencia es grande; subrayo, para Bernal (y sin duda para sus demás compañeros españoles), el indio, no como individuo en sí mismo sino como grupo humano, ocupa dentro de la jerarquía conformada por los europeos una categoría inferior; por ello, el máximo elogio que puede hacérsele será considerarlo semejante a los españoles, aunque nunca igual a ellos:

> Ya en aquella sazón habían alzado en México otro señor, porque el señor que nos echó de México era fallecido de viruelas, y el señor que hicieron era un sobrino o pariente muy cercano de Montezuma que se decia Guatemuz [Cuauhtémoc], mancebo de hasta veinticinco años, bien gentilhombre para ser indio […] y era casado, con una hija de Montezuma, bien hermosa mujer para ser india (p. 404).

El paradigma con que se mide al indio es relativo, forma parte de una jerarquía y por tanto de una clasificación, y cuando es sometido a ella suele elevarse casi a la altura del recién venido: reviste alguna de las características que definen al europeo, su inteligencia, su valentía, su hermosura alcanzan una gradación especial y un asombro particular: su comportamiento o su educación, su valor o su hermosura son apreciados si se acercan al patrón occidental. Otro pasaje muestra el asombro que causa la capacidad de los indígenas para entender algunas instituciones de la cultura occidental: "Que aunque son indios, vieron y entendieron que la justicia es santa y buena" (p. 129).

Con todo, en la guerra, el indio es sólo un objeto, un cuerpo esclavo, a veces un cuerpo semejante al de las bestias. Oigamos de nuevo a Bernal: "Y eso pasado, apretamos las heridas con paños, que otra cosa no había, y se curaron los caballos *con unto de un indio* de los muertos, que abrimos para sacarle el unto (p. 82)".

Nunca se menciona en la crónica una operación semejante efectuada en los cuerpos de los españoles caídos en batalla, en cambio, muy a menudo se leen descripciones como la siguiente "Y con *el unto* de indios que ya he dicho otras veces se curaron nuestros soldados que fueron quince" (pp. 163). Los indios cautivos pierden su categoría humana: los cerdos proporcionan el unto, tipo de grasa que no hace mucho se utilizaba con abundancia en México.

Pero si el indio puede convertirse en objeto, las mujeres lo son invariablemente, aunque pertenezcan a las clases altas, sean hijas de caciques, vistan "ricas camisas de la tierra", lleven collares de oro en el cuello y zarcillos del mismo metal en las orejas y lleguen acompañadas de otras indias para servirse de ellas, siempre serán parte de un botín de guerra. Doña Marina, Malinalli o Malinche escapa en parte a esta cosificación. Bernal la menciona invariablemente y, a pesar de que su labor como lengua ha merecido un capítulo entero de encomio, cree necesario reiterarlo capítulo tras capítulo, aunque aparezca siempre en pareja con Jerónimo de Aguilar, pero su admiración hacia ella es explícita y categórica, y muy pocas veces elogia la habilidad o la diligencia del intérprete español. Dice por ejemplo: "Y Cortés le respondió con nuestras lenguas que consigo siempre estaban, especial la Doña Marina" (p. 243) y añade:

> Dejemos esto y digamos cómo doña Marina, con ser mujer de la tierra, qué esfuerzo tan varonil tenía, que con oír cada día que nos habían de matar y comer nuestras carnes con *ají* [sic], y habernos visto cercados en las batallas pasadas, y que todos estábamos heridos y dolientes, jamás vimos flaqueza en ella, sino muy mayor esfuerzo que de mujer (p. 172).

Es bien sabido, como lo sabían los griegos, que la raza de las mujeres es diferente a la de los hombres y cuando una mujer se comporta de manera distinta a la del modelo cultural que la codifica, su conducta excepcional le otorga categoría humana, es decir, la convierte en hombre. ¿No será que tras de esa admiración y ese deseo de compararla o identificar su fuerza, su coraje, su valentía o su inteligencia con la del varón se esconda un malestar extraño y cierto temor?[2] La diferencia se inscribe sobre dos ejes paralelos, contiguos o confundidos, el estatuto del cuerpo viril y su relación con lo femenino.

Y sobre todo el cuerpo, pero el cuerpo viril

Un hecho resalta cuando se lee atentamente a Bernal: la omnipresencia del cuerpo. Los tabasqueños, dice Bernal:

---

[2] *Cf.* Nicole Loraux, *Les expériences de Tiresias*. París, Gallimard, 1989.

"tornaron a reparar y hacer cara, y peleaban muy valientemente y con gran esfuerzo, y dando voces y silbos" (p. 75). La epopeya está habitada por cuerpos viriles. Es natural, el hecho mismo de conquistar está ligado al cuerpo viril: la lucha es literalmente cuerpo a cuerpo y los golpes lo desgarran, lo abren, las espadas lo hieren, las lanzas lo penetran, el frío lo quema, los pedernales lo hienden. Asimismo, el castigo vulnera la integridad corporal de quienes son juzgados como transgresores. Cortés manda azotar o cortar las manos o los pies a los españoles que roban aunque sea un poco de tocino y a los disidentes los compra con prebendas o con oro, y cuando no puede ablandarlos, palabra clave en el texto, los manda ahorcar. A los indios espías les corta las manos y los dedos pulgares y se los envía como represalia a Xicoténcatl el Mozo, su enemigo. Ciertos españoles sufren de enfermedades vergonzosas claramente verbalizadas por el cronista: "algunos de nuestros hombres estaban malos de bubas o humores y les dolieron los muslos al bajar [las escaleras del Templo Mayor]". Otros sufren de un ridículo mal de lomos, su ociosidad en la isla de Cuba no los ha preparado para el violento esfuerzo que deberán desplegar durante la guerra de conquista.

Por su parte, los indígenas recogen los cuerpos de sus propios muertos y los queman o entierran para que no huelan mal y a los enemigos los sacrifican, les sacan el corazón y comen su carne. Bernal refiere cómo Cortés y sus hombres visitan el Templo Mayor guiados por Moctezuma y la casi intolerable convivencia con los cuerpos tajados y la sangre derramada, escenas, por otra parte, innumerables, contempladas y descritas por los invasores:

> Y tenía en las paredes tantas costras de sangre y el suelo todo bañado de ello, como en los mataderos de Castilla no había tanto hedor. Y allí le tenían presentado cinco corazones de aquel día sacrificados [...] y todo estaba lleno de sangre, así paredes

como altar, y era tanto el hedor que no veíamos la hora de salirnos fuera (p. 260).

Las relaciones con el propio cuerpo se transforman a medida que los españoles avanzan por el territorio de lo que será después la Nueva España, y esta verificación se aplica tanto a los extranjeros como a los indios. Las diferencias raciales juegan un papel decisivo, sobre todo en lo que se refiere a la vellosidad que cubre el rostro de los europeos frente a los rostros casi imberbes de los indios. De hecho cuando se leen ciertos episodios, varios datos dan motivo de reflexión: en una refriega entre los mexicas y algunos de los hombres que Cortés ha dejado en la retaguardia se cuenta la historia de un soldado llamado Argüello:

> y en aquellas refriegas y guerra le llevaron un soldado vivo, que se decía Argüello, que era natural de León, y tenía la cabeza muy grande y la barba prieta y crespa, y era muy robusto de gesto, y mancebo de muchas fuerzas, y le hirieron muy malamente [...] Y dejarlo he aquí, y volvamos a nuestra materia, y diré cómo los capitanes mexicanos, después de darle la batalla a Juan de Escalante, se lo hicieron saber a Montezuma y aun le llevaron presentada la cabeza de Argüello, que pareció ser murió en el camino de las heridas, que vivo le llevaban. Y supimos que Montezuma cuando se la mostraron, como era robusta y grande y tenía grandes barbas y crespas, hubo pavor y temió de la ver, y mandó que no la ofreciesen a ningún cu de México, sino en otros ídolos de otros pueblos (p. 270).

El cuerpo de Moctezuma y el cuerpo de Argüello son cuerpos viriles y sin embargo el de este último causa repugnancia, pero sobre todo aterroriza al monarca, de la misma forma en que los cuerpos tajados, los corazones arrancados, la sangre derramada y ya hedionda causa una violenta repulsión a los españoles. Nunca antes la fragilidad del cuerpo se ha percibido con tanta agudeza, nunca antes las diferencias raciales han provocado tanto rechazo y han puesto en jaque estructuras tan arraigadas. Algo semejante sucede cuando los indígenas, extrañados ante la inédita figura de hombres armados, barbados y montados a caballo, no pueden ubicarlos como humanos y los convierten en teules, dioses o demonios. Es necesario que Xicoténcatl el Mozo capture una yegua, la destace y la ofrezca en sacrificio para que los indígenas empiecen a verificar la flagrante humanidad de los invasores, temidos por su aspecto de centauros.

El mismo terror que la cabeza de Argüello le ha producido a Moctezuma, les causa a los españoles ver a sus compañeros muertos por los de Texcoco y los de México y sacrificados en un templo situado en la provincia de Chalco:

> Hallóse allí en aquel pueblo mucha sangre de los españoles que mataron, por las paredes, con que habían rociado con ella a sus ídolos, y también se halló dos caras que habían desollado y adobado los cueros, como pellejos de guantes, y las tenían con sus barbas puestas ofrecidas en uno de sus altares. Y asimismo se halló cuatro cueros de caballos, curtidos, muy bien aderezados, que tenían sus pelos y sus herraduras, y colgados a sus ídolos en su cu mayor. Y hallóse muchos vestidos de los españoles que habían muerto, colgados y ofrecidos a los mismos ídolos. Y también se halló en un mármol de una casa, escrito con carbones: "Aquí estuvo Juan Yuste, con otros muchos que traía en mi compañía". Este Juan Yuste era un hidalgo de los de caballo, que allí mataron, y de las personas de calidad de Narváez. De todo lo cual Sandoval y todos sus soldados hubieron mancilla y les pesó (p. 444).

De otra índole, puesto que no se trata en apariencia de un sacrificio sino de un rechazo cabal a una cultura extraña que se le ha impuesto, Melchorejo, uno de los indios que ha servido de lengua en las expediciones hacia México y que Cortés lleva consigo, escenifica un ritual muy digno de tomarse en cuenta. Cabe advertir que para entender el pasaje que a continuación citaré, los indios-lengua, antes de tener ese título, debían de ser bautizados y vestidos con ropas europeas, además de aprender el idioma extranjero que los habilitaba como lenguas:

> Otro día de mañana mandó Cortés a Pedro de Alvarado que saliese por capitán de cien soldados y entre ellos quince ballesteros y escopeteros, y que fuese a ver la tierra adentro hasta la andadura de dos leguas, y que llevase en su compañía a Melchorejo, la lengua de la punta de Catoche, y cuando le fueron a llamar al Melchorejo no le hallaron, que se había ya huido con los de aquel pueblo de Tabasco; porque según parecía, el día antes, en la Punta de los Palmares dejo colgados sus vestidos que tenía de Castilla y se fue de noche en una canoa (p. 77).

La complicación no proviene de la anécdota, es decir, del hecho mismo de que el indio se escape para reunirse con los suyos y luchar contra los agresores, no, se trata de averiguar de qué forma una sociedad encuentra los fundamentos que necesita para convertirlos en modelos. Para los españoles el intérprete es un cuerpo mutilado, convertido en sinécdoque, la figura retórica que toma la parte por el todo y condensa en un sólo órgano la eficacia de su quehacer, pero al mismo tiempo y en contradicción tajante con esa operación simbólica, el cuerpo en su totalidad debe incorporarse —y valga el pleonasmo— a otra forma de concebir el cuerpo, a otra forma de mirarlo, a otra forma de ceñirlo. El indio debe adoptar la vestimenta y la religión de su amo; al recobrar su libertad, el esclavo recupera su verdadero aspecto y abandona el atuendo que lo desnaturaliza. "La ropa de Castilla" colgada por Melchorejo en el Palmar equivale en realidad, si lo analizamos con cuidado, a un sacrificio y puede compararse con la ropa de los españoles colgada en el altar de los sacrificios, ropa que se añade a los despojos corporales de quienes fueran inmolados en la provincia de Chalco. Este dato se confirmaría quizá si leemos la última parte de esta historia: Melchorejo huye, vestido como indígena, a engrosar las filas de sus hermanos y les aconseja luchar contra los españoles, les revela sus debilidades, les explica sus tácticas y piensa que así los tabasqueños podrán vencerlos. Cortés gana sin embargo la batalla y Melchorejo es castigado: "y supimos que le sacrificaron —explica Bernal—, pues tan caro les costó sus consejos" (p. 88).

¿De qué está hecho el cuerpo de las lenguas?

Curiosamente, no pasa lo mismo con el cuerpo de las mujeres indígenas que mantienen su vestimenta original; con todo, para ser concubinas de los capitanes y los soldados deben antes bautizarse, aunque su aspecto exterior no se altere. Doña Marina es representada en los códices al lado de Cortés vestida siempre con "las ricas camisas de la tierra", según califica Bernal la prenda clásica de las mujeres indígenas, el huipil. Además, si bien Bernal no tiene empacho en nombrar con todas sus letras las heridas y cicatrices que el cuerpo de los hombres recibe en las batallas; si tampoco tiene empacho en nombrar las enfermedades, o en relatar pequeños accidentes cotidianos, por ejemplo cómo ha perdido Cortés una de sus alpargatas en el fango por lo que su eficacia en la pelea disminuye o cómo tiene que imponer una tregua "porque estaba purgado el día antes, y purgóse con unas manzanillas que hay en la isla de Cuba"

(p. 188); y si además, cuida con exceso las descripciones de la catadura, los rostros y el carácter de los varones que habrán de tener algún peso en la narración, como ya lo he señalado antes y lo pormenorizaré con mayor precisión después, al hablar de las mujeres se concreta a señalar simplemente si son hermosas o feas, es decir, la apreciación estética determina la medida de su deseo. Esta regla se aplica por igual a indias y españolas ("Antonio de Villarreal, marido que fue de una señora hermosa que se dijo Isabel de Ojeda", explica Bernal, una vez consumada la Conquista [p. 432]). A Marina la caracteriza, le otorga cualidades morales, además de las estéticas. Dice que era de buen parecer, excelente mujer y buena lengua, y también, repito, entremetida, desenvuelta y bulliciosa.

Sobre el cuerpo del guerrero, Bernal puede consignar las más leves minucias, en cambio, el cuerpo de la mujer permanece invisible en el discurso o, a lo sumo, con unos cuantos adjetivos se da cuenta de su hermosura o de su alcurnia. En la epopeya, el cuerpo viril configura un modelo de lo masculino y es percibido en su más completa materialidad y no como abstracción: el cansancio, el hambre, las heridas se marcan indeleblemente en distintas partes de su cuerpo. Las mujeres, de cuyos cuerpos gozan los soldados y gracias a quienes pueden muchas veces comer, no tienen cuerpo en el discurso, o si lo tienen éste es siempre un cuerpo genérico, abstracto, destinado al placer —a su vez púdicamente omitido de la descripción— o para "hacer generación", cosa que cuando sucede, se declara como dato que cae por su propio peso y porque las mujeres forman parte de una masa anónima, por lo tanto, colectiva y multitudinaria, confundidas con el botín, con las mantas ricamente bordadas, el oro trabajado con primor y descrito minuciosamente aunque luego sea fundido, las gallinas y las demás viandas. En el terreno de lo político, el pudor prohibe verbalizar el acto sexual, un coito ejercido con mujeres ilegítimas, tomadas como concubinas, aunque sean de noble descendencia, y las que, para licitar el coito, deben antes ser bautizadas.

Esto significa que cuando se lee a Bernal —o a otros cronistas españoles— hay que buscar operaciones de pensamiento más complejas que la constante verificación de categorías antitéticas. El cuerpo viril, el cuerpo del guerrero —figura épica por antonomasia— está sujeto a operaciones de pensamiento, a construcciones textuales. Los cuerpos varoniles ocupan un lugar singular en el relato, dan cuenta de su heroísmo y agigantan su presencia, realzando así la valentía de un puñado de hombres, que permite vencer a cantidades innumerables de soldados también heroicos. Cada cuerpo varonil vale su peso en oro y se diferencia de los demás por su propia singularidad específica.

Para recobrar el cuerpo de la mujer —y en este caso específico el de doña Marina—; para darle sentido al silencio observado en el texto sobre este tema, o más bien sobre lo que la mujer significa en ese universo guerrero —intrínsecamente masculino—, tendré que acudir a un subterfugio, analizaré las secuencias recurrentes en el discurso de Bernal donde se delinea un cuerpo individual masculino. Inicio este esbozo con el cuerpo de Jerónimo de Aguilar, impecablemente descrito por Bernal. Cortés ha oído que en Yucatán hay hombres barbados —por tanto españoles— y trata de rescatarlos. Después de algunos incidentes aparece Aguilar con seis indios de Cozumel:

> Y Andrés de Tapia, como los vio que eran indios, porque Aguilar ni más ni menos era que indio, luego envió a decir a Cortés con un español que siete indios de Cozumel son los que allí llegaron en la canoa [...] y luego se vino Tapia con el español a donde estaba Cortés, y antes que llegasen ciertos soldados preguntaban a Tapia: "¿Qué es del español?" y aunque iba junto con él, porque le tenían por indio propio, porque de suyo era moreno y

> tresquilado a manera de indio esclavo, y traía un remo al hombro, una cotara vieja calzada y la otra atada en la cintura, y una manta vieja muy ruin, y un braguero peor, con que cubría sus vergüenzas, y traía atada en la manta un bulto que eran Horas muy viejas. Pues desde que Cortés los vio de aquella manera también picó, como los demás soldados, y el español, como le entendió, se puso en cuclillas, como hacen los indios, y dijo: "yo soy". Y luego le mandó dar de vestir, camisa y jubón y zaragüelles y caperuza y alpargatas, que de otros vestidos no había, y le preguntó de su vida, y cómo se llamaba, y cuándo vino a aquella tierra. Y él dijo, aunque no bien pronunciado, que se decía Jerónimo de Aguilar y que era natural de Ecija (p. 68-69).

El relato de Bernal nos habla indirectamente de una práctica social sometida a un proceso muy avanzado de elaboración discursiva, donde lo que se calla se aclara por contraste con lo que se dice; y para darle sentido al silencio que se le reserva a la mujer, así se trate de la protagónica Malinche, seguiré analizando las secuencias recurrentes donde se define lo que es un cuerpo de español como paradigma de lo civilizado.

Aguilar relata lo sucedido con Gonzalo Guerrero, el español que prefirió la cultura de los que después serían vencidos. Leo en extenso un pasaje muy conocido:

> Y caminó Aguilar a donde estaba su compañero, que se decía Gonzalo Guerrero, en otro pueblo, cinco leguas de allí, y como le leyó las cartas, Gonzalo Guerrero le respondió: "Hermano Aguilar: yo soy casado y tengo tres hijos, y tiénenme por cacique y capitán, cuando hay guerras; idos con Dios, que yo tengo labrada la cara y horadadas las orejas. ¡Qué dirán de mí desde que me vean esos españo-

les ir de esta manera! Y ya veis estos mis hijitos cuán bonitos son. Por vida vuestra que me deis de esas cuentas verdes que traéis, para ellos, y diré que mis hermanos me las envían de mi tierra". Y asimismo la india mujer del Gonzalo habló a Aguilar en su lengua, muy enojada, y le dijo: "Mira con qué viene este esclavo a llamar a mi marido; idos vos y no curéis de más pláticas". Y Aguilar tornó a hablar a Gonzalo que mirase que era cristiano, que por una india no se perdiese el ánima, y si por mujer e hijos lo hacía, que los llevase consigo si no los quería dejar (pp. 64-65).

De nuevo los cuerpos y su vestimenta, Aguilar vestido de indio pero como indio pobre, como esos indios que vienen en embajada ante Cortés vestidos con ropas modestas y con las caras "tiznadas", embajada que Aguilar y doña Marina definen como un insulto. Aguilar ha trocado sus escasas ropas de indio y sus ademanes de esclavo (esclavo entre los esclavos porque lo es entre los indios) por ropas de soldado español que, aunque también precarias, le permiten funcionar como lengua puesto que va ataviado como soldado raso.

Quien se interese en las representaciones del cuerpo en el texto de Bernal, no puede olvidar un dato: las estrictas diferencias que separaban a un europeo de un nativo del México prehispánico pasaban sobre todo por el cuerpo y el vestido. Guerrero —curioso nombre que recuerda al oxímoron: un guerrero que no quiere pelear con sus hermanos y que por ello pierde su nombre—, Gonzalo Guerrero digo, ya es totalmente un indio: su rostro ha sufrido transformaciones imposibles de erradicar. Además, como lo subraya Aguilar, abandona su religión, su cultura y su lengua por una mujer, y para colmo india, aunque ésta parece ser más aguerrida que su propio marido, lo que trastrueca el modelo femenino que esta crónica propone, dato al que debería prestarse mayor atención. Aún más, ha asumido, como el propio Aguilar, una gestualización indígena, y ya como indio pide rescates, esas cuentas verdes con que los españoles iniciaban la ceremonia del trueque con los nativos. Reitero, este tema merecería un análisis mucho más profundo, lo dejo aquí, a reserva de volver a él en otra ocasión, para ahora analizar, por fin, el caso de doña Marina, nuestra Máxima Lengua.

Doña Marina y el Capitán Malinche

Seré breve. Sólo esbozaré una idea que me gustaría seguir analizando y que ya había trabajado en un ensayo mío anterior.[3] Formulo una extraña ambigüedad, la que se produce en el texto de Bernal, esa crónica donde doña Marina, a pesar de ir vestida de huipil, a pie, siempre en la refriega al lado de su amo, montado a caballo o sentado en su silla de tijera, doña Marina, vuelvo a decir, ocupa el lugar principal en el discurso junto a Hernán Cortés, por lo menos hasta la conquista de Tenochtitlán.

Cortés, en cambio, sólo menciona una vez a Marina en su *Quinta Carta de Relación*. Esa omisión delinea como fundamento de lo político la categoría imponente de lo masculino. Sin embargo, hay que suplir el silencio de los textos y recurrir a la figura de Malinali-Malinche-Marina para esbozar una ambivalencia respecto a la virilidad, esa categoría contundente. No deja de tener importancia que esa reflexión se lleve a efecto en la epopeya —la crónica de la verdadera historia de la Nueva España, inminentemente un hecho heroico—, donde lo masculino deja trazas de su importante y sin embargo —como lo veremos— frágil estatuto. Bernal, siguiendo el ejemplo de los indios que así lo llaman, rebautiza al conquistador Hernán Cortés, conocido en la crónica como el

---

[3] Margo Glantz, "La Malinche: la lengua en la mano".

Capitán Malinche: la presencia inexorable de Marina ha alterado su identidad poco tiempo después de que ella fuese habilitada como lengua.

Transcribo las palabras de Bernal Díaz, que explican sin ambages esa transformación:

> Antes que más pase adelante quiero decir cómo en todos los pueblos por donde pasamos y en otros donde tenían noticia de nosotros, llamaban a Cortés Malinche, y así lo nombraré de aquí a adelante, Malinche, en todas las pláticas que tuviéramos con cualesquier indios, así de esta provincia de Tlaxcala como de la ciudad de México, y no le nombraré Cortés sino en parte que convenga. Y la causa de haberle puesto este nombre es que como doña Marina, nuestra lengua, estaba siempre en su compañía, especialmente cuando venían embajadores o pláticas de caciques, y ella lo declaraba en la lengua mexicana, por esta causa le llamaban a Cortés el Capitán de Marina y para más breve le llamaron Malinche (pp. 193-194).

El cuerpo del conquistador ha sufrido una transformación radical, ha sido transferido al cuerpo de Malinche o se ha confundido con él. Es más, la visión de Bernal se ha contaminado, asume ya el punto de vista de los conquistados. La lengua, mejor dicho, quien ejerce ese oficio, Marina, la intérprete por antonomasia, acorta las distancias, esas distancias irreductibles que separan —a partir de sus funciones sociales—, a las mujeres de los hombres, es más, y aquí el texto da una extraña voltereta, el lugar del destinatario del discurso se fractura, es decir, el destinatario español a quien va dirigida la crónica pierde la solidez de su estructura, porque es el vencido, el indígena, el objeto y no el sujeto del discurso quien tiene la palabra, por lo menos durante esa difícil y heroica etapa en que la lucha entre españoles e indígenas aún no se dirime. Una última cita refuerza lo antes dicho: Bernal relata una refriega entre españoles y mexicas, una de tantas escaramuzas anteriores a la toma de Tenochtitlán por los españoles:

> viendo que aprovechaba cosa ninguna y no podían atinar el camino y calzada que de antes tenían en el pueblo, porque todo lo hallaban lleno de agua, renegaban del pueblo y aun de la venida sin provecho, y aun medio corridos de cómo los mexicanos y los del pueblo [Xaltocan] *les daban mucha grita y les llamaban de mujeres, e que Malinche era otra mujer* (p. 449).

Cortés-Malinche, ¿un cuerpo doble?, el cuerpo de doña Marina-Malintzin, la intérprete, y el de Hernán Cortés se yuxtaponen, ¿o son quizá un único y solo cuerpo? Para los indígenas ella es definitivamente la dueña del discurso, y él, Cortés, el Capitán Malinche, jefe de los españoles, un hombre despojado de repente de su virilidad; carece de lengua porque sus palabras carecen de fuerza, es decir, de inteligibilidad, sólo las palabras que emite una mujer que cumple con excelencia su oficio de lengua (es bien conocida la ambigüedad que rodea a la palabra lengua) alcanzan a su destinatario: esa operación de lenguaje actúa sobre la virilidad y enturbia la que debiera ser una estricta categoría, la de lo masculino. Juegos de lengua operan con una extraña alquimia y transforman al conquistador Hernán Cortés en una mujer, porque, como lo reitera el texto recién citado, es, como sus soldados, llana y simplemente *otra mujer*. En este intercambio que perturba el equilibrio de lo masculino y de lo femenino, Cortés sufre la peor afrenta, se le incorpora a una categoría sexual nefanda, la más temida y despreciada por los españoles, la del invertido, el sodomita. Leamos para terminar otro fragmento de Bernal, quizá confirme lo antes dicho:

Sería el gran Montezuma de edad de hasta cuarenta años, y de buena estatura y bien proporcionado, e cenceño e pocas carnes, y la color no muy moreno, sino propia color y matiz de indio, y traía los cabellos no muy largos, sino cuanto le cubrían las orejas, e pocas barbas, prietas y bien puestas y ralas, y el rostro algo largo y alegre, y los ojos de buena manera, y mostraba en su persona en el mirar por un cabo amor, y cuando era menester gravedad. Era muy pulido y limpio, bañándose cada día una vez a la tarde; tenía muchas mujeres por amigas, e hijas de señores, puesto que tenía dos grandes cacicas por sus legítimas mujeres, que cuando usaba con ellas era tan secretamente, que no alcanzaban a saber sino algunos de los que le servían; *era muy limpio de sodomías* (p. 248).

La Malinche en la Colonia

De huipil o terciopelo
Pilar Gonzalbo Aizpuru

En el principio fue la violencia, el desconcierto, el miedo y la ira. Alguien podría creer que éste no era tiempo de mujeres, que la guerra era un espacio destinado exclusivamente a los hombres. Pero las mujeres también estuvieron allí, de uno y otro lado; muchas indígenas y muy pocas españolas. Las hijas de Moctezuma y de los señores de Tlaxcala, respetadas compañeras de los más distinguidos capitanes, y las mujeres del pueblo, capturadas como botín y cuyo valor dependía de sus atributos físicos o de sus habilidades para cocinar y tejer.

Entre las castellanas se menciona a once, algunas de las cuales empuñaron espada, capitanearon grupos de ataque y dominaron por sí mismas territorios que luego obtendrían en encomienda: María de Estrada, conquistadora de Hueyapan y Tetela, Catalina López, María de Vera y Francisca de Ordaz, calificadas todas como mujeres muy valientes, autoras de "grandes hechos".[1] Junto a ellas, las que fueron esposas o hermanas de los soldados y que como Beatriz González curaron las heridas de sus compañeros y no pocas veces escucharon sus últimas palabras.[2]

---

[1] Baltasar Dorantes de Carranza, *Sumaria relación de las cosas de la Nueva España...*, p. 17 y pp. 456-457.
[2] *Cf.* Francisco de Icaza, *Conquistadores y pobladores de la Nueva España*, vol. II, p. 219.

Las novohispanas de los primeros tiempos fueron quienes tuvieron que improvisar un modo de vida y se vieron obligadas a reaccionar frente a situaciones para las que no estaban preparadas. Ellas inventaron una manera de ser y de vivir que hizo posible desde el primer momento una difícil convivencia. Vestidas de huipil o terciopelo, con tocas monjiles, lutos de viuda o llamativos adornos, fueron compañeras de los soldados y de los artesanos, madres y nanas de sus hijos, trabajadoras en el campo y la ciudad, y forjadoras, en gran medida, de las rutinas de la vida doméstica y de los elementos peculiares de la cultura colonial.

Las mujeres de huipil: esclavas y trabajadoras

¡Mira quién, que no merece
una mujer de huipil! [3]

Del lado indígena hay testimonios que hablan del heroísmo de las mujeres que soportaron el asedio de Tenochtitlán, de las que fueron entregadas como obsequio a los conquistadores y también de las que cayeron en cautiverio durante las batallas y quedaron como esclavas. Sabemos que los soldados competían por ellas y que las valoraban de acuerdo con sus criterios estéticos y utilitarios.

Poco después de la conquista de Tenochtitlán, sucedió que para retirar el quinto del botín correspondiente a la Corona, se congregaron todas las "piezas" en una casa, donde se herraron con la "G" indicadora de que habían sido obtenidas en guerra. Pero sucedió que también don Hernando se reservó otro quinto, además de que sus allegados escondieron y se apropiaron de las indias que seleccionaron según su gusto. Y, según expresa Bernal:

---

[3] Fernán González de Eslava, *Coloquios espirituales y sacramentales*, p. 205.

> sobre esto hubo grandes murmuraciones contra Cortés, de los que mandaban hurtar y esconder las buenas indias [...] y ahora, el pobre soldado que había echado los bofes y estaba lleno de heridas por haber una buena india, y les habían dado naguas y camisas, habían tomado y escondido las tales indias.[4]

A partir de entonces fueron muchos los que no volvieron a confiar en su capitán a la hora del reparto y conservaron junto a sí a las indias que tenían como compañeras, sin aceptar que les pusieran la marca de la esclavitud. Ellas, por su parte, se mantenían dóciles mientras recibían un trato soportable, pero huían cuando alguno de los soldados las trataba mal.

Según el criterio de teólogos y juristas, había formas legítimas e ilegítimas de esclavitud, y los españoles incurrían en frecuentes abusos. Por eso, desde 1532 se prohibió hacer uso del hierro con la población indígena; y a partir de 1542 se inició el proceso de liberación de todos los esclavos indios.[5] En el norte, donde numerosos grupos mantuvieron por largos años la resistencia, se permitió hacer esclavos en determinadas circunstancias; pero era difícil justificar la esclavitud de las mujeres por su participación en la guerra, de modo que prácticamente no quedaban indias esclavas en la ciudad de México a mediados del siglo XVI. Hacia estas fechas, ya en los contratos se mencionaba el derecho a disfrutar de su trabajo por determinado número de años, a diferencia de las negras, de cuya persona disponía el propietario. Su precio de compra era, por lo tanto, muy inferior y aun hubo casos en que se deshizo la operación de venta, al demostrarse que según la ley tenían derecho a la libertad. Los precios de las esclavas indias alcanzaron du-

---

[4] Bernal Díaz del Castillo, *Historia verdadera de la Conquista de la Nueva España*, vol. I, p. 428.
[5] *Cf.* Silvio Zavala, *Los esclavos indios en la Nueva España*, pp. 107-178.

rante los primeros años un máximo, excepcional, de 133[6] de oro común.[7] En ocasiones se celebraba venta global de minas o tierras con esclavos de ambos sexos y sus herramientas. En estos casos el precio individual era difícil de apreciar, puesto que picos, martillos, bateas y otros instrumentos podían valer tanto o más que el indio que los utilizaba.[8] Uxto, guatemalteca fugitiva, se vendió en 5, si bien su nuevo amo tuvo que duplicar la cantidad cuando la tuvo de nuevo en su poder. Parece obvio que el precio de una esclava de carne y hueso fuera muy diferente del de los presuntos derechos de propiedad.[9]

En caso de enfermedad, la esclava quedaba liberada del servicio. Una constancia notarial advertía a su dueño que no la buscase ni molestase puesto que se encontraba incapacitada para el trabajo.[10] Sucedió en una ocasión que la esclava abandonada a su suerte durante una grave enfermedad, se restableció, a pesar de todo, y entonces fue reclamada por sus antiguos amos. Ante la Audiencia, ella presentó su alegato mediante un lienzo pintado en el que describía su situación, la forma en que había llegado al parecer a:

> [...] lo último de la vida, y estando ella así muy al cabo, le había dicho que se fuese a do quisiese, que hedía con la enfermedad, y la había echado de su casa [...] por lo cual era visto haberla desamparado,

---

[6] En lo sucesivo, deberá entenderse que todas las cantidades son en pesos de oro común.
[7] El precio de Beatriz, india capturada en Pánuco, fue de 80 pesos de oro de minas, según escritura firmada ante Diego de Isla, doc. del 29 de diciembre de 1542, en Archivo Histórico de Notarías de la Ciudad de México (en lo sucesivo AHNCM).
[8] Ante el escribano Diego de Isla, se vendieron quince indios, machos y hembras con sus herramientas, en las minas de Zacatula al precio de 400 pesos que equivale a 26.6 pesos por cada uno. Doc. de 1541, en AHNCM.
[9] Escribano Juan Fernández del Castillo, ff. 124v y 125r, en AHNCM.
[10] Diego de Isla, escribano, dio testimonio a favor de la india Catalina, doc. del 12 de abril de 1545, en AHNCM.

y después ella había sanado con la ayuda de Dios y sin la de su ama [...] por tanto que no la tomase ni molestase más sobre ello.[11]

Algo más benigna fue la suerte de las mujeres indias que se ocuparon en el servicio doméstico en casa de algunos españoles o que tuvieron que hilar algodón para pagar el tributo correspondiente en mantas. Las ordenanzas prohibían que se encerrase a las tejedoras en patios o corrales, pese a lo cual hubo encomenderos que desobedecieron, y a los cuales se les recordó, severamente, que las mujeres eran libres de tejer en su vivienda y en el tiempo y forma que les acomodase.[12]

Las que trabajaban como sirvientas tenían derecho a percibir un salario de al menos 20 al año, que en ocasiones tuvieron que reclamar judicialmente, a la vez que exigían que se las dejase en libertad de regresar con su familia.[13] Por el contrario, cuando la convivencia era grata, se establecían lazos de afecto cristalizados en los legados testamentarios que algunas señoras dejaron para sus criadas.[14]

Los misioneros admiraron la fortaleza de carácter y la devoción de las mujeres indias recién bautizadas, de las que relataron hazañas que ellos interpretaban como prueba de su formación cristiana. Una doncella hermosa, pero de baja condición, cortejada por dos hombres al mismo tiempo, re-

---

[11] Vasco de Quiroga, "Información en derecho", en Rafael Aguayo Spencer, *Don Vasco de Quiroga, taumaturgo de la organización social*, pp. 191-192.

[12] *Cf.* Silvio Zavala, *El servicio personal de los indios en la Nueva España*, vol. I, 1521-1550, pp. 294 y 323.

[13] El escribano Gómez Fernández Salgado dejó constancia de que la joven Juana Francisca tenía derecho a regresar a la casa de su abuela y de recibir los 40 pesos que le adeudaba su patrona. Doc. del 21 de octubre de 1581, en AHNCM.

[14] El escribano Diego de Isla protocolizó un testamento en el que la sirvienta recibía 40 pesos como legado. En varios testamentos femeninos se registran cantidades parecidas con el mismo fin. Doc. del 23 de junio de 1553, en AHNCM.

chazó sus proposiciones y no sucumbió a la violencia, hasta que al día siguiente "por guardarse con más seguridad, fuese a la casa de las niñas y contó a la madre lo que le había acontecido, y fue recibida en la compañía de las hijas de los señores, aunque era pobre, por el buen ejemplo que había dado y porque Dios la tenía de su mano".[15]

Las autoridades virreinales fomentaron los matrimonios tempranos de los indios, con lo que atendían los consejos de los religiosos y propiciaban una estrategia de recuperación demográfica exigida por las circunstancias.[16] La tradición prehispánica coincidía en esto con la nueva política, de modo que fueron frecuentes los matrimonios de jóvenes entre los catorce y los dieciocho años. Algo más difícil fue desarraigar la poliginia de los señores, que la asumían como privilegio y responsabilidad, ya que siempre había sido compromiso de los nobles afianzar mediante el matrimonio las alianzas con los vecinos, y se convertía en timbre de orgullo mantener en su hogar al grupo de mujeres con sus respectivos hijos dentro del rango correspondiente. Cuando los religiosos les reprochaban su comportamiento, ellos contestaban que también los españoles tenían muchas mujeres, y al aclarárseles que aquéllos las tenían para su servicio, advertían que "ellos también las tenían para lo mismo".[17]

En documentos de alrededor de 1550, correspondientes a las comunidades de Tepoztlán y Molotla, los matrimonos del común eran monógamos, mientras que dos señores de mayor rango, identificados como *tecuhtli*, tenían cinco esposas cada uno; otros seis o siete nobles de menor categoría tenían dos mujeres.[18] Estas reminiscencias del vie-

---

[15] Toribio de Benavente, Motolinía, *Historia de los indios de la Nueva España*, tratado III, cap. 15, p. 183.
[16] *Cf.* Joseph de Acosta, *De procuranda indorum salute*, p. 596.
[17] T. de Benavente, Motolinía, *op. cit.*, p. 98.
[18] *Cf.* Pedro Carrasco, "Family Structure of Sixteenth Century Tepoztlan", en *Process and Pattern in Culture. Essays in Honor of Julian H. Steward*, pp. 185-210;

jo orden tardaron poco tiempo en desaparecer, no sólo por la vigilancia de los frailes sino, sobre todo, porque, carentes de tierras y vasallos, los antiguos señores tampoco pudieron mantener a una numerosa parentela. A lo largo de todo el periodo colonial, el matrimono en los pueblos de indios fue, en términos generales, universal y temprano.[19]

Durante los primeros años, cuando los franciscanos alentaron ambiciosos proyectos de educación indígena, algunas doncellas indias se encerraron en casas de recogimiento, en las que sirvieron de maestras a las jóvenes que ingresaban para recibir instrucción cristiana. Una de ellas, Ana de la Cruz, doncella de Tlatelolco, fue muy apreciada por los religiosos, que recibían de sus manos limosnas para engalanar sus templos.[20]

En las cocinas y en los tianguis, en el lecho de los hombres, en el estrado de las mujeres o junto a las cunas de los recién nacidos, las mujeres indias que vivían en las ciudades aprendieron pronto a entender y hablar la lengua castellana, de modo que no sólo podían defenderse por sí mismas sino que acompañaban a los hombres cuando se presentaban ante las autoridades a defender algún pleito. En esas ocasiones, según cuenta Gómez de Cervantes, aunque el indio fuera muy principal, hábil y entendido:

> [...] no aparecerá ante la Justicia sin llevar consigo a su mujer, y ellas informan y hablan lo que en razón del pleito conviene hablar, y los maridos se están muy encogidos y callados; y si la justicia pregunta

Pedro Carrasco, "The Joint Family in Ancient Mexico: the Case of Molotla", en Pedro Carrasco, Hugo Nutini y J.M. Taggart, eds., *Essays in Mexican Kinship*, pp. 45-64.

[19] Así lo registran los estudios relativos a los siglos XVII y XVIII en distintas regiones del virreinato. Sirvan de ejemplo las investigaciones de Thomas Calvo, *La Nueva Galicia en los siglos XVI y XVII*, pp. 19-30; Herbert S. Klein, "Familia y fertilidad en Amatenango, Chiapas, 1785-1816", en *Historia Mexicana*, vol. XXXVI, núm. 2-142, pp. 273-286.

[20] *Cf.* Gerónimo de Mendieta, *Historia eclesiástica indiana*, p. 421.

algo que quiere saber, el marido responde: "aquí está mi mujer que lo sabe"; y esto en tal manera que aun me ha acaecido preguntar a un indio y a muchos ¿cómo te llamas? y antes que el marido responda decirlo la mujer; y así en todas las demás cosas; de manera que es gente que está rendida a la voluntad de la mujer.[21]

Junto a estas mujeres indias, pobres con decoro, trabajadoras, capaces de adaptarse a la nueva situación, que vestían el huipil como signo de su posición en la sociedad, también hubo españolas que vistieron andrajos o que aceptaron con gusto el atuendo de las indias. Éste les permitía acogerse a comunidades en las que no tendrían que sufrir al mismo tiempo la miseria y la vergüenza. Al menos fue el caso de Juana González, viuda de conquistador, pobre y vieja, que andaba "por los montes".[22] Otras, igualmente miserables, vivieron de la caridad de familias españolas.

De terciopelo y damasco

No tengo yo dos sayuelos
y veo a cien mil mujeres
arrastrando terciopelos.[23]

La vida de las ciudades abría espacios para todas las aventuras, encubría todos los pecados y alimentaba todas las ambiciones. Las mujeres castellanas llegaban dispuestas a disfrutar la fortuna que sus padres o maridos habían obtenido, cotizaban sus cualidades en la feria matrimonial y

---

[21] Gonzalo Gómez de Cervantes, *La vida económica y social de la Nueva España al finalizar el siglo XVI*, p. 135.
[22] F. Icaza, *op. cit.*, vol. I, p. 183.
[23] F. González de Eslava, *op. cit.*, p.205.

encontraban medios para valerse por sí mismas en caso de que el matrimonio no resolviese su situación.

La rudeza de los conquistadores contrastaba con el refinamiento de los funcionarios reales, que al menos temporalmente lograron establecer costumbres de galantería muy del gusto de algunas señoras. Durante el gobierno de la Primera Audiencia, 1528-1530, las esposas y amigas de los oidores llegaron a sentarse en los estrados de la sala de acuerdos de la Audiencia, haciendo ostensible la influencia que ejercían sobre sus galanes. El presidente Nuño de Guzmán se inclinaba por doña Catalina, la esposa del contador Rodrigo de Albornoz, quien era recompensado con propiedades y encomiendas. La esposa del regidor Villarroel era favorita del oidor Delgadillo, mientras Matienzo se inclinaba por una joven, viuda de Alonso de Herrero, que fue procesado por la Inquisición. Doña Catalina, como soberana de la improvisada corte de amor, supo sacar provecho de su posición, haciendo uso del trabajo de los indios para que le construyesen unas tiendas con cuyo alquiler aumentaba su patrimonio.[24]

La llegada de la Segunda Audiencia frenó aquellos excesos. Pero la capital revivió los juegos cortesanos cuando treinta años más tarde regresó a la Nueva España don Martín Cortés, el hijo legítimo del conquistador, que impuso la moda de los bailes, banquetes, juegos y mascaradas. En sus correrías nocturnas salían hasta cien caballeros, que lanzaban flores a los balcones y platicaban con las mujeres a través de las rejas o entraban en las casas a continuar la tertulia galante.[25]

Mucho más exigentes con el comportamiento de las mujeres de su familia que de las ajenas, los hermanos Ávila, los más allegados al marqués, no toleraron que su hermana estableciese una relación amorosa con un mestizo, al que dio palabra de matrimonio. Tan pronto como se ente-

---

[24] *Cf.* Fausto Marín Tamayo, *Nuño de Guzmán*, pp. 99-100.
[25] *Cf.* Juan Suárez de Peralta, *Tratado del descubrimiento de las Indias*, p. 114.

raron, la obligaron a ingresar en un convento, obligando al novio a embarcar hacia España. Se resistió ella a profesar, hasta que la convencieron de que él había muerto. Veinte años más tarde regreso el exiliado y, antes de volver a verlo, ella se ahorcó de un árbol de la huerta del convento.[26]

Los tiempos turbulentos de la Primera Audiencia fueron también de inseguridad para las doncellas indias, que podían ser víctimas del capricho de los grupos influyentes. Así, el hermano del licenciado Delgadillo secuestró a doña Inés, joven principal que se hallaba interna en el recogimiento femenino dispuesto por el obispo Zumárraga.[27]

Para la mayoría de las mujeres, el destino deseable era el matrimonio, pero para contraer matrimonio hacía falta aportar una dote y no todas las doncellas españolas disponían de ella. Pocos de sus paisanos estaban dispuestos a renunciar a su valiosa libertad sin el aliciente de una fortuna apreciable o de una prometedora recompensa por méritos del futuro suegro. Quienes escribían a sus parientes de la península ibérica pidiéndoles que vinieran a reunirse con ellos, recomendaban que las doncellas se casasen en España, donde saldría más barato, y que los mozos esperasen a cruzar el océano, para conseguir una rica dote.[28]

Muchas indias se casaron con españoles y muchas más vivieron amancebadas temporal o indefinidamente. Las jóvenes herederas de tierras o cacicazgos, pertenecientes a la nobleza prehispánica, fueron novias muy solicitadas por los españoles, que así se beneficiaban de la fórmula legal que daba la herencia a las mujeres y la administración de los bienes a sus maridos.

---

[26] *Ibid.*, pp. 132-133.
[27] *Cf.* Joaquín García Icazbalceta, *Documentación anexa a la biografía de fray Juan de Zumárraga*, vol. II, p. 136.
[28] Entre otros documentos similares, sirve de ejemplo la carta de Pedro de Molina a su padre Bernabé de Molina, Cádiz, doc. del 8 de mayo de 1594, *apud* Enrique Otte, *Cartas privadas de emigrantes a Indias*, p. 132.

Isabel Moctezuma, hija del *tlatoani*, que fuera esposa de Cuitláhuac y de Cuauhtémoc, compañera ocasional de Hernán Cortés, con quien tuvo una hija llamada Leonor, fue propietaria de la encomienda de Tacuba, y casó sucesivamente con Alonso de Grado, Pedro Gallego de Andrade y Juan Cano de Saavedra. Su hermana, doña Leonor Moctezuma, casada con Cristóbal de Valderrama y encomendera de Ecatepec, adoptó con fervor la fe cristiana y las costumbres castellanas, aprendió a utilizar los recursos de la burocracia colonial y reclamó mercedes correspondientes a su rango.[29]

Igualmente fueron solicitadas por españoles las hijas de los señores de Texcoco, Chalco, Cuauhtitlán, las de varias cabeceras de Tlaxcala, algunas de Oaxaca y, en general, todas aquellas que aportaban al matrimonio una sustanciosa dote en tierra y tributos.[30] Pero, por otra parte, la posición de bienes familiares no era requisito para enlazar en matrimonio con un castellano: en el año de 1534, de los ochenta vecinos de la ciudad de Puebla de los Ángeles, treinta y ocho tenían esposa castellana, veinte estaban casados con indias y los restantes permanecían solteros o declaraban que su esposa se encontraba en Castilla.[31]

Durante los primeros años de régimen colonial, la muerte del marido implicaba la pérdida de la encomienda, pero a mediados de siglo se modificó la situación y fueron muchas las que heredaron pueblos y tributos, de modo que Cholula, Tizapán, Tezalco, Xicaltepec, Acayuca, Ecatepec, Tasmalaca, Pungarabato, Tlapa y otros muchos pueblos y "poblezuelos" estuvieron en manos de mujeres. Y ya que la

---

[29] *Cf.* F. de Icaza, *op. cit.*, pp. 115-116; Amanda López de Meneses, "Tecuichpotzin, hija de Moctezuma (1510[?]-1550)", en *Revista de Indias*, núms. 31-32, pp. 471-496.

[30] *Cf.* Pedro Carrasco, "Matrimonios hispano-indios en el primer siglo de la Colonia", en *Cincuenta años de historia en México*, vol. I, pp. 103-118.

[31] *Cf.* Pilar Gonzalbo Aizpuru, "La casa poblada de los conquistadores", en *La familia en el mundo iberoamericano*.

decisión real protegía de este modo a las viudas, al menos un marido en ejercicio de celos *post mortem* dispuso en testamento que su mujer perdería la herencia en tierras y dinero, en caso de que se volviera a casar.[32]

Aproximadamente 13% de las mujeres viudas de quienes tenemos noticia, contrajeron nupcias nuevamente, al menos una segunda vez. Y tampoco faltaron las que llegaron a un segundo matrimonio estando vivo el primer marido. Algo curioso es que cuando la Inquisición detuvo a Luisa de Vargas por el delito de bigamia, ambos maridos se pusieron de acuerdo para ayudarla a escapar.[33] Ana Hernández, la Serrana, corrió con peor suerte, al demostrarse que había tenido simultáneamente cuatro maridos.[34]

Ya que los hombres gozaban de mayor libertad y movilidad, era más frecuente que ellos resultasen ser casados dos veces. Doña Felipa de Araujo, viuda del conquistador Cristóbal de Olid, después de comprometerse a pagar 5 000 ducados como dote, pidió anulación del segundo matrimonio, al descubrir que su nuevo consorte tenía esposa en Castilla.[35] Doña Felipa se conformó con la recuperación de la dote; en cambio Elena de Loyola, al descubrir que su marido tenía esposa en Castilla, lo denunció ante el tribunal del Santo Oficio.[36]

De los conquistadores que presentaron probanza de méritos ante la Real Audiencia, con miras a obtener beneficios, por lo menos 14% informaron que su esposa era de la región, y seguramente estarían en la misma situación otros muchos que no aportaron datos acerca de su si-

---

[32] La viuda Lorenza Ribera heredaba cuantiosos bienes, según testamento firmado ante Francisco Valverde, doc. del 11 de diciembre de 1565, en AHNCM.

[33] Archivo General de la Nación de México (AGNM), ramo Inquisición, leg. XXIX, exp. 11, ff. 382-402.

[34] En AGNM, ramo Inquisición, vol. XXXVI, exp. 10, ff. 576-588.

[35] Juan Fernández del Castillo, doc. del 18 de septiembre de 1525, en AHNCM.

[36] Jerónimo de Castro, doc. del 8 de noviembre de 1564, en AHNCM.

tuación familiar. Entre las viudas de conquistador, veinticinco volvieron a casar con castellano, y de las que permanecieron viudas, quedando por lo tanto como cabezas de familia, algunas tuvieron que sustentar a hijos legítimos y naturales, propios o de sus maridos para lo que solicitaron ayuda de las cajas reales.[37]

Mucho menos frecuentes que los matrimonios de india y español fueron los de española e indio, pero tampoco resultan totalmente insólitos. Al menos sabemos que casaron con castellana tres descendientes de Moctezuma y, en Michoacán, otros tres del *cazonci*.[38]

Más de la mitad de los primeros conquistadores y pobladores españoles casaron con hija de conquistador, no importando el que fuera mestiza, aunque siempre se prefería que fuera legítima, puesto que así se facilitaba la herencia de privilegios. Muchas viudas, indias o castellanas, casaron dos y hasta tres veces, aportando a nuevas nupcias la herencia obtenida de los anteriores esposos difuntos.

La escasez de mujeres españolas contribuía a facilitar las nuevas nupcias de las viudas e incluso las autoridades llegaron a presionar a las mujeres que habían heredado tierras o encomiendas para que abandonasen pronto tal viudez. Juana de Mansilla, cuyo marido había ido con Cortés a la expedición de las Hibueras, fue azotada por negarse a seguir las recomendaciones de los oidores de la Primera Audiencia que la instaban a casarse de nuevo.[39]

La legislación y el discurso piadoso recomendaban a las mujeres docilidad y recato, pero la supuesta sumisión a la voluntad de su cónyuge podía quebrantarse cuando las circunstancias lo propiciaban. En ausencia de los hombres, atraídos por aventuras bélicas, por el señuelo del oro o por la ilusión de nuevos amores y mayores libertades, las

---

[37] *Cf.* P. Gonzalbo Aizpuru, *op. cit.*
[38] *Cf.* P. Carrasco, "Matrimonios hispano-indios en el primer siglo de la Colonia", en *op. cit.*, p. 105.
[39] *Cf.* B. Díaz del Castillo, *op. cit.*, vol. II, p. 236.

mujeres quedaban como dueñas y señoras de casa y fortuna. Con frecuencia figuraban como apoderadas del ausente para administrar los negocios familiares; e igualmente recibían poderes de sus padres o de otras mujeres.[40]

Cuando requerían de la licencia marital, podían solicitarla a los funcionarios públicos, que la otorgaban para resolver la situación. Casi siempre por necesidad, y algunas veces por despecho o capricho, mujeres casadas hacían y deshacían tratos, hipotecaban o rentaban propiedades comunes e incluso vendían bienes del marido. Doña Victoria de Salas, criolla, vendió los esclavos de su marido ausente para recuperar la dote que él administraba,[41] mientras que Beatriz de Cobos vendió una esclava de su propiedad para pagar deudas de él.[42] A veces, estando ambos presentes, ellas actuaban como propietarias o encomenderas y ellos con carácter de representantes.[43]

Soltería y viudez, hábitos y lutos

Pese a la exigencia de dote, no eran muchas las mujeres que quedaban solteras a lo largo del siglo XVI. Más difícil resultaba el matrimonio para las que tenían pretensiones de aristocracia, pero carecían de bienes de fortuna que las respaldasen. Éstas podían refugiarse en conventos, colegios o

---

[40] Son numerosas las cartas en que maridos, padres, socios de alguna empresa o mujeres ausentes o incapacitadas, otorgan poder a otras mujeres. Escribano Diego Isla, doc. del 27 de abril de 1545; Rodrigo de Velasco, docs. del 25 de febrero de 1576 y del 13 de marzo de 1576; Antonio Alonso, doc. del 27 de junio de 1577, etcétera, en AHNCM.

[41] Escribano Francisco de Valverde, doc. del 28 de enero de 1566, en AHNCM. Luisa de Estrada realizó otra venta de bienes comunes en ausencia del marido, ante Antonio Alonso, doc. del 9 de abril de 1571, en AHNCM.

[42] J. de Castro, doc. del 13 de noviembre de 1564, en AHNCM.

[43] María de Mosquera, encomendera de Tianguistengo, vendió el tributo de mantas correspondiente a tres meses, ante el escribano Diego de Isla, doc. del 3 de junio de 1553, en AHNCM.

beaterios, ya como monjas profesas, como sempiternas "niñas" o como recogidas o beatas, o bien permanecer "en el siglo", en compañía de algún pariente o administrando personalmente sus bienes. Las de condición modesta establecían sus propios negocios o se empleaban en el servicio doméstico o en algunos oficios.

Luisa de Torres emprendió un negocio de panadería y frutería en Taxco, en sociedad con un panadero, aportando ella 185, más su propio trabajo y el de dos indias naborías.[44] Las hermanas Francisca y Marta Rodríguez Magallanes administraban sus estancias en el valle de Toluca y negociaban con la venta de puercos.[45] Catalina Díaz, con negocio de bebidas, invertía más de mil en la compra de vinos, vinagre y jerez para su negocio.[46] Catalina de Velasco, hija de conquistador y con una hermana monja en la Concepción, atendía una casilla-tienda en el barrio de Tlatelolco.[47] Luisa Gutiérrez, morena libre, alquiló una tienda que incluía una trastienda habilitada como habitación.[48] Y varias mujeres que se declararon solteras dejaron algunos bienes a sus hijos naturales, o los pusieron como aprendices en el taller de algún artesano, y ocasionalmente recibieron legados o donaciones de los hombres con los que estaban amancebadas.[49]

Las mujeres viudas eran aún más activas que las solteras en la administración de negocios, sobre todo cuando el difunto había dejado algún comercio o taller en funcionamiento. Lo deseable en esas circunstancias era encontrar

---

[44] Escritura de formación de compañía, ante Diego de Isla, doc. del 15 de diciembre de 1541, en AHNCM.
[45] Escribano Antonio Alonso, doc. del 11 de agosto de 1571, en AHNCM.
[46] Escribano Alonso de Santillán, doc. del 16 de abril de 1577, en AHNCM.
[47] Testamento de doña Isabel Velázquez, ante Rodrigo de Velasco, doc. del 4 de agosto de 1579, en AHNCM.
[48] Alonso de Santillán, doc. del 16 de abril de 1577, en AHNCM.
[49] Varias escrituras de Rodrigo de Velasco, doc. del 25 de marzo de 1576; Fernández del Castillo, docs. del 5 de mayo de 1528 y del 27 de abril de 1527; Juan Bautista Moreno, doc. del 12 de mayo de 1592, etcétera, en AHNCM.

nuevo marido, que se hiciera cargo de la empresa familiar; pero a falta de pretendientes o a sobra de edad, podía servir un yerno, en quien se depositaba parte de la responsabilidad, sin perder el control de los bienes. Doña Isabel Gómez, castellana, quedó viuda en 1580, con cinco hijos, de los que el único varón profesó en la Orden de San Agustín. El negocio del difunto, de corambres y carne de ganado vacuno, no había sido muy próspero, de modo que quedaron tantas deudas como beneficios. La señora fundó con su único yerno una compañía de cordobanes, con la condición de que el joven matrimonio residiría en el domicilio de la suegra, en el cual se encontraba también la sede del negocio. De este modo, el yerno se ocuparía de las gestiones foráneas, mientras que la viuda, siempre sin perder la dignidad y el recato propios de su edad y condición, seguiría controlando la empresa familiar. Mano de obra libre y esclava, gastos domésticos y de los talleres se mezclaron en la contabilidad, que dos años después indicaba el éxito obtenido: con un capital inicial de 14 121, al cabo de dos años obtuvieron ganancias de 6 995.[50]

Otra viuda laboriosa, Francisca de Cabrera, sin compañía masculina, se ganó la vida con una tienda de vinos, jamón, sebo, cera y otros productos, además de otorgar pequeños préstamos con interés.[51] Una mujer emprendedora, arriesgó 1 050 en la compra de catorce mulas destinadas a una empresa de arriería, que habría de transportar mercancías entre México y Veracruz.[52]

Ana López, quien fue maestra de niñas indias mientras su marido tenía una escuela de niños, había recogido en su hogar a varias huérfanas, de las cuales le quedaban

---

[50] Escritura de cargo, descargo y alcance, ante el escribano público Antonio Alonso, doc. del 13 de agosto de 1581, en AHNCM. Este documento ha sido analizado por Valentina Garza en un trabajo inédito.

[51] Testamento ante el escribano Gómez Fernández de Salgado, doc. del 15 de abril de 1582, en AHNCM.

[52] Martín de Castro, doc. del 8 de septiembre de 1536, en AHNCM.

siete por casar cuando pidió ayuda para dotarlas.[53] María de Ribera, india, atendía el negocio de ropa que tuvo en sociedad su difunto esposo, del cual le correspondía la parte equivalente a 2 300.[54]

No siempre los maridos dejaban algunos bienes a sus esposas. Muchas tuvieron que acogerse a la caridad de los vecinos y algunas perdieron sus propiedades para pagar deudas o para cubrir el costo de las mandas testamentarias. Crispina, india del barrio de San Juan, y sus cuñados tuvieron que vender las casas que les pertenecían en común para pagar las misas que Felipe Diego, marido de Crispina, había encargado que se dijesen por su alma.[55] Las casadas rara vez iniciaron negocios por su cuenta, pero sí participaron en los de su marido, ya como apoderadas durante su ausencia o ambos conjuntamente. Doña Beatriz de Vera participó en una compañía de comercio. Doña Guiomar Bazán vendió cien toros de su estancia en 350. Y doña Beatriz Hernández firmó un convenio para la explotación de minas, que posteriormente fue refrendado por su esposo.[56] La fundación de mayorazgos se hacía conjuntamente y las obras pías estaban a cargo de las mujeres preferentemente.

A hierro y fuego

El momento en que los indios se vieron libres del hierro de la esclavitud fue también el que dio comienzo a la llegada masiva de esclavos negros. Los primeros procedían de Sevilla y se identificaban como criollos, bozales o berberis-

---

[53] F. de Icaza, *op. cit.*, vol. II, p. 61.
[54] Escribano Diego de Isla, doc. del 13 de junio de 1558, en AHNCM.
[55] Juan Bautista Moreno, doc. del 12 de mayo de 1592, en AHNCM. Las viudas que expusieron su indigencia se mencionan en Icaza, *op. cit.*, vol. II.
[56] Antonio Alonso, docs. del 19 de julio de 1571 y del 27 de agosto de 1577; Fernández del Castillo, doc. del 17 de marzo de 1527, en AHNCM.

cos. A partir de mediados del siglo, aumentó el comercio y se generalizó su presencia en las casas de las familias medianamente acomodadas. Aunque las escrituras de compra-venta tienden a evitar las descripciones negativas, que podrían devaluar la "mercancía", hay ocasiones en que el bajo precio indica que la esclava en venta era un quebradero de cabeza para su amo. Por 160 de oro común se vendió a Elvira, calificada por el vendedor como borracha y puta. Natia, vieja de origen Biafara, se traspasó en 150, mientras que Cata, de Guinea, costó 408, Justa 375 y Bárbola fue canjeada por doce cargas de cacao, equivalentes a 350. También a veces los esclavos podían formar parte de un lote junto con caballos.[57]

La crueldad de la marca a fuego en la cara aún parece más intolerable cuando la escritura describe a la mujer como joven y de buen cuerpo, para detallar a continuación el pomposo nombre de su amo grabado en ambas mejillas. Tan frecuentes como las operaciones de venta eran las donaciones de esclavas, ya de los padres a sus hijos o de hermanos a sus hermanas, como dote para el matrimonio o como apoyo económico para las que quedaban solteras. Porque siempre se esperaba que la esclava trabajase, incluso fuera del hogar, para acudir a socorrer las previsibles necesidades de su ama.

Compradas, vendidas, hipotecadas y transmitidas en herencia, las esclavas-objeto intentaban obtener la manumisión, pagando con sus ahorros el precio fijado por su libertad. Bárbola, esclava de Hernán Cortés, trabajaría durante dos años en un obraje de pastelería para aprender a hacer pasteles, destinados a la casa del marqués del Valle. Transcurrido el periodo de aprendizaje, ella recibiría 130, con los cuales pagaría su rescate, más una saya, y quedaría en condiciones de comenzar a ejercer su profesión como mujer libre.[58] Luisa de Torres obtuvo de dos amigos el préstamo de

---

[57] Varias escrituras de los escribanos Gaspar Calderón, doc. del 19 de abril de 1555, Diego de Isla, docs. del 9 de mayo de 1541 y 13 de diciembre de 1541, y otros, en AHNCM.

[58] Fernández del Castillo, doc. del 9 de mayo 1528, en AHNCM.

105 para comprar su libertad, a cambio del compromiso de servir a ambos durante cinco años. Isabelica obtenía junto con la manumisión 40 de dote "para ayuda a casalla". Y Esperanza, Biafara, tuvo que ser vendida, en vista de la reincidencia en sus escapatorias, debidas a que su marido, también esclavo, residía a cierta distancia. Su nuevo amo garantizaba la posibilidad de que el matrimonio se reuniese con frecuencia.[59]

El afán de libertad podía quedar frustrado por veleidades de algunos amos, como doña Leonor Andrade, que tras haber ofrecido en testamento la libertad a sus esclavos, revocó la cláusula y los dejó en herencia a sus hijos, para que continuasen en servidumbre. La norma de vender a las madres con "sus crías" podía romperse alguna vez, cuando la señora decidía quedarse con el recién nacido para ella, deshaciéndose de la madre mediante una venta que la trasladase a un lugar distante. La esposa estéril podía así acoger al pequeño, probablemente mulato, y adoptarlo como miembro de la familia, con muchas probabilidades de acertar en cuanto a los lazos de sangre.[60]

Los tratos comerciales con seres humanos podían llevar consigo complicaciones de muy diversa índole. Un enconado pleito entre dos familias se originó cuando un propietario hipotecó a su esclava por varios años, durante los cuales estuvo en poder de un amigo del primero. Fallecidos ambos, los herederos reclamaron la devolución, previo pago del préstamo, y protestaron al comprobar que la otra familia retenía a los cinco pequeños mulatos nacidos a lo largo de los años que duró la hipoteca. La discusión se centró en torno de los supuestos derechos de usufructo, mientras la madre quedaba separada de sus hijos.[61]

---

[59] M. de Castro, docs. del 15 de junio de 1537 y del 5 de marzo de 1537; Antonio Alonso, doc. del 17 de junio de 1570, en AHNCM.
[60] Antonio Alonso, doc. del 2 de diciembre de 1570, en AHNCM.
[61] Juan Bautista Moreno, doc. del 2 de septiembre de 1593, en AHNCM.

Mujeres de tez blanca, negra o bronceada, encerradas entre rejas claustrales, sometidas a la esclavitud o atrapadas por convencionalismos de prestigio social, reaccionaron de tal modo que llegaron a aprovechar en la mejor forma posible los escasos recursos que la sociedad les ofrecía en busca de una vida digna, durante el siglo de hierro novohispano.

Bibliografía

ACOSTA, Joseph de, *De procuranda indorum salute*, Madrid, Ediciones España Misionera, 1952.
ARCHIVO GENERAL DE LA NACIÓN DE MÉXICO.
ARCHIVO HISTÓRICO DE NOTARÍAS DE LA CIUDAD DE MÉXICO.
BENAVENTE, Toribio de (Motolinía), *Historia de los indios de la Nueva España*. Estudio crítico, apéndices, notas e índices de Edmundo O'Gorman. México, Porrúa, 1984.
CALVO, Thomas, *La Nueva Galicia en los siglos XVI y XVII*, Guadalajara, México, CEMCA/El Colegio de Jalisco, 1989.
CARRASCO, Pedro, "Family Structure of Sixteenth Century Tepoztlan", en Robert A. Manners (ed.), *Process and Pattern in Culture. Essays in Honor of Julian H. Steward*, Chicago, Aldine, 1964.
—————, "Matrimonios hispano-indios en el primer siglo de la Colonia", en *Cincuenta años de historia en México*, México, El Colegio de México, 1991, 2 vols.
—————, "The Joint Family in Ancient Mexico: the Case of Molotla", en Pedro Carrasco, Hugo Nutini y J.M. Taggart (eds.), *Essays in Mexican Kinship*, Universidad de Pittsburgh, 1976.
DÍAZ DEL CASTILLO, Bernal, *Historia verdadera de la Conquista de la Nueva España*, México, Porrúa, 1955, 2 vols.
DORANTES DE CARRANZA, Baltasar, *Sumaria relación de las cosas de la Nueva España, con noticia individual de los descendientes legítimos de los conquistadores y primeros pobladores españoles*, 2a. ed. facs. de la de 1902, México, J. Medina, 1970.

GARCÍA ICAZBALCETA, Joaquín, *Documentación anexa a la biografía de fray Juan de Zumárraga*, México, Porrúa, 1947, 4 vols.

GÓMEZ DE CERVANTES, Gonzalo, *La vida económica y social de la Nueva España al finalizar el siglo XVI*, Pról. y notas de Alberto María Carreño, México, Antigua Librería Robredo de José Porrúa e Hijos, 1944.

GONZALBO AIZPURU, Pilar, "La casa poblada de los conquistadores", en *La familia en el mundo iberoamericano*, México, UNAM, Instituto de Investigaciones Sociales, 1994.

GONZÁLEZ DE ESLAVA, Fernán, *Coloquios espirituales y sacramentales*. Ed., pról. y notas de José Rojas Garcidueñas. México, Porrúa, 1958.

ICAZA, Francisco de, *Conquistadores y pobladores de la Nueva España*, Madrid, Imprenta El Adelantado de Segovia, 1923. 2 vols.

KLEIN, Herbert S., "Familia y fertilidad en Amatenango, Chiapas, 1785-1816", en *Historia mexicana*, XXXVI: 2, núm. 142, oct.-dic., 1986.

LÓPEZ DE MENESES, Amada, "Tecuichpotzin, hija de Moctezuma (1510[?]-1550)", en *Revista de Indias*. Madrid, Instituto Gonzalo Fernández de Oviedo/CSIC, año IX, núms. 31-32.

MARÍN TAMAYO, Fausto, *Nuño de Guzmán*, México, Siglo XXI, 1992.

MENDIETA, Gerónimo de, *Historia eclesiástica indiana*. México, Porrúa, 1980.

OTTE, Enrique, *Cartas privadas de emigrantes a Indias*. Sevilla, Escuela de Estudios Hispanoamericanos, 1988.

QUIROGA, Vasco de, "Información en Derecho", en Rafael Aguayo Spencer, *Don Vasco de Quiroga, taumaturgo de la organización social*, México, Oasis, 1970.

SUÁREZ DE PERALTA, Juan, *Tratado del descubrimiento de las Indias*, México, SEP, 1949.

ZAVALA, Silvio, *El servicio personal de los indios en la Nueva España*, México, El Colegio de México, 1984, 5 vols.

————, *Los esclavos indios en la Nueva España*, México, El Colegio Nacional, 1981.

El símbolo del triunfo
Elsa Cecilia Frost

Este texto no es un trabajo académico, sino la interpretación de unos cuantos datos, misma que me parece plausible, pero que no está probada.

Hace años, al leer el *Hernán Cortés* de Salvador de Madariaga, me encontré con una explicación de cierto suceso tlaxcalteca que me dejó completamente desconcertada. Como sabemos, después de varias escaramuzas y batallas, y una vez victorioso, Cortés recibió de manos de los caciques tlaxcaltecas cinco doncellas nobles que entregó, ya bautizadas, a Pedro de Alvarado, Juan Velázquez de León, Gonzalo de Sandoval, Cristóbal de Olid y Alonso de Ávila. El único dato curioso del relato en Bernal es que agregue que se les dio el tratamiento de "doña" y que años más tarde la hija de Alvarado y doña Luisa Xicoténcatl, doña Leonor, casó con un primo del duque de Albuquerque. Este pequeño episodio puede ser visto —como lo hago yo— como un caso más en que la mujer es entregada como premio al vencedor, pero también —y así lo han hecho muchos— como prueba de la hipocresía española que hace bautizar a las mujeres antes de pecar con ellas. (Me pregunto si esto haría de la relación un pecado mayor o menor.)

Como dije antes, es Madariaga el que convierte el relato en algo especial. De acuerdo con su análisis:

> Mucho erraría quien pensara que la actitud de los capitanes españoles hacia aquellas muchachas indias, que les regalaban generalmente sus propios padres, se limitaron [*sic*] a una fácil satisfacción del placer sexual [...] Venían a ser para ellos esposas en todo, menos en el sacramento.[1]

Es esta frase final la que produce el desconcierto, pues hace pensar que existía, en el siglo XVI, algo así como un matrimonio civil. De no ser así, el comentario es incomprensible. Pero también es absurdo pensar que la todopoderosa Iglesia permitiera tal estado de cosas. Y, sin embargo, así era. La solución al problema —que es la propuesta de Madariaga— es una institución llamada *barraganía*. La *Enciclopedia Espasa-Calpe* la define como una "unión sexual de hombre soltero, clérigo o laico, con mujer soltera, bajo las condiciones de permanencia y fidelidad", después de lo cual los redactores agregan, tan campantes, que no debe considerarse "como matrimonio", y afirman que fue una "unión que estuvo muy en boga en la Edad Media". Esto, aparte de que para entrar en dicha unión —y no me meto en la posibilidad abierta a los clérigos, para no confundir más las cosas— se exigía, entre otros requisitos: que una y otra parte fueran solteros, gozaran de buena fama y profesaran la fe católica, de tal modo que, si así lo querían, pudieran contraer matrimonio más adelante o disolver la unión sin que la mujer y los hijos habidos perdieran los derechos que el contrato les otorgaba. Con todo, el artículo de la enciclopedia asienta, casi de paso, que la mujer si bien era legal, era desigual.

Creo que si queremos entender lo ocurrido en Tlaxcala —lo mismo que en muchas otras partes— la clave está en la desigualdad mencionada. No puede tratarse de un prejuicio racial, puesto que se habla de una costumbre legalizada ya desde las *Partidas*. Tampoco puede pensarse

---

[1] Salvador de Madariaga, *Hernán Cortés*, p. 179.

—como podría suceder en España— en una desigualdad social por la parte femenina, ya que, cuando menos en este caso, eran hijas de caciques. De nuevo, Madariaga da una explicación que tiene todos los visos de verosimilitud:

> La actitud de los capitanes españoles para con estas cacicas era pues compleja; ni siquiera podemos asegurar que los que no se casaban con ellas lo hacían por superioridad racial, pues que de existir este sentimiento se manifestaría por igual con su progenie mestiza a la que [...] distinguían y trataban con absoluta igualdad a nivel de sus hijos del todo blancos

Quizá no esté de más hacer aquí un paréntesis y recordar que, al referirse al hijo que tuvo con la Malinche, Cortés señala "que no me es menos querido que el otro", es decir, el hijo de la marquesa. Pero volvamos al texto de Madariaga:

> Si procuraban permanecer solteros, era más bien por ambición, ya que esperaban que su gloria y riqueza les abrirían las puertas de las grandes casas ducales de España, como sucedió en efecto con Alvarado y Cortés. Pero, salvo el matrimonio, los españoles concedieron a sus barraganas indias todos los demás honores y privilegios que estaba en su mano darles, tratándolas con una igualdad absoluta social y racial.[2]

Es decir, que lo que se interpone para el matrimonio entre unos y otras es la ambición. Cierto. Pero también debe tomarse en cuenta lo que pudiéramos llamar el prejuicio cultural.

---

[2] *Idem.*

Ahora bien. A mí me parece que este prejuicio es muy evidente en toda la historia de México, pero es posible que no resulte igualmente claro para los demás. Por ello, a fin de evitar la confusión con el racismo, pondré dos ejemplos, uno ficticio y otro real, que mostrarán la diferencia entre una actitud y otra.

Supongamos —esto es pura *history fiction*— que América no se hubiera interpuesto en el camino de los explotadores españoles y éstos hubieran llegado a Catay. Traslademos ahora el episodio tlaxcalteca a la corte del Gran Khan y veremos que ninguno de los capitanes castellanos habría rehusado el matrimonio con una princesa china. Habrían insistido, desde luego, en el bautizo, aunque quizá no habría tenido el carácter de urgencia que tuvo para las cacicas. Pero no hubiera habido intento alguno de convertir a estas mujeres en barraganas. ¿Por qué? Sencillamente porque, deslumbrados por la suntuosidad de la corte oriental, estos rudos soldados habrían visto colmada su ambición con las mujeres refinadísimas y evidentemente ricas que se les ofrecían.

Si pasamos al terreno de lo real, encontraremos que al lado de la mestiza doña Leonor de Alvarado hubo muchas otras jóvenes, mestizas o indias, que contrajeron matrimonio con nobles españoles. Entre ellas, una nieta del Inca, esposa de un nieto de san Francisco de Borja, duque de Gandía. Así pues, el color de la piel nada tuvo que ver con el ingreso —por matrimonio— ni a la sociedad española en general, ni aun a la alta nobleza. Si nos fijamos, una de estas mujeres pertenece a la primera generación mestiza, lo cual quiere decir que no forma parte del mundo indígena. No sé cómo se haya educado a doña Leonor, pero me parece que puedo aventurarme a decir que recibió la misma formación que cualquier niña española de familia distinguida. En cuanto a doña Lorenza,[3] la nieta de don

---

[3] Las noticias que tengo sobre doña Lorenza son un tanto confusas. No podía ser de otro modo, pues las tomé de la cartela de un retrato del matrimonio que sólo he visto en reproducción. De ellas resultaría que doña Lorenza

Diego Inca, "el último rey", se sabe que creció en la casa de su tutor, don Juan de Borja. Conde de Mayalde e hijo de san Fancisco de Borja—, que sería más adelante su suegro. Esto garantiza una educación completamente europea a la joven princesa. Se puede decir, en consecuencia, que lo importante para elegir esposa era, más que la parentela o la legitimidad, el ambiente que rodeara a la mujer. Pero esto plantea un problema que resulta básico. ¿Qué había en la educación de las jóvenes indias que repeliera a los castellanos? Salta a la vista que lo primero era la religión. Ni al más ingenuo o iletrado de los conquistadores puede haberle pasado por la mente que bastaba el apresurado bautizo para que las sumisas indias fueran de hecho cristianas. Y aun si así lo hubieran pensado, fray Bartolomé de Olmedo se encargaba de recordarle a cada momento que "no es justo que por la fuerza les hagamos ser cristianos[...]"[4] En segundo lugar, hay que tener en cuenta que, por colorida y deslumbrante que haya sido la vida prehispánica pública, no ocurría lo mismo con la *doméstica*. Desde luego, los conquistadores no eran Grandes de España, pero por humildes que fueran sus orígenes, si se habían lanzado a lo desconocido, era por ambición, por alcanzar lo que en España no tenían, por llegar a ser "ricoshomes" y "señores de salva". Y aquí no había ni castillos ni tapices, se desconocían las sedas y los brocados, no existían carruajes ni cuadras de magníficos caballos, ni, para acabar, había siquiera mesas, sillas y camas. Durante la campaña, bien podía uno dormir en el suelo y mantenerse de tortillas frías, pero una vez ganada la tierra, y al parecer ninguno dudaba de que así

era mestiza, como hija de la heredera del tronco inca, doña Beatriz, que casó con "don Martín de Loyola, gobernador de Chile, sobrino de Nuestro Padre San Ignacio, hijo de su hermano mayor, don Beltrán[...]". De modo que, a su vez, en los hijos de doña Lorenza se unirían los Loyola, los Borja y la casa Real del Perú.

[4] Bernal Díaz del Castillo, "Cómo trajeron las hijas a presentar a Cortés y a todos nosotros y lo que sobre ello se hizo", en *Historia verdadera de la Conquista de la Nueva España*, cap. LXXVII, p. 123.

sería, había que vivir como un gran señor europeo y, para ello, era necesaria la presencia de una mujer española. Cortés, conquistador de un imperio, casado con la Malinche, habría despertado la admiración, la envidia y los cuchicheos de la corte por unos días—. Cortés, conquistador de un imperio, casado con doña Juana de Zúñiga, hija del conde de Aguilar y sobrina del duque de Béjar, era el igual de cualquier noble (lo que desde luego no ponía coto a las veleidades imperiales)—. Es innegable que la sociedad europea estaba dominada por los hombres y se centraba en ellos, pero la casa era el dominio de la mujer y de ella —y de la familia a la que perteneciera— dependía el prestigio social del hombre. Así pues, si el conquistador consideraba que tenía derecho a vivir como un señor, el requisito indispensable era una mujer que diera honra y fama a la casa. Mujer que supiera mandar y señorear, como lo hizo la viuda de Pedro de Alvarado, doña Beatriz de la Cueva. De hecho, entre las aspiraciones de estos hombres del siglo XVI y las de cualquier arribista o "trepador" actual no hay diferencia alguna.

No tengo a la mano muchos datos con respecto a la sociedad novohispana en formación, pero en Puebla, hacia 1534, ciudad en la que "en teoría no había pobladores solteros, los españoles con esposas también españolas [entiéndase por raza o por educación] sobrepasaban a los que tenían esposa indígena dos a uno".[5] Y en el Perú, según Lockhart,[6] una vez asentada la Conquista, los españoles sólo recibían en matrimonio a una mujer que tuviera derecho a ser llamada "doña". Sin embargo, debo insistir de nuevo en que, tanto las indias nobles como las mestizas nacidas de matrimonio o legitimadas, si eran educadas como españolas, como tales eran consideradas.

Ahora bien, hacia la segunda mitad del siglo XVI, pasadas las guerras y conquistas, iba siendo cada vez más di-

---

[5] J. I. Israel, *Race, class and politics in colonial Mexico 1610-1670*, p.60
[6] James Lockhart, "Las españolas y la segunda generación", en *El mundo hispanoperuano. 1520-1560*, cap. IX, pp. 193-217.

fícil que un aventurero español obtuviera esa "fama" que era el primer requisito para el ascenso social. La suerte, el trabajo propio o la explotación de los indios (y también las tres cosas juntas) podían proporcionar fortuna, pero el anhelado título resultaba cada vez más lejano. De ahí también que las mujeres nobles fueran cada vez más difíciles de alcanzar y los indianos ricos tuvieran que conformarse con una criolla igualmente acaudalada o con una mujer española que —al igual que ellos— se atreviera a cambiar de vida atravesando el mar. Y lo cierto fue que lograron su intento, porque por el simple hecho de pisar las nuevas tierras, las jóvenes lugareñas se convirtieron en "señoras".

Es posible que, hacia finales del siglo XVI o principios del XVII, haya empezado a operar un prejuicio racial. Estas mujeres importadas no provenían ya de casas ricas ni portaban un gran apellido, pertenecían al pueblo y lo único que podían aportar era el hecho de haber nacido en España y ser prueba viviente del poder económico del futuro marido. Una vez establecido el matrimonio, competirían con el hombre en cuanto a gastos y sufrirían una transformación completa. A diferencia de la madre que dejaron en España, estas nuevas "doñas" no hilarán ni cosecharán ni coserán o guisarán. En su calidad de "símbolos de triunfo" se convertirán en objetos de lujo cuyo único papel es mostrar la riqueza adquirida. La ostentación de la sociedad novohispana fue proverbial y las mujeres en mucho contribuyeron a ello, pues al igual que sus maridos consideraron que habían venido a Indias "a comer y gastar, pero no a trabajar", según decía don Luis de Velasco II.[7] Estos nuevos ricos dieron la espalda a su pasado y con ello a todo trabajo manual. A su evidente pretensión de señorío, se unieron dos elementos que facilitaron el surgimiento de un nuevo tipo de mujer, tan alejado del castellano como del indígena. En ambas culturas, la mujer tenía un papel que cumplir, que no era sólo el de esposa y madre. Sobre la española

[7] J.I. Israel, *op. cit.*, p. 92.

pesaban una serie de responsabilidades, tanto económicas como sociales, que aumentaban en relación directa con su posición. En cuanto a la mujer indígena fue —y sigue siendo— un elemento económico imprescindible para el sostenimiento de la familia. Pero indianas y criollas vieron el trabajo como degradante, apoyadas por el padre o marido que cifraba su prestigio en el ocio femenino. Si a ello agregamos que la abundancia de sirvientas indias y esclavas negras hacía superfluo cualquier esfuerzo, pues no sólo bastaban sino que sobraban para el trabajo doméstico e incluso podía confiárseles el cuidado de los hijos, nada tiene de extraño que el rasgo característico de estas señoras sea la ociosidad. Por otro lado, quizá por depender en tan alto grado de la servidumbre, establecían con ella una familiaridad tal que el resultado no pudo ser otro que el pintoresco desorden que caracterizó las casas mexicanas. Incapaz de molestarse con exigencia alguna, dejaba la dueña que las criadas hicieran y deshicieran a su antojo, amparadas —y ahora aparece el segundo elemento— por la creencia popular (aunque por entonces se la pensara científica) de la influencia debilitadora del clima. Presumían de su delicadeza física a tal extremo que tomar un baño las hacía guardar cama durante todo el día. Pasivas e indolentes, eran el resultado de un concepto del matrimonio como medio para mantener el sistema jerárquico de clases y el hecho de que el enlace con una de ellas colmara la ambición masculina cegó en estas mujeres toda iniciativa. Lo más sencillo era que los niños pasaran de las manos de las nanas al colegio de los jesuitas. En cuanto a las niñas, bastaba con una corta permanencia en algún convento donde aprenderían "las labores propias de su sexo", aunque, por lo general, ni eso harían, ya que siempre dispondrían de un ejército de criadas. ¿Qué hacían pues las mexicanas ricas? La impresión que se tiene, a partir de la poca documentación disponible, es que resulta casi imposible saberlo, aunque es del todo evidente lo que *no* hacían. No leían ni escribían. La vida social era casi nula. Escasas salidas al teatro; una que otra fiesta y la muy española tertulia. Nada de paseos, ni de bailes. A lo que habría que añadir que muchas veces ni siquiera entraban a la cocina, ni tenían por qué ocuparse del quehacer diario. Al parecer, bordaban, cuidaban sus macetas y visitaban las iglesias y los locutorios de los conventos.[8] Es difícil imaginar una existencia más baladí que la de estas mexicanas de clase alta, pero —con todas las excepciones que se quiera— respondía perfectamente a un modelo: el del nuevo rico para quien la ociosidad de su mujer e hijas era galardón de triunfo.

No sé si de todo esto pueda sacarse una conclusión, pero ciertamente sí una moraleja. La riqueza y abastanza de la tierra —como afirmaban los religiosos— resultan corruptoras; no sólo debilitaron el carácter sino que produjeron un modelo femenino que nada tuvo —ni tiene— de admirable o de envidiable.

Bibliografía

DÍAZ DEL CASTILLO, Bernal, *Historia verdadera de la Conquista de la Nueva España*, México, Porrúa, 1964.
ISRAEL, J.I., *Race, class and politics in colonial Mexico 1610-1670*. Londres, Universidad de Oxford, 1975.
LOCKHART, James, "Las españolas y la segunda generación", en *El mundo hispanoperuano. 1520-1560*, México, Fondo de Cultura Económica, 1982.
MADARIAGA, Salvador de, *Hernán Cortés*, Madrid, Espasa-Calpe, 1986. (Austral, 1671.)

---

[8] El modelo de la mexicana rica no cambia ni siquiera en el siglo XIX. *Cf.* al respecto los libros de los viajeros, en especial *La vida en México,* de Madame Calderón de la Barca.

La Malinche y los mitos

Malintzin, la lengua
Bolívar Echeverría

> [...]*unsere ubertragungen gehen von einem falschem grundsatz aus sie wollen das indische griechische englische verdeutschen anstatt das deutsche zu verindischen vergriechischen verenglischen*[...]
> Rudolf Pannwitz

La historia nos habla de ciertas acciones singulares —aventuras individuales— que en ocasiones se convierten en causas precipitantes de transformaciones colectivas de gran alcance; se complace en narrar los puntos de coincidencia en los que ciertos acontecimientos coyunturales, casuales, contingentes como una *vita*, se insertan de manera decisiva en otros de amplia duración, inevitables, necesarios como la circunvalación de los planetas. Y parecería que, en mucho, el *suspense* de un discurso depende de la desproporción que es capaz de presentarnos entre los unos y los otros. En efecto, entre la acción singular y la transformación colectiva puede haber una relación hasta cierto punto proporcionada, como la que creemos encontrar ahora entre el pacto de los reyes o caciques aqueos y la destrucción de la gran ciudad de Troya. Pero esa relación puede ser también completamente desmedida: una acción de escasa magnitud puede desatar una transformación gigantesca.

Tal vez para nosotros, los modernos, ninguna de las desproporciones históricas de los últimos siglos haya sido más decisiva que la que es posible reconocer entre la aventura de los conquistadores de América —constituida por una serie de acciones de horizonte individual y muchas veces desesperadas o aleatorias—, por un lado, y una de las más grandes transformaciones del conjunto de la historia humana, por otro: la universalización definitiva de la medida en que ella es un acontecer compartido, gracias al triunfo de la modernidad capitalista como esquema civilizador universal.

De los múltiples aspectos que presenta la coincidencia desmesurada entre los hechos de los conquistadores y la historia universal, interesa destacar aquí uno que tiene que ver con algo que se ha dado en llamar "el encuentro de los dos mundos" y que, a mi parecer, consiste más bien en el reencuentro de las dos opciones básicas de historicidad del ser humano: la de los varios "orientes" o historicidad circular y la de los varios "occidentes" o historicidad abierta. Aspecto que en el primer siglo de la modernidad decididamente capitalista pudo parecer poco importante —cuando lo inagotable del territorio planetario permitía todavía a las distintas versiones de lo humano proteger su cerrazón arcaica, coexistir en *apartheid*, "juntarse sin revolverse", recluidas en naciones o en castas diferentes—, pero que hoy en día, en las postrimerías del que parece ser (de una manera o de otra) el penúltimo siglo de la misma, se revela como la más grave de las "asignaturas" que ha dejado "pendientes".

En el escenario mexicano de 1520, la aventura singular que interviene en la historia universal consiste en verdad en la interacción de dos destinos individuales: el de Motecuhzoma, el taciturno emperador azteca, que lo hunde en las contradicciones de su mal gobierno, y el de Cortés, que lo lleva vertiginosamente a encontrar el perfil y la consistencia de su ambición. Intersección que tuvo una corporeidad, que fue ella misma una voluntad, una persona: "una india de buen parecer, entrometida y desenvuelta" (dice Bernal Díaz del Castillo, el conquistador-cronista), la Malintzin.

Quisiera concentrarme en esta ocasión en el momento crucial de esa interacción, que no será el más decisivo, pero sí el más ejemplar: los quince meses que van del bautizo cristiano de la "esclava" Malin o Malinalli, con el nombre de Marina, y del primer contacto de Cortés con los embajadores de Motecuhzoma, en 1519, el asesinato de la élite de los guerreros aztecas y la posterior muerte del emperador mexicano, en 1520. En el breve periodo en que la Malintzin se aventura, por debajo de los discursos de Motecuhzoma y Cortés, en la función fugaz e irrepetible de "lengua" o intérprete entre dos interlocutores colosales, dos mundos o dos historias.

"La lengua que yo tengo", dice Cortés, en sus *Cartas*, sin sospechar en qué medida es la "lengua" la que lo tiene a él. Y no sólo a él, sino también a Motecuhzoma y a los desconcertados dignatarios aztecas.

Ser —como lo fue la Malintzin durante esos meses— la única intérprete posible en una relación de interlocución entre dos partes; ser así aquella que concentraba de manera excluyente la función equiparadora de dos códigos heterogéneos, traía consigo al menos dos cosas. En primer lugar, asumir un poder: el de administrar no sólo el intercambio de unas informaciones que ambas partes consideraban valiosas sino la posibilidad del hecho mismo de la comunicación entre ellas. Pero implicaba también, en segundo lugar, tener un acceso privilegiado —abierto por la importancia y la excepcionalidad del diálogo entablado— al centro del hecho comunicativo, a la estructura del código lingüístico, al núcleo en el que se definen las posibilidades y los límites de la comunicación humana como instancia posibilitante del sentido del mundo de la vida.

En efecto, ser intérprete no consiste solamente en ser un traductor bifacético, de ida y vuelta entre dos lenguas, desentendido de la reacción metalingüística que su trabajo despierta en los interlocutores. Consiste en ser el mediador de un entendimiento entre dos hablas singulares, el constructor de un texto común para ambas.

La mediación del intérprete parte necesariamente de un reconocimiento escéptico, el de la inevitabilidad del malentendido. Pero consiste sin embargo en una obstinación infatigable que se extiende a lo largo de un proceso siempre renovado de corrección de la propia traducción y de respuesta a los efectos provocados por ella. Un proceso que puede volverse desesperante y llevar incluso a que el intérprete intente convertirse en sustituto de los interlocutores a los que traduce.

Esta dificultad del trabajo del intérprete puede ser de diferente grado de radicalidad o profundidad; ello depende de la cercanía o la lejanía, de las afinidades o antipatías que guardan entre sí los códigos lingüísticos de las hablas en juego. Mientras más lejanos entre sí los códigos, mientras menos coincidencias hay entre ellos o menos alcancen a cubrirse o coincidir sus respectivas delimitaciones de sentido para el mundo de la vida, más inútil parece el esfuerzo del intérprete. Más aventurada e interminable su tarea.

Ante esta futilidad de su esfuerzo de mediación, ante esta incapacidad de alcanzar el entendimiento, la práctica del intérprete tiende a generar algo que podría llamarse "la utopía del intérprete". Utopía que plantea la posibilidad de crear una lengua tercera, una lengua-puente, que, sin ser ninguna de las dos en juego, siendo en realidad mentirosa para ambas, sea capaz de dar cuenta y de conectar entre sí a las dos simbolizaciones elementales de sus respectivos códigos; una lengua tejida de coincidencias improvisadas a partir de la condena al malentendido.[1]

La Malintzin tenía ante sí el caso más difícil que cabe en la imaginación de una tarea de intérprete: debía mediar o alcanzar el entendimiento entre dos universos discursivos construidos en dos historias cuyo parentesco parece ser nulo. Parentesco que se hunde en los comienzos de la his-

---

[1] Fenómeno emparentado con el de la traducción de textos poéticos —obras de aquel uso del lenguaje que más necesita recurrir a la singularidad de una lengua y sus subcodificaciones— que sólo puede cumplirse a condición de que el traductor se convierta, él mismo, en poeta.

toria y que, por lo tanto, no puede mostrarse en un plano simbólico evidente, apropiado para equiparaciones y equivalencias lingüísticas inmediatas. Ninguna sustancia semiótica, ni la de los significantes ni la de los significados, podía ser actualizada de manera más o menos directa, es decir, sin la intervención de la violencia como método persuasivo.

Dos historias, dos temporalidades, dos "elecciones civilizadoras", dos simbolizaciones elementales no sólo opuestas sino contrapuestas.

De un lado, la historia madre u ortodoxa, que se había extendido durante milenios hasta llegar a América. Historia de los varios mundos orientales, decantados en una migración lentísima, casi imperceptible, que iba agotando territorios a medida que avanzaba hacia el reino de la abundancia, el lugar de donde sale el sol. Historia de sociedades cuya estrategia de supervivencia está fincada, se basa y gira en torno de la única condición de su valía técnica: la reproducción de una figura extremamente singularizada del cuerpo comunitario, cuya vida prefiere siempre la renovación a la innovación y está por tanto mediada por el predominio del habla o la palabra "ritualizada" (como la denomina Tzvetan Todorov) sobre la palabra viva; del habla que en toda experiencia nueva ve una oportunidad de enriquecer su código lingüístico (y la consolidación mítica de su singularización), y no de cuestionarlo o transformarlo.

Del otro lado, el más poderoso de los muchos desprendimientos heterodoxos de la historia oriental, de los muchos occidentes o esbozos civilizadores que tuvieron que preferir el fuego al sol y mirar hacia la noche: la historia de las sociedades europeas, cuya unificación económica había madurado hasta alcanzar pretensiones planetarias. Historia que había resultado de una estrategia de supervivencia según la cual, a la inversa de la oriental, la valía técnica de la sociedad gira en torno del medio de producción y de la mitificación de su reproducción ampliada. Historia de sociedades que vivían para entonces el auge de los impulsos innovadores y cuya "práctica comunicativa" se había ensoberbecido hasta el punto, con el buen éxito económico y técnico del uso "improvisador" del lenguaje, que echaba al olvido justamente aquello que era en cambio una obsesión agobiante en la América antigua: que en la constitución de la lengua no sólo está inscrito un pacto entre los seres humanos, sino también un pacto entre ellos y lo Otro.

Los indígenas no podían percibir en el Otro una otredad o alteridad independiente. Una "soledad histórica", la falta de una "experiencia del otro", según la explicación materialista de Octavio Paz,[2] habían mantenido incuestionada en las culturas americanas aquella profunda resistencia oriental a imaginar la posibilidad de un mundo de la vida que no fuera el suyo. La otredad que ellos veían en los españoles les parecía una variante de la mismidad o identidad de su propio Yo colectivo, y por tanto un fenómeno perfectamente reducible a ella (en la amplitud de cuya definición los rasgos de la terrenalidad, la semidivinidad y la divinidad pertenecen a un *continuum*). Tal vez la principal desventaja que ellos tuvieron, en términos bélicos, frente a los europeos consistió justamente en una incapacidad que venía del rechazo de ver al otro como tal: la incapacidad de llegar al odio como voluntad de nulificación o negación absoluta del Otro en tanto que es alguien con quien no se tiene nada que ver. Los europeos, en cambio, aunque percibían la otredad del Otro como tal, lo hacían sólo bajo uno de sus dos modos contrapuestos: el del peligro o la amenaza para la propia integridad. El segundo modo, el del reto o la promesa de plenitud, lo tenían traumáticamente reprimido. La otredad sólo era tal para ellos

---

[2] Expuesta en 1992 —al comentar las penetrantes consideraciones de Tzvetan Todorov acerca de la diferencia entre la "práctica comunicativa" de los europeos y la de los antiguos americanos— en una mesa redonda organizada por el IFAL, en la que Octavio Paz participó junto con este autor y con Ignacio Bernal, y cuyo texto fue publicado en 1992 en *Vuelta*, núm. 191, p. 13.

en tanto que negación absoluta de su identidad. La "Europa profunda" de los conquistadores y los colonizadores, la que emergía a pesar del humanismo de los proyectos evangelizadores y de las buenas intenciones de la Corona, respetaba el universalismo abstracto de la Iglesia católica, pero sólo como condición del buen funcionamiento de la circulación mercantil de los bienes; más allá de este límite lo usaba como simple pretexto para la destrucción del Otro.[3]

No sólo lejanos sino incompatibles entre sí eran los dos universos lingüísticos entre los que la Malintzin debía establecer un entendimiento. Por ello su intervención es admirable. Una mezcla de sabiduría y audacia la llevó a asumir el poder del intérprete y a ejercerlo encauzándolo en el sentido de la utopía que es propia de este oficio. Reconoció que el entendimiento entre europeos e indígenas era imposible en las condiciones dadas; que, para alcanzarlo, unos y otros, los vencedores e integradores no menos que los vencidos e integrados, tenían que ir más allá de sí mismos, volverse diferentes de lo que eran. Y se atrevió a introducir esa alteración comunicante; mintió a unos y a otros, "a diestra y siniestra", y les propuso a ambos el reto de convertir en verdad la gran mentira del entendimiento: justamente esa bifacética que les permitió convivir sin hacerse la guerra durante todo un año. Cada vez que traducía de ida y de vuelta entre los dos mundos, desde las dos historias, la Malintzin inventaba una verdad hecha de mentiras; una verdad que sólo podía ser tal para un tercero que estaba aún por venir.[4]

[3] El universalismo cristiano es también de corte oriental, igual que el de los antiguos americanos; primero las utopías de los evangelizadores y después las leyendas de los teólogos criollos acerca de un género humano único y cristiano insistían en considerar a las culturas y las religiones antiguas de América como "descarríos" históricos de la cultura y la religión judeocristianas.

[4] Será Pedro de Alvarado, el bárbaro, quien ponga fin al sueño utópico de la Malintzin cuando, aprovechando la ausencia de Cortés —quien saldaba cuentas con Narváez en la costa veracruzana—, embosque a traición a los principales guerreros aztecas en el atrio del Templo Mayor.

Tzvetan Todorov[5] ve en la Malintzin (junto con el caso inverso del dominico Diego Durán) "el primer ejemplo y por eso mismo el símbolo del mestizaje [cultural]", comprendido éste como afirmación de lo propio en la asimilación de lo ajeno. Puede pensarse, sin embargo, que la Malintzin de 1519-1520, la más interesante de todas las que ella fue en su larga vida, prefigura una realidad de mestizaje cultural un tanto diferente, que consistiría en un comportamiento activo —como el de los hablantes del latín vulgar, colonizador, y los de las lenguas nativas, colonizadas, en la formación y el desarrollo de las lenguas romances— destinado a trascender tanto la forma cultural propia como la forma cultural ajena, para que ambas, negadas de esta manera, puedan afirmarse en una forma tercera, diferente de las dos.[6] La prefigura, porque, si bien fracasa como solución inventada para el conflicto entre Motecuhzoma y Cortés, de todas maneras contiene en sí el esquema del mestizaje cultural "salvaje", no planeado sino forzado por las circunstancias, que se impondrá colectivamente "después del diluvio", más como el resultado de una estrategia espontánea de supervivencia que como el cumplimiento de una utopía, a partir del siglo XVII.

En efecto, lo que desde entonces tiene lugar en Iberoamérica es sin duda uno más de aquellos grandes procesos inacabados e inacabables de mestizaje cultural —como el de lo mediterráneo y lo nórdico, que, como lo afirmaba Fernand Braudel, constituye incluso hoy el núcleo vitalizador de la cultura europea original— en los que el código del conquistador tiene que rehacerse, reestructurarse y re-

---

[5] Tzvetan Todorov, *La Conquête de l'Amérique. La question de l'autre*, pp. 106, 107, 205 y 219.
[6] De acuerdo con esto, la Malintzin tendría que ver más con Álvar Núñez Cabeza de Vaca que con el dominico Durán, el español que se aztequiza. En la crónica del primero (*Naufragios y comentarios*), como lo observa el propio Todorov, se percibe el reclamo premonitorio —manifiesto en las vacilaciones gramaticales del texto— de un tercero, de un "nosotros" que no es ni el "nosotros", los cristianos, ni el "ellos", los indios.

constituirse para poder integrar efectivamente determinados elementos insustituibles del código sometido y destruido.[7] Se trata de procesos que se han cumplido siempre a espaldas del lado luminoso de la historia. Que sólo han tenido lugar en situaciones límites, en circunstancias extremas, en condiciones de crisis de supervivencia, en las que el Otro ha tenido que ser aceptado como tal, en su otredad —es decir, de manera ambivalente, en tanto que deseable y aborrecible—, por un Yo que al mismo tiempo se modificaba radicalmente para hacerlo. Procesos en los que el Yo que se autotrasciende elige el modo del *potlach* para exigir sin violencia la reciprocidad del Otro.

Como figura histórica y como figura mítica, la actualidad de la Malintzin en este fin de siglo es indudable.

En tanto figura histórica, la Malintzin finca su actualidad en la crisis de la cultura política moderna y en los dilemas en los que ésta se encierra a causa de su universalismo abstracto. Éste, que supone bajo las múltiples y distintas humanidades concretas un común denominador llamado "hombre en general", sin atributos, se muestra ahora como lo que siempre fue, aunque disimuladamente: un dispositivo para esquivar y posponer indefinidamente una superación real, impracticable aunque fuese indispensable, del pseudouniversalismo arcaico —de ese localismo amplificado que mira en la otredad de todos los otros una simple variación o metamorfosis de la identidad desde la que se plantea—. El desarrollo de una economía mundial realmente existente, es decir, basada en la unificación tecnológica del proceso de trabajo a escala planetaria vuelve impostergable la hora de una universalización concreta de lo humano. Cada vez se vuelve más evidente que la humanidad del "hombre en general" sólo puede construirse con los cadáveres de las humanidades singulares. Y la cultura

---

[7] Puesto que éstos, incluso en calidad de restos y ruinas, guardan su originalidad o heterogeneidad y se mantienen disfuncionales y por tanto desquiciantes respecto del código original que pretende integrarlos.

política de la modernidad establecida se empantana en preguntas como las siguientes: las singularidades de los innumerables sistemas de valores de uso —de producción y disfrute de los mismos— que conoce el género humano, ¿son en verdad magnitudes *négligeables* que deben sacrificarse a la tendencia globalizadora o "universalizadora" del mercado mundial capitalista? Si no es así, ¿es preciso más bien marcarle un límite a esta "voluntad" uniformadora, desobedecer la "sabiduría del mercado" y defender las singularidades culturales? Pero, si es así, ¿hay que hacerlo con todas?, o ¿sólo con las "mejores"?

El fundamentalismo de aquellas sociedades del "tercer mundo" que regresan, decepcionadas por las promesas incumplidas de la modernidad occidental, a la defensa más aberrante de las virtudes de su localismo, tiene en el racismo renaciente de las sociedades europeas una correspondencia poderosa y experimentada.[8] Ambas son reacias a concebir la posibilidad de un universalismo diferente.

La figura derrotada de la Malintzin histórica pone de relieve la miseria de los vencedores; el enclaustramiento en lo propio, originario, auténtico e inalienable fue para España y Portugal el mejor camino al desastre, a la destrucción del Otro y a la autodestrucción. Y recuerda *a contrario* que el "abrirse" es la mejor manera de afirmarse, que la mez-

---

[8] No sólo las posiciones político-culturales abierta e ingenuamente racistas hacen manifiesta la necesidad que tienen los monopolios del poder económico y político de reprimir el proceso espontáneo del mestizaje cultural; también las que hacen un culto del mestizaje como mixtura de colores o cruce étnico, como mejoramiento de la raza sobre la base del predominio de "la mejor". Tal es el caso de los "nacionalismos mestizos" que inspiran a los estados latinoamericanos cuyas poblaciones tienen una antigüedad no europea, americana o africana. Su racismo es cínico. Como dice Carlos Monsiváis, están por la diversidad porque para ellos "lo diverso es sólo lo que tiende a la uniformidad"; su práctica de la integración de las formas culturales indígenas en la "cultura nacional", por ejemplo, consiste en "triturar lo indígena, absorber lo muerto y desdeñar lo que queda en vida". (Véase Adolfo Sánchez Rebolledo, "México 1992: ¿Idénticos o diversos? Entrevista con Carlos Monsiváis", en *Nexos*, núm. 78, p. 50.)

cla es el verdadero modo de la historia de la cultura y el método espontáneo, que es necesario dejar en libertad, de esa inaplazable universalización concreta de lo humano.

Como figura mítica, que en realidad se encuentra apenas en formación, figura que intenta superar la imagen nacionalista de "Malinche, la traidora" —la que desprecia a los suyos, por su inferioridad, y se humilla ante la superioridad del conquistador (según R. Salazar Mallén)—,[9] la Malintzin hunde sus raíces en un conflicto común a todas las culturas: el que se da entre la tendencia xenofóbica a la endogamia y la tendencia xenofílica a la exogamia, es decir, en el terreno en el que toda comunidad, como todo ser singularizado, percibe la necesidad ambivalente del Otro, su carácter de contradictorio y complementario, de amenaza y de promesa. Frente a los tratamientos de este conflicto en los mitos arcaicos, que, al narrar el vaivén de la agresión y la venganza, enfatizan el momento del rapto de lo mejor de uno mismo por el Otro, el que parece prevalecer en la mitificación de la Malintzin —la dominada que domina— pone el acento más bien en el momento de la entrega de uno mismo como reto para el Otro. Moderno, pero no capitalista, el mito de la Malintzin sería un mito actual porque apunta más allá de la "historia de la escasez".

Bibliografía

BERNAL, Ignacio, Octavio PAZ y Tzvetan TODOROV, "La Conquista de México. Comunicación y encuentro de civilizaciones", en *Vuelta,* núm. 191, México, oct., 1992.

SALAZAR MALLÉN, Rubén, "El complejo de la Malinche", en *Sábado*, núm. 722, supl. de *Unomásuno*, México, agosto, 1991.

---

[9] *Cf.* Rubén Salazar Mallén, "El complejo de la Malinche" (1942), artículo reproducido en el semanario *Sábado*, suplemento cultural de *Unomásuno*, núm. 722.

SÁNCHEZ REBOLLEDO, Adolfo, "México 1992: ¿idénticos o diversos? Entrevista con Carlos Monsiváis", en *Nexos*, núm. 178, México, octubre, 1992.

TODOROV, Tzvetan, *La Conquête de l'Amérique. La question de l'utre*, París, Le Seuil, 1982.

La Malinche y el malinchismo
Carlos Monsiváis

Una hipótesis de trabajo: a doña Marina, la Malinche, le llegan tarde, si es que los consigue, la reivindicación, el perdón de la patria, el prestigio y el olvido de la causa a la que le dio nombre, el malinchismo. A la Malinche le toca la suerte de aquellos símbolos indispensables en la forja del nacionalismo, que hoy carecen de ubicación y reciben el conocimiento indiferente. Malinche deja de ser la traidora perfecta y se vuelve una leyenda inutilizable. Ya no corresponde a conflicto histórico y social de relevancia.

El mito negativo de la Malinche tiene gran razón de ser en el siglo XIX. En la estrategia de la Reforma liberal, la escritura de la historia es asunto fundamental. Entre otras cosas:

- Reconstruye internamente las metas colectivas al fijarle nuevos horizontes al heroísmo y la dignidad, y al determinar los nuevos arquetipos de la indignidad.
- Le da a la patria el carácter sagrado que consiente parcialmente el desplazamiento de los sentimientos religiosos, ante la presencia de mártires, santos laicos, sitios de peregrinación, aras de la patria, emblemas de infamia.

- Reordena las funciones de los símbolos y crea un repertorio de personajes alegóricos, que terminan interiorizándose en la conciencia pública.

En un país de mayorías analfabetas, de acatamiento servil a las autoridades civiles y eclesiásticas, de inercias monstruosas, la batalla por las conciencias pasa por la escritura de la historia y es, en síntesis, la posibilidad misma de gobierno. Al mismo tiempo, a los liberales les urge ajustar cuentas con la agresividad de los criollos, representantes ostensibles de aquellas tradiciones más nocivas que el progreso debe eliminar. Construir la nación es también suprimir las trabas mentales más arraigadas, salvando lo fundamental de la herencia española: el idioma, la religión (sin fanatismo), la gran literatura de los Siglos de Oro, las prácticas familiares, las costumbres entrañables. Y lo extirpable a como dé lugar es la mentalidad tributaria o colonizada. Para los liberales la peor de las sujeciones es adoptar en forma acrítica todo lo hispánico, especialmente cuando España vive la decadencia atroz, el atraso orgánico.

En 1868, el orador y polemista español Emilio Castelar escribe:

> ¡Renegáis, americanos, de esta nación generosa […] Renegáis de ese país que ha fundado vuestros puertos, que ha erigido vuestros templos, que os ha dado su sangre, que ha difundido su alma en vuestra alma, que os ha enseñado a hablar la más hermosa, la más sonora de las lenguas, y que por civilizar al Nuevo Mundo se desangró, se enflaqueció, como Roma por civilizar el antiguo!

El 2 de octubre del mismo, en *El Semanario Ilustrado*, el liberal Ignacio Ramírez le contesta, con argumentación obsesiva:

> "¡Mueran los gachupines!" fue el primer grito de mi patria; y en esta fórmula terrible se encuentra la desespañolización de México. ¿Hay algún mexicano que no haya proferido en su vida esas palabras sacramentales? Yo, uno de los más culpables, debo al señor Castelar, a quien admiro, una explicación razonada sobre por qué, en unión de mis conciudadanos, reniego de la nación que, creyendo descubrir en la frente de Colón un camino seguro para robar a los portugueses las indias orientales, tropezó con nosotros, y desde entonces se ha complacido en devorarnos.[1]

En el alegato, Ramírez reconoce los méritos de España, pero es tajante: "No hay que hacerse ilusiones; el último pueblo a quien desearían parecerse las demás naciones de la tierra es al pueblo español".

Él identifica a España con el saqueo de los países a su "encomienda", con el fanatismo y el despotismo. Y su alegato incluye la recomendación: "Americanícese usted, señor Castelar". Y en esto Ramírez es un gran ideólogo de la nueva soberanía nacional. El 16 de septiembre de 1861, por ejemplo, en un discurso en memoria de Miguel Hidalgo, él desdeña la teoría que ve en la Conquista el acto fundador de la nación mexicana: "Pero esa nación [la azteca] cayó luchando con Cortés, y tardó tres siglos para curarse de sus heridas".

Aquí ya es inequívoca la toma de posesión de los liberales, que repercutirá, por motivos evidentes, hasta hoy: si usamos el *nosotros* será en función de los indígenas; si habitamos esta tierra, *nosotros* fuimos los conquistados y diezmados y saqueados y colonizados, y si queremos recuperar o adquirir cabalmente nuestra identidad, deberemos ser eso precisamente: *nosotros*, los que estaban antes de los españoles y los que siguen aquí cuando los españoles, en su

---

[1] Ignacio Ramírez, *Obras completas II. Escritos periodísticos*, México, SEP, p. 383.

función conquistadora, se han ido. El trazo ideológico es campaña de largo alcance, que exige símbolos de rápido aprendizaje colectivo, entre ellos doña Marina.

Ramírez no es un iconoclasta enfebrecido, no niega la inmensa aportación de España ni (se) oculta un hecho constitutivo: él escribe, piensa, habla en español. Él no practica la tabla rasa de los valores heredados de España, él rechazó el elogio moral (es decir, histórico) de los procedimientos de los conquistadores y, por lo mismo, él reivindica el pasado prehispánico. Esta actitud es fundamental: si la nación sólo empezó con la Conquista, las vidas de los millones de indígenas carecen de sentido, al calificarse a sus ancestros, implícita o explícitamente, de seres no propiamente humanos, de entes sin virtud alguna que aguardaban el arribo de lo único genuinamente humano: la civilización católica o hispánica. Sin ver en la indígena a la cultura que inició la nacionalidad, no se posee la convicción suficiente para defender a sus descendientes, entonces calificados por los conservadores y por muchos liberales como "el peso muerto de México". Ramírez desea proteger a los indígenas, exige su instrucción y la restitución de sus derechos, y por ello demanda que se vea en sus culturas y procesos organizativos a la nación o las naciones del inicio. Y tal visión reconstitutiva del pasado, se funda en su idea del virreinato, los siglos del asesinato masivo de indígenas, de la codicia y la santificación de lo irracional. Para Ramírez, España y el pensamiento español pierden y se deterioran durante el virreinato. A México los españoles vienen a exacerbar defectos y olvidar virtudes:

> También en el sistema colonial nuestra atmósfera fue funesta para los conquistadores, como antes lo había sido para los monarcas; los guerreros de Granada, de San Quintín y de Lepante, aquí se transformaron en bandidos; los sabios que en las cátedras y en los concilios europeos resucitaban la historia, aquí incen-

diaron sus tesoros; sólo el clero allá quemaba a los herejes, a los judíos y a los moros, y aquí fabricaba milagros; podía el español en su patria alimentarse con algunas ambiciones generosas; podía distinguirse como héroe o como sabio, pero al llegar a Veracruz, encontraba sobre la plaza escrito: *¡Lasciate ogni speranza oh voi chi entrate!* La clase dominadora, la raza privilegiada, se entregaba a movimientos automáticos, dirigidos por el reloj de la parroquia más cercana; el primer repique del campanario, prescribiría las prolongadas oraciones de la mañana; el segundo llamaba a misa, y después, de hora en hora, hasta en los placeres del lecho, continuaban los ejercicios piadosos; y la siesta y las repetidas comidas, y el juego, no dejaban a las ocupaciones del hombre laborioso sino cuatro horas al día.

Hoy, cuando un grupo intelectual se esfuerza en hacer del virreinato una "Edad de Oro" (sin indígenas ni parias urbanos, sólo el fluir de claustros y la armonía social), sorprende la mirada implacable de Ramírez en 1861, y su análisis veloz de las consecuencias de la colonización sobre los colonizados, sujetos a la explotación y la degradación anímica... y sobre los colonizadores, que para serlo, deben renunciar a cualquier inteligencia, y consumirse servilmente en los rituales de la creencia, la comida y la representación vacua y ociosa de la autoridad. A Ramírez eso le preocupa: el sometimiento a tal punto perfeccionado, que, en el virreinato de la Nueva España, elimina casi por entero los usos de la inteligencia, y se sujeta, por necesidades de dominio, al modelo de la vida religiosa: "Por eso es que, en hombres y mujeres, el modelo de vida era el convento; el fraile y la monja se reproducían en el mundo con sus trajes, sus vicios, sus costumbres y sus preocupaciones".

Una nación "suspendida en el tiempo", aislada del ritmo de la vida universal, hurtada del mínimo conocimiento, entregada al esquema eclesiástico de la beatificación de la ignorancia. En la estrategia hispánica que disemina "castillos de la pureza", territorios cerrados al mal, la rebeldía, la imaginación, la ciencia y el cuestionamiento del dogma, Ramírez ve el ejemplo clásico de la destrucción de la vida y del pensamiento:

> ¿Cómo es que donde antes se rezaba, ahora se piensa? ¿Cómo es que el espectro de la conquista, que guardaba nuestros puertos, ha permitido la entrada a las banderas de todas las naciones y saluda respetuoso la nuestra? ¿Cómo es que la ciencia, el comercio, la industria y la libertad y la reforma como el oro inagotable de una Nueva California, se encuentran regadas por el suelo a merced de todas las razas desheredadas? ¿Cuándo, cómo se verificó ese prodigio?

A su manera, Ramírez describe con precisión la esencia del nacionalismo de los liberales "puros", culturalmente hablando. Se tiene ya la nación, territorio, idiomas, diversidad de costumbres, necesidad de unificar a los héroes, legislación que permita cuidados distintos, mejores. Y a esa nación le urge vincularse con el exterior, aceptar lo mejor de lo que afuera se produce, existir en relación con lo *otro*. Pero antes de llegar a lo *otro* es preciso practicar un inventario moral. Y Ramírez emite la teoría cuyo éxito será innegable en el siglo siguiente:

> Es uno de los misterios de la fatalidad que todas las naciones deban su pérdida y su baldón a una mujer, y a otra mujer su salvación y su gloria; en todas partes se reproduce el mito de Eva y de María; nosotros recordamos con indignación a la barragana de Cortés, y jamás olvidaremos en nuestra gratitud a doña María Josefa Ortiz, la Malintzin inmaculada de otra época, que se atrevió a pronunciar el

fiat de la independencia para que la encarnación del patriotismo lo realizara.

Me he extendido en la prédica de Ignacio Ramírez por dos motivos: porque la inculpación de doña Marina es parte de la desespañolización general, que requiere el proceso contra los aliados indígenas de los conquistadores, trátese de los tlaxcaltecas o Malinche, y porque al centrarse el proceso en una mujer, a la causa política se suman prejuicios de la época, de los que casi nadie escapó (las excepciones: dos o tres anarquistas sentimentales como Antonio Plaza). Para Ramírez, a doña Marina la hunden su traición y su disponibilidad amatoria: es la "barragana de Cortés", la que se juntó en la cama y en la política sin ofrecer resistencia ni exigir papeles. Si la heroína de la Independencia Josefa Ortiz de Domínguez es la "Malintzin inmaculada", mayor sería la culpa de la Malintzin maculada, de la doble traidora: a su pueblo y a las fortalezas y castidades de su sexo.

La condena de Ramírez se prolonga en la historiografía liberal, y a los conservadores, tan interesados en deshacer la "leyenda negra" antihispánica, el asunto no les atañe. Así queda, y en *México a través de los siglos*, Alfredo Chavero le dedica unas cuantas líneas:

> Parece imposible que tratándose de un personaje histórico tan importante en la conquista de México casi nada se sepa de Marina. Se discute el lugar de su nacimiento y se disputa su nacionalidad; se duda del origen de su nombre, se equivoca el papel que desempeñó al lado del Conquistador, poco se sabe de su vida y se ignora dónde reposó su cadáver.

Chavero le reconoce dos virtudes: su conocimiento del maya y el náhuatl, y su físico: "Creció hermosa, tanto, que a una diosa la compararon los enviados de Moctezuma".

En *Evolución política del pueblo mexicano (1900-1902)*, Justo Sierra es lacónico: "En Tabasco [Cortés], luego de bravísima refriega en las márgenes del Grijalva, adquirió a doña Marina, la india a quien los adoradores retrospectivos de los aztecas han llamado traidora y que los aztecas adoraban como una deidad, la Malintzin, la leyenda, el verbo de la Conquista". La primera mujer bilingüe y la que entregó su nación a manos extrañas.

"Y estos señores que por malinchismo ponen el arbolito de Navidad en sus casas"

La condena se produce por su cuenta, y la Revolución Mexicana, al subrayar el nacionalismo cultural (y la perspectiva del malinchismo), persiste, al concretarse en libros de texto, en la expulsión histórica: fuimos y somos un pueblo invadido que, al defenderse y establecer la Independencia, desprecia a quienes no supieron corresponder con gallardía a la nacionalidad del futuro. Y a doña Marina se le hace entrar en el mismo saco del Traidor Gago que le da entrada a los españoles al Fuerte de San Diego, de los polkos, que apoyan en 1847 la invasión norteamericana, de los partidarios de la intervención francesa y el imperio de Maximiliano, de los burócratas que en 1914 confraternizaron con los invasores de Veracruz. En la lista sólo una mujer, "la barragana de Cortés", y por eso, ella le cede su nombre a la acción y la intención de preferir, sobre lo nacional, a lo extranjero.

Al margen del momento específico en que surge, el término *malinchismo* se difunde desde los años treinta, y alcanza su entusiasta difusión en las tres décadas siguientes. Si Cuauhtémoc, según Chavero, llamó a Moctezuma "manceba de los españoles", los nacionalistas culturales, en ese tiempo casi todos, desdeñan por *malinchistas* a quienes, en todo y sin motivos que los justifiquen, prefieren a los extranjeros, los sobrevalúan, los consideran naturalmente superiores, se "amanceban" con ellos. El vocablo es hiriente, y su aplicación, tal como se advierte en publicaciones y testimonios, es de índole más económica y política que espiritual.

"Ella encarna lo abierto..."

En 1950, en *El laberinto de la soledad*, en el capítulo "Los hijos de la Malinche", Octavio Paz va a fondo, y ve en doña Marina a la Madre, la Eva fundadora, la India Bonita y rápidamente seducible y, *last but not least*, a la Chingada:

> Si la Chingada es una representación de la Madre violada, no me parece forzado asociarla a la Conquista, que fue también una violación, no solamente en el sentido histórico, sino en la carne misma de las indias. El símbolo de la entrega es la Malinche, la amante de Cortés. Es verdad que ella se da voluntariamente al Conquistador pero éste, apenas deja de serle útil, la olvida. Doña Marina se ha convertido en una figura que representa a las indias, fascinadas o violadas o seducidas por los españoles. Y del mismo modo en que el niño no perdona a su madre que lo abandone para ir en busca de su padre, el pueblo mexicano no perdona su traición a la Malinche. Ella encarna lo abierto, lo chingado, frente a nuestros indios, estoicos, impasibles, cerrados.

El laberinto de la soledad es un libro hermoso y seminal, un clásico en su manejo de las simbologías de la nacionalidad, de las que proporciona versiones fascinantes y tajantes. Por lo mismo, no tiene demasiado caso polemizar con sus tesis, expresión del momento en que el nacionalismo se renueva, acuciado por interpretaciones ya dominantes: Freud, Jung, las teorías del mestizaje como fuente de la verdadera integración universal. La desespañolización ideológica ya ha cumplido en lo básico ("lo castizo" no ocupa sitio cultural) y a muchos los aturde la emoción de clarificar el nuevo componente de la nacionalidad: el inconsciente colectivo. No sólo tenemos alma, era el mensaje; poseemos además las corrientes subterráneas del alma. Estoy convencido de que ya en 1950, si alguna vez esto ocurrió, doña Marina no encarnaba lo abierto y lo chingado frente a la impenetrabilidad indígena. Y me parece aún menos convincente la tesis aledaña de Paz:

> Al repudiar a la Malinche [...] el mexicano rompe sus ligas con el pasado, reniega de su origen y se adentra sólo en la vida histórica [...] El mexicano no quiere ser indio, ni español. Tampoco quiere descender de ellos. Los niega. Y no se afirma en tanto que mestizo, sino como abstracción: es un hombre. Se vuelve hijo de la nada. Él empieza en sí mismo.

Sí y no. Ciertamente, el mexicano, y el peruano y el inglés y el turco, empiezan en sí mismos. Pero la historia y los modos de vida y las herencias culturales tienen su peso específico, y el mexicano es, y ya lo era en 1950, muchos mexicanos, para los cuales, progresivamente, y entre otras cosas, la Malinche no es ni la Eva ni la Madre (la Chingada para estas fechas es sólo un recurso del vocabulario pintoresquista), y se vuelve una figura sólo interpretable a la luz de la Conquista, de las fuerzas que integran y desintegran naciones, y —en todo caso— de los roles que el patriarcado le atribuye a lo femenino: la pasividad, la lealtad sacrificial, la traición por amor. De las interpretaciones a los compartimientos históricos, del enorme papel mitológico al ser específico, de la traidora a la mujer llevada por las circunstancias, y encauzada por sus habilidades personales. Hoy el calificativo malinchista es eco lejano de los requerimientos de formación de la nacionalidad, en la etapa en que los símbolos eran lenguaje primordial. En medio del fin declarado de las utopías, la utopía oficial se define, y su meta es pertenencia al orden ideal en donde no ocurren la miseria, la improductividad, la ineficiencia, las masas que se multiplican geométricamente en el mismo vagón del metro, el anacronismo de las nacionalidades, en suma, en donde el Tercer Mundo no acontece. Por el tiempo que dure, muchos quieren amanecer en el Primer Mundo, y ante eso las fórmulas peyorativas como "malinchismo" pierden su precisión demoledora. (Los nuevos conquistadores ya no necesitan intérpretes sino socios.)

Librada de sus cadenas ideológicas, recuperada para la precisión histórica, sin cargos alegóricos que hagan de su sexo y de su vientre matrices de la nacionalidad que se acata o se repudia, Malintzin, la Malinche, sigue con nosotros, tal vez con la esperanza de ponerse al día y mudar su condición de traidora a la menos emblemática y más profesional de traductora.

Bibliografía

RAMÍREZ, Ignacio, *Obras completas II. Escritos periodísticos*, México, SEP, 1984.
PAZ, Octavio, *El laberinto de la soledad*, México, FCE, 1967.
RIVA PALACIO, Vicente (coord.), Arias, Chavero, Olavarría, Vigil, Zárate (colabs.), *México a través de los siglos, Historia general y completa del desenvolvimiento, social, político, religioso, militar, artístico, científico y literario de México desde la antigüedad más remota hasta hasta la época actual, 10 vols.*, México, Cumbre, 1962.
SIERRA, Justo, *Evolución política del pueblo mexicano (1900-1902)*, en *Obras completas*, núm. 12, México, UNAM, 1948.

Los hijos de la Malinche
Roger Bartra

La presencia de ingredientes mitológicos en la cultura moderna siempre nos produce incomodidad. Es lo que sucede con las leyendas e historias sobre Malinalli, Malintzin, Malinche o Marina. La incomodidad suele ser provocada por dos hechos: primeramente, porque no se supone que nuestra cultura moderna deba albergar mitos, los cuales suelen ser vistos como relatos característicos de sociedades primitivas o de pueblos inmersos en una extraña etapa mito-poética de la historia. En segundo lugar, nos produce cierto vértigo, pues no acabamos de comprender las razones por las que una narración tan antigua, que conmovió a nuestros antepasados, tenga todavía hoy fuerza para remover nuestras conciencias y nuestros sentimientos.

Es sintomático comprobar que la manía desmitificadora de nuestros tecnócratas gobernantes, que ha podado los libros de historia oficial para niños de varias de sus facetas heroicas y míticas, ha eliminado al Pípila pero ha mantenido a la Malinche. En efecto, en la ficha que inicia el capítulo sobre la Conquista de México los niños de cuarto de primaria pueden enterarse de que la joven Malintzin fue intérprete, consejera y amante de Cortés. Me puedo imaginar a algunos alumnos preguntando a su maestro o maestra el significado de la palabra "amante": en el momento en que se les explique que se trata de relaciones eróticas ilícitas que la susodicha Malinalli mantenía con el Conquistador, ya se estará dando el primer paso por el escabroso territorio de los mitos.

Se trata de ese peculiar terreno donde crece el extraño árbol de la identidad nacional, cuyos frutos no pueden ser comidos sin invocar, invariablemente, a la Malinche, Eva mexicana bajo cuya sombra pecadora todavía viven todos sus hijos.

Pronunciar la palabra "amante" en referencia a doña Marina es como un conjuro que convoca de inmediato la cauda de madres indias fornicadoras, traumas del hijo despadrado, mujeres traidoras a la patria, fuentes primigenias del mestizaje y demás lugares comunes sobre la cultura nacional. Sin embargo, tras el velo romántico de los amantes, conquistador y conquistada, se ocultan hechos esenciales que no se incorporan a la leyenda: a pesar de las regulaciones cristianas que cubrían los matrimonios europeos, es evidente que los conquistadores españoles trajeron consigo un complejo sistema de parentesco basado en la poligamia, y que se adaptó bien a las tradiciones poligámicas de la nobleza indígena. La Iglesia tuvo que librar ásperas batallas para imponer la monogamia tanto en la nobleza india como en la élite española, batallas muchas veces perdidas debido a la existencia de un doble código moral que permitía la coexistencia del matrimonio santificado por las reglas eclesiásticas con familias libres que daban lugar a una numerosa descendencia, que en no pocas ocasiones llegaba incluso a legitimarse y cuya existencia, en todo caso, era social y culturalmente aprobada. El propio Cortés, antes de su segundo matrimonio cristiano, tuvo por lo menos cinco hijos naturales con dos españolas y tres indígenas. Las indígenas fueron, además de Malintzin, Ixcaxóchitl (Flor de Algodón), hija preferida de Moctezuma II y otra cuyo nombre no se conserva, pero que pertenecía también a la nobleza india. Tres de los hijos de Cortés fueron legitimados por el papa Clemente VII en 1529. Uno de ellos era Martín, hijo de la Malinche, y cuya descendencia supuestamente todavía se puede rastrear hasta hoy en día en Tizapán y San Ángel. Y, metafóricamente, todos los mexicanos son descendientes de doña Marina.

Otro hecho que queda oculto tras la palabra "amante" es la adaptación de las formas indígenas de esclavitud a los sistemas de organización familiar de los primeros españoles. Los caciques de Tabasco *regalaron* en 1519 a Cortés veinte mujeres, entre ellas a Malinalli, que a su vez fue *obsequiada* por su amante cinco años después, ya como doña Marina pero sin el don de la virginidad, a otro conquistador, Juan Jaramillo.

No se trata sólo del hecho evidente y bien documentado del extremo sometimiento de las mujeres a los varones; hay aquí además una adopción de las formas indígenas de esclavitud en el seno de los sistemas de parentesco y de organización familiar.

Así pues, detrás de la idea del "amasiato" hay algo más complicado que una sociedad corrupta, promiscua, violenta e inestable. Es posible que se pueda ubicar una amplia y ramificada estructura colonial poligámica y esclavista, cuyas peculiaridades apenas se están comenzando a investigar.

Pero la fuerza del mito es grande e influye incluso en los muy serios y científicos redactores de los nuevos libros de historia: la Malinche, además de intérprete y consejera, era la amante —la barragana, como se decía antes— de Cortés. Esto nos deja suponer que, en cambio, la mujer que don Hernán dejó en Cuba y a la que, una vez instalada en México, probablemente estranguló para librarse de ella, ésa era su señora esposa, doña Catalina Xuárez Marcayda.

Regresemos al problema planteado al comienzo: ¿por qué el mito opera con tanta fuerza hasta nuestros días? ¿Por qué hoy seguimos discutiendo sobre los hijos y las hijas de la Malinche? Veamos las diferentes alternativas.

La antigua tradición evolucionista en mitología plantea que cada mito o conjunto de mitos se desarrolla a partir del núcleo original; el motor de la irradiación y evolución del mito radicaría en su fuerza o utilidad intrínseca. En contraste, la interpretación estructuralista pretende detectar una configuración cultural o psíquica permanente, lo que ocasionaría la recreación del mito en cada época a partir de un mismo canon; según este punto de vista, la estructura mítica carece de historia, no es creada ni adoptada, en contraste con las tesis evolucionistas que se aplican a describir el desarrollo histórico de un mito valioso por sí mismo.

A mi parecer, ambas interpretaciones contienen elementos valiosos, pero parten de presupuestos no comprobados plenamente, ya sea la presencia de una estructura fija, funcional, permanente o trascendente, o bien se haga referencia a una fuerza original que dota a ciertos hechos o leyendas de un impulso mítico que aún no pierde fuerza.

Una explicación alternativa de la larga duración de los mitos —que he desarrollado en otro trabajo— busca comprender *históricamente* los momentos de articulación que permiten la sobrevivencia en un canon mítico, de un mitema, sin que subsistan los contextos culturales y sociales que le daban sustento. La continuidad de un mito se explica por el hecho de que algunos de sus elementos —con frecuencia marginales— se adaptan a nuevas condiciones. Así, doña Marina fue una leyenda viva durante los primeros tiempos, fue una figura inmensamente apreciada por los españoles y los criollos, y desde luego fue adorada como una diosa por los indígenas. Se solía destacar su nobleza, su inteligencia y su belleza.

Durante una segunda fase, un elemento hasta cierto punto marginal y que originalmente no tenía nada de denigrante, fue destacado a tal punto que se convirtió en central: ya en el siglo XIX el aspecto romántico de la relación entre la Malinche y Cortés es visto como el prototipo de la traición, el deshonor y la ilegitimidad: por obra y gracia de los diversos nacionalismos, Malintzin se convierte en la Chingada Madre, y llega a ser desplazada por otra madre, virginal y casta, la virgen de Guadalupe.

De esta manera, el nacionalismo construyó la dualidad Malinche-Guadalupe: exaltó el lado virginal de la mujer mestiza, pero repudió a la madre india traidora y prostituida. Los mestizos fueron convertidos en símbolos de esa sustancia esencial que es, supuestamente, la identidad nacional. Este mito nacionalista —racista y excluyente— ha ocultado la gran diversidad étnica de México. El libro oficial de historia de México, al que me he referido, termina con una exaltación nacionalista digna de la modernidad decimonónica que todavía nos oprime: "La historia humana está llena de naciones desintegradas y de pueblos que no tuvieron la fortuna de volverse naciones". Así, los niños pueden comprender que México se escapó, gracias a no se sabe qué hados benévolos, de caer en el basurero de los pueblos desdichados carentes de personalidad y riqueza histórica. ¿No es ésta una desastrosa invitación para que los niños mexicanos sigan extrayendo de las insondables minas de la identidad los recursos míticos que los harán soportar la miseria con dignidad?

La Malinche y el Primer Mundo
Jean Franco

En 1950, Octavio Paz comentaba la "extraña permanencia de Cortés y de la Malinche en la imaginación y en la sensibilidad de los mexicanos actuales".[1] Nadie en aquel momento hubiera previsto la extraña emigración de esta mujer-símbolo a otros territorios, en donde se convirtiera en representante de lo híbrido, de la pluralidad y del multiculturalismo.

La apropiación contemporánea de la Malinche responde, por supuesto, a distintos intereses, entre los cuales quiero destacar:

1. El problema del multiculturalismo en sociedades racistas europeas y en la norteamericana.

2. El de la lucha de la mujer contra representaciones que no la representan (aquí distingo entre dos sentidos de representar: *vertreten* o representación en el sentido político, y *Darstellung* o la representación simbólica).[2]

3. La revalorarización del mestizaje por latinoamericanos que han tenido que replantear el problema de la identidad en la era de la globalización de la cultura.

[1] Octavio Paz, *El laberinto de la soledad*, pp. 55-88, especialmente p. 78.
[2] Gayatri Chakravorty Spivak comenta esta distinción en "Can the Subaltern Speak? Speculations on Widow Sacrifice", en Cary Nelson y Lawrence Grossberg (eds.), *Marxism and the Interpretation of culture*, pp. 271-313. No desarrollo el segundo tema en este texto puesto que existe un valioso ensayo de Margo Glantz, "Las hijas de la Malinche". Ver *infra*.

4. El uso estratégico de la Malinche en las luchas de las mujeres chicanas. Estas migraciones de la Malinche más allá de las fronteras de México se apoyan en distintas interpretaciones de la figura histórica. La resemantización de la Malinche en términos modernos es patente en algunos estudios contemporáneos de textos del descubrimiento y de la Conquista. Destaco dos: *La Conquête de l'Amérique* por Tzvetan Todorov y *Marvellous Possessions* de Stephen Greenblatt.[3] Ambos libros reflejan la preocupación moderna por la alteridad, la representación y lo híbrido.

En *La Conquête de l'Amérique*, Todorov observa: "Es la Conquista de América la que anuncia y funda nuestra identidad presente." (*C'est bien la Conquête de l'Amérique qui anonce et fond notre identité présente.*) Y como, para Todorov, la Malinche es una persona clave en la Conquista, se transforma no solamente en la madre de la nación mestiza sino también en forjadora de la nueva identidad "universal" implicada en el adjetivo "nuestra".

Todorov es autor de un libro que se llama *Nous et les autres* (*Nosotros y los otros*)[4] en donde analiza las teorías racistas del fin de siglo XIX. Son estas teorías las que han fundamentado la noción de Occidente como centro que ocupa un tiempo y lugar diferente de los "otros" que son anteriores y remotos. Antes de abordar el tema de la alteridad me interesa destacar la diferencia entre "nuestra identidad" que incluye a todo el mundo en un centro que ya no tiene fronteras y "nosotros y los otros" que subraya el proceso de construcción de lo que en inglés se llama "the West and the rest". *Como Nous et les autres* es posterior a *La Conquête de l'Amérique*, se supone que en el segundo libro Todorov quiere enfatizar la construcción de la alteridad durante el auge del imperialismo, construcción que hoy en día se ha vuelto anacrónica. Sin embargo, mientras reconoce que la alteridad está constitui-

---

[3] Tzvetan Todorov, *La Conquête de l'Amérique. La question de l'autre* y Stephen Greenblatt, *Marvellous Possessions. The Wonder of the New World.*

[4] T. Todorov, *Nous et les autres; reflexions françaises sur la diversité humaine.*

da por el discurso, en *La Conquête de l'Amérique*, el argumento se basa en una diferencia *esencial* entre los modos de comunicación de los españoles y los aztecas. Por ejemplo, empieza el capítulo intitulado "Moctezuma et les signes" declarando: "Los indígenas y los españoles practican la comunicación de una manera diferente". El uso del tiempo presente ("practican la comunicación"), como ha señalado Johannes Fabian, no siempre es inocente; se emplea en la antropología clásica para establecer la distancia entre el enunciante metropolitano y el enunciado que, a pesar del uso de tiempo presente, en realidad no es coexistente con "nosotros".[5] Como ejemplo de esta diferencia fundamental entre dos mundos, Todorov toma un texto de Durán: "Durán pregunta a un indígena la razón por la que siembra frijoles tan tarde en el año. Responde que todo tiene su cuenta, su razón y su día particular". Sobre esta diferencia, Todorov comenta: "Este código impregna las menores decisiones que uno pudiera imaginar relegada a la libre decisión del individuo" (*Cette réglementation imprègne les moindres details de la vie, qu'on aurait pu imaginer laisser à la libre decision de l'individu*). Aquí es patente la diferencia entre "nosotros" (contemporáneos) que actuamos con libertad y los "indígenas" (representados a través de Durán) que viven según un código rígido que no les deja ninguna libertad. Al leer este capítulo en que Todorov habla de una sociedad gobernada y determinada por presagios no pude menos que imaginar a un "indígena" del año 3000 interpretando nuestra sociedad mediante una lectura del *Wall Street Journal* y el *New York Times,* llegando a la conclusión de que:

> en Estados Unidos a fines del siglo veinte, todas las decisiones dependen de la previa consulta de presagios por los brujos de la bolsa de valores que consideran el viernes trece como un día particularmente funesto "The witching hour en inglés"; en

---

[5] Johannes Fabian, *Time and the Other. How Anthropology Makes its Object.*

aquella civilización, el tiempo y los accidentes se
atribuyen a un ser supremo que se llama Mercado,
único ser que tiene el libre arbitrio. Cualquier decisión que nosotros tomemos por el libre arbitrio
(por ejemplo las relaciones personales) era en los
Estados Unidos determinada después de consultar
presagios, horóscopos y chamanes que tenían el
nombre en aquella civilización de psiquiatras.

Para Todorov, los europeos eran expertos en la comunicación intrapersonal, los aztecas en la comunicación con el mundo. Así, concluye que, siendo el encuentro de Moctezuma y Cortés en primer lugar un encuentro humano, no es de sorprenderse que el especialista en comunicación humana (Cortés) triunfe. "Todos", dice Todorov (otra vez universaliza), hemos salido de esta victoria. Pero la victoria tiene su precio —hemos reprimido nuestra capacidad para relacionarnos con el mundo—. Triunfando de un lado, el europeo pierde del otro lado; dominando la tierra por su superioridad, destruye en sí mismo su capacidad de integración al mundo.

Para vincular dos modos de comunicación aparentemente incompatibles es necesario un puente. De allí la importancia de la Malinche cuya relación con Cortés tiene, según el francés, "una explicación estratégica y militar, más que sentimental". El papel esencial de lo femenino aquí se introduce en la forma tradicional. No es enunciante ni destinatario. Es articulación.[6]

La Malinche no subvierte la separación de los dos mundos. Cruza, actúa como puente y nos afirma en nuestra modernidad sin transgredir la ley de la diferencia establecida por Todorov. Esta ley de diferencia es la incompatibilidad de sistemas comunicativos —los aztecas se comunican con el mundo y no con los otros, su vida está regida por la exterio-

---

[6] Véase Teresa de Lauretis, *Alice doesn't. Feminism, Semiotics, Cinema*, quien ha discutido la posición femenina en la narrativa.

ridad, no hay voluntad individual ni lugar para la flexibilidad y el oportunismo de un Cortés—. Si es así, ¿cómo explicamos que la Malinche constituye una excepción, alguien que domina el modo de comunicación del conquistador? La respuesta no puede sorprender. Es una mujer intercambiada. "Ella escoge el campo de los conquistadores", dice Todorov, y "en efecto no se contenta simplemente con traducir; es evidente que adopta también los valores de los españoles y contribuye con todas sus fuerzas a la realización de sus propósitos". De un lado, ella pasa por una especie de conversión cultural, interpretando para Cortés no solamente las palabras sino también la conducta; sabe tomar la iniciativa.

Rechazando la imagen de la Malinche traidora, Todorov comenta que es el primer ejemplo y por esta razón el símbolo del mestizaje de culturas. La Malinche afirma positivamente el mestizaje en vez de la pureza (azteca o española) y confirma la importancia del papel de intermediaria. Ella no se somete sencillamente a otro, adopta su ideología y usa ésta para mejor entender su propia cultura, como atestigua la eficacia de su conducta.

Por supuesto, dice Todorov, entender aquí equivale a destruir. La ductibilidad, la adaptabilidad de la mujer le otorga una posición vanguardista como símbolo del multiculturalismo *avant-la-lettre*.

Pero al celebrar a la mujer como intermediaria y origen de nuestra cultura universal, Todorov salta demasiado rápidamente sobre esta "cópula". Repitiendo un tema de generaciones de historiadores mexicanos afirma "que es el primer ejemplo y por esta razón, el símbolo de la mezcla de dos culturas; por lo tanto anuncia el estado moderno de México y más allá, nuestro estado presente porque, aunque no somos todos bilingües, somos todos bi o triculturales". La escritora bengalí y traductora de Derrida al inglés Gayatri Chakravorty Spivak ha comentado este tipo de gesto generoso.

Como dice Spivak: "Neo-colonialism is fabricating its allies by proposing a share of the center in a seemingly new way". O sea, el neocolonialismo fabrica sus aliados proponiendo un nuevo modo de participar en el centro.[7] En el siglo XVI, la participación en el centro se sellaba por varios "contratos" que daban a la Malinche carta de inclusión —o sea, el bautismo que marca su inclusión en la Iglesia universal, la maternidad que la hace un sujeto legal, madre de Martín que es legitimado por el papa, y el contrato de matrimonio con Jaramillo que le hace también un sujeto legal.[8] Pero como también ha notado acertadamente Margo Glantz, la Malinche actúa en el proceso de la conquista cada vez que se trata de negociar en vez de pelear.[9] No es que Marina "escogiera" esta situación como afirma Todorov, sino que cubría una catacresis que ocurría por una violencia previa (Cortés había derrotado al jefe tabasqueño que le dio a la Malinche como "presente"). De allí la Malinche-doña Marina marca la hegemonía que reemplaza a la fuerza, una hegemonía basada en un contrato que funciona a raíz de una violencia previa. La hegemonía tiene que operar *como si* los sujetos aceptaran libremente su posición subalterna.[10] La Malinche no representa a los indígenas en el sentido de *vertreten*, sino de *Darstellung*, esto es, una representación que a la vez instala la hegemonía.

Todorov pasa por alto la violencia real y la violencia epistémica. Por violencia epistémica quiero decir la supresión previa de toda posibilidad de significación que no esté conforme con el discurso de los conquistadores.

[7] G. Chakravorty Spivak, *op. cit.*
[8] *Cfr.* Carole Pateman, *The Sexual Contract,* sobre los contratos que otorgaban estatus social a la Malinche. Véase los estudios recientes de Georges Baudot que modifican significativamente la fecha de su muerte, por ejemplo: "Política y discurso en la Conquista de México. Malintzin y el diálogo con Cortés", en *Anuario de Estudios Americanos*, vol. XVI, pp. 67-88.
[9] Véase Margo Glantz, "Lengua y Conquista", en *Revista de la Universidad*, núm. 465.
[10] No acepto aquí términos como "socialización" o "internalización". Desgraciadamente las discusiones más sofisticadas sobre la ideología tienden a basarse en las sociedades de consumo, por ejemplo Slavoj Zizek, *The Sublime Object of Ideology*.

Más allá de la Conquista, Todorov toma a la Malinche como puente y transición entre el siglo XVI y la época contemporánea en vez de verla otra vez como representación (*Darstellung*) que oculta la catacresis. El lugar de lo femenino en el pluralismo disfrazado de multiculturalismo, sigue siendo sin embargo el de cópula, puente, transición y adaptación.

El libro de Stephen Greenblatt, *Marvellous Possessions*, sigue otro camino. Greenblatt que pertenece a un grupo de críticos de la tendencia nuevo historicista (*new historicism*), se interesa por lo fantástico, lo maravilloso en los libros de viaje medievales apócrifos y reales, y la persistencia de lo maravilloso en la Conquista de América como justificación del acto de tomar posesión.

Sin embargo, me preocupa no tanto su tesis general como la función de la Malinche en el argumento. A diferencia de Todorov, que utiliza los términos filosóficos de alteridad aunque sin discutir su genealogía, la terminología de Greenblatt es económica; habla de la circulación de representaciones simbólicas, de la circulación mimética, de la posesión y del valor. En el capítulo titulado "The Go between" ("El intermediario"), Greenblatt enfoca la discusión en *La historia verdadera de la conquista de la Nueva España* de Bernal Díaz del Castillo. Según su argumento, *La historia verdadera*... oscila entre un reconocimiento de las homologías entre las prácticas religiosas aztecas y españolas y la constitución de la diferencia fundamental entre las dos culturas. A diferencia de Todorov, no se preocupa por una distinción entre las dos civilizaciones sino por la necesidad de crear una barrera que justificara la Conquista, por el sacrificio humano que llega a constituir esta barrera. El canibalismo, el miedo a ser absorbido por el otro, es lo que produce un sentimiento de rechazo y horror en el momento en que opera también la fascinación, el deseo de entrar en este otro mundo. Al crear esta separación, sin embargo, los españoles cortaban la posibilidad de comunicación. De allí la necesidad del intérprete que pudiera actuar de puente, interpretando para los indígenas sus promesas y amenazas, alguien que podría hacerlo sin exponer la debilidad de los españoles. Éste es el papel de doña Marina la Malinche.

Doña Marina se transforma en agente principal de la circulación de representaciones culturales, una circulación interrumpida por el rechazo del sacrificio humano. Ella se adapta a este papel porque ella misma ha formado parte de la economía simbólica. Es una mujer intercambiada, una figura de las márgenes y del centro, una esclava y una gran señora. La Malinche se tranformó, según Greenblatt, en "objeto de intercambio, modelo de la conversión, en la única figura que parece comprender las dos culturas, la única persona en la cual se encuentran". "Para todos en la *Historia* de Bernal Díaz del Castillo", afirma, "tanto para los indios como para los españoles, el lugar de la oscilación simbólica y estratégica entre la persona y el otro es el cuerpo de esta mujer. En síntesis, la eficacia de la Malinche como lengua depende de su sexualidad". Es una curiosa inversión de términos, Greenblatt cita una definición de Nebrija diciendo que el lenguaje había sido "la compañera del imperio". "Cortés encuentra en la Malinche", dice Greenblatt, "su propia compañera". La palabra "compañera" (menos abrupta que "barragana"), permite la conjunción de lo sexual y lo ideológico. Y, como en el caso de Todorov, oculta la violencia previa implicada en la condición de sierva convertida en regalo. La subordinación sexual a su vez es homóloga a la subordinación lingüística porque el náhuatl, de aquí en adelante, será subordinado al español.

Reconociendo la dificultad de determinar la verdadera reacción de los indígenas ante la Conquista, Greenblatt encuentra en la Malinche la figura en la cual se enfoca toda comunicación entre las dos culturas; "sincretiza dos mundos en conflicto y engendra un nuevo mundo". Tanto la comunicación para Todorov como la circulación simbólica para Greenblatt están articuladas en lo femenino. Al enfocar su atención en la figura del intérprete, Todorov y Greenblatt quizá se muestran más interesados en resaltar la importancia de esta posición intermediaria que en aclarar la Conquista. Ambos se identifican como intérpretes y definen al intermediario-traductor-puente como posición independiente de las culturas anteriores.

Es significativo que el libro de Greenblatt se cierre con la descripción de una visita que hizo a un pueblo cerca de Oaxaca. En una iglesia observó que el dios mixteca de la muerte estaba mirando desde el techo una escultura de Jesús crucificado. Las divinidades, dice Greenblatt, "han intercambiado estas mismas miradas ciegas durante siglos". En otras palabras, los dos mundos están vinculados solamente por la mirada de una tercera persona —el propio Greenblatt— que actúa de intermediario y que no pertenece a ninguna de estas dos culturas. De esta manera, Greenblatt plantea el conocimiento como una forma neutra, una cópula que vincula dos elementos que de otra manera constituirían una catacresis. La Malinche ocupó en el siglo XVI esta posición que en la modernidad viene a ser ocupada por el catedrático o investigador que puede oscilar en forma abstracta entre dos culturas. Este paralelo, sin embargo, no está completo. En la Malinche se une la función interpretativa y la sexual. Pero no es necesariamente así como se puede comprobar, comparando la Conquista de México y la Conquista del Perú. En el Perú no existe una doña Marina. En cambio, el mito utópico de la vuelta del Inkarri ha sido tan persistente como el de la Malinche en México.[11] Cabe notar también que la violencia en contra de la mujer y los insultos de los conquistadores provocaron la rebelión de Manco Capac cuya mujer era brutalmente violada y torturada por los Pizarro.

[11] *Cf.* Alberto Flores Galindo, *Buscando un inca: identidad y utopía en los Andes*.

La regeneración del mestizaje en la época de la globalización

Para América Latina el posmodernismo ha resucitado el debate sobre la identidad latinoamericana. Cuando las fronteras desaparecen el territorio ya no define la identidad. Por eso la identidad se funda hoy en día en dos abstracciones —el mestizaje y lo híbrido.

La revitalización del mestizaje tiene dos aspectos. En Chile, donde el mestizaje se ha identificado con el resentimiento de la clase baja,[12] Sonia Montesinos Aguirre[13] encuentra en la Malinche y en la Llorona y otros mitos, la constitución de lo imaginario "en donde lo sagrado otorga identidades y también 'explicación' de la historia y de la vida social". Para esta autora como para otras, estos mitos de mujeres nos hablan de algo reprimido o desplazado —o sea el mestizo que en Chile siempre ha sido identificado con el huacho, el marginado—. Encuentra en el hijo-monstruo de la novela de José Donoso, *El obsceno pájaro de la noche*, "la imagen esperpéntica de un ser fecundado equívocamente".

No deja de ser significativo, sin embargo, que en dos autores "transnacionales" —Mario Vargas Llosa y Carlos Fuentes— la reivindicación del mestizaje es elevada a un nivel tan abstracto que ya no se refiere a seres de carne y hueso sino a la transculturación producida por ósmosis.

Carlos Fuentes, quien en su obra de teatro *Todos los gatos son pardos* había rescatado a la Malinche como fundadora de lo nuevo —a diferencia del emperador indígena y del conquistador español—, en *Valiente mundo nuevo* prácticamente borra a la mujer de la historia literaria. Afirmando que lo excéntrico hoy día es lo universal (los márgenes en el centro) funda la originalidad de América en la continuidad cultural. La originalidad de la democracia en América Latina reside en

---

[12] Véase *La casa de los espíritus* de Isabel Allende.
[13] *Cf.* Sonia Montesinos Aguirre, *Madres y huachos. Alegorías del mestizaje chileno*.

"su conquista de las garantías individuales, equilibrio y renovación de poderes, unidos a las tradiciones comunitarias del mundo rural prehispánico y la tradición escolástica que orienta la política a la consecución del bien común y las tradiciones de la democracia medieval española".[14] Lo que llama la atención aquí es que, con la posible excepción de "las garantías individuales", la mujer no tiene carta de ciudadanía en esta cultura política híbrida. Todorov y Greenblatt por lo menos rescataban a la Malinche como intermediaria. En el Fuentes de este ensayo, la catacresis entre la "democracia" medieval española y "las garantías individuales" no ofrece ningún obstáculo. América Latina es el lugar de convivencia de estas extrañas abstracciones.

Para Vargas Llosa, por el contrario, todo latinoamericano es forzosamente mestizo. A pesar de su propia genealogía —descendiente de los Vargas y de los Llosa—, como todo peruano su habla y su manera de ser han sido misteriosamente impregnadas por lo indígena. Vargas Llosa es bicultural de la misma manera que Todorov —o sea sin el dolor del campesino de habla quechua que, en un chiste recogido por Regina Harrison, se ve obligado a comprar palabras españolas para poder negociar las trampas de la ciudad.[15]

La Malinche chicana

La apropiación de la Malinche por las chicanas responde a la historia de los grupos minoritarios en Estados Unidos y sobre todo al nacionalismo de los años sesenta y setenta. En los años sesenta, el movimiento cultural chicano (Quinto Sol, MECHA) apoyaba la lucha social de los agricultores de origen mexicano y simultáneamente afirmaba el orgullo de la raza cuyo origen es el Aztlán mítico. Esta afirmación tenía

---

[14] Carlos Fuentes, *Valiente mundo nuevo*, p. 41.
[15] Regina Harrison, "Cultural Traslation of the Andean Oral Tradition" en *Sings, Songs and Memory in the Andes*, p. 85.

paralelos con el movimiento negro, *Black Power*, ambos movimientos usaban un vocabulario agresivamente "masculino" que más tarde produciría una reacción entre mujeres "de color", reacción que culturalmente ha sido muy importante. El movimiento de las chicanas y de las mujeres de color era, en parte, provocado por la acusación del *malinchismo* lanzada contra aquellas mujeres que se aliaban con el feminismo. No es de sorprender que la indignación de la mujer chicana en este momento se expresara en esta etapa por un rechazo de su papel de la Malinche. Así, en el poema "Baby you Cramp muy Style", L. Dee Cervantes escribe: "When you roll on top of me/ shouting Viva la Raza/ at the top of your prick. Come on Malinche/ gimme some more".[16]

El rechazo de la Malinche implica la reivindicación de doña Marina —notablemente en un ensayo de Adelaida del Castillo quien propone una interpretación de los textos que apoya el argumento de una conversión "sincera" y un compromiso para con los españoles por convicción—. Un ciclo de poemas que Lucha Corpi dedica a doña Marina la consagra.[17]

> Cuando murió, el trueno se reventó en el norte
> y tanto al altar de piedra la noche entera
> el copal ardió. Su mística pulsación para
> siempre calló. Cayó hecho pedazos el ídolo

---

[16] Citado por Norma Alarcón, "Chicana's Feminist Literature: A Revision through Malintzin / or Malintzin: Putting Flesh Back on the Object", en Cherríe Moraga y Gloria Anzaldúa, *This Bridge Called my Back. Writings by Radical Women of Colour*, pp. 182-190.

[17] Adelaida R. del Castillo, "Malintzin Tenepal: a Preliminary Look into a New perspective", en Rosaura Sánchez y Rosa Martínez Cruz (eds.), *Essays on La Mujer*, pp. 124-149. Los poemas de Lucha Corpi son citados por Marta E. Sánchez en *Contemporary Chicana Poetry. A Critical Approach to an Emerging Literature*. Por su parte, Sandra Messinger Cypess hace un recuento de la literatura chicana sobre la Malinche en "Re-formation of the Tradition by Chicana Writers", en *La Malinche in Mexican Literature. From History to Myth*, pp. 138-152.

de barro sucio y viejo, y su nombre se lo llevó
el viento con un solo murmullo ronco:
su nombre tan parecido a la profundidad
salina del mar. Poco quedó. Sólo una semilla
a medio germinar.

Como ha mostrado Norma Alarcón en un importante ensayo sobre el tema, la obsesión por la Malinche en la literatura de las chicanas resulta en un *double-bind*. "Cuando somos desobedientes, nos equiparan con la Malinche, o sea, la Malinche como mito de la conciencia masculina y no la figura histórica." Señala que en la literatura chicana, esta mitología incide de las siguientes maneras: *a)* la mujer es invitada a escoger entre patriarcados; *b)* el sentido de orfandad y de abandono persiste aun dentro de la familia; *c)* la mujer es esclava emocional y económicamente; *d)* la mujer es vista como objeto de violación y la explotación social; *e)* la religiosidad no es una posibilidad viable; *f)* la relación amorosa es ambigua como en el poema de Rina Rocha: "I hate the love/ I feel for you (To the penetrator)".[18]

Lo más interesante de la crítica de Alarcón, sin embargo, es su discusión del problema psicológico expuesto en la poesía chicana y sobre todo la problemática relación de la madre y la hija simbolizada por el rechazo de Malintzin por su propia madre. Este tema desarrollado por Rosario Castellanos en un poema sobre la Malinche, ha sido profundizado por escritoras chicanas y otras "mujeres de color" para quienes la relación madre-hija es sumamente conflictiva.[19] Tenemos que tomar en cuenta que, en gran parte, esta literatura es producto de la experiencia de las primeras generaciones universitarias que tenían una relación a veces ambigua con el barrio. El barrio representaba la comunidad pero también la conformidad con el código represivo que había regido la vida de las madres.

---

[18] Norma Alarcón, *op. cit.*
[19] *Cf.* M. Glantz, "Las hijas de la Malinche", *infra.*; Sandra Messinger Cypess, *op. cit.*

En este ambiente la historia de vida de Malintzin-Marina contada por Bernal Díaz del Castillo ha sido altamente sugestiva. Como Edipo, Malintzin era una niña echada fuera del reino. Entregada o vendida a comerciantes, termina como esclava del jefe de Tabasco que la regala al nuevo poder, a Cortés. Como se sabe, sin embargo, Freud nunca logró establecer satisfactoriamente una simetría entre el desarrollo del niño y de la niña por medio del teatro de Edipo. Quizá la historia de la Malinche pueda servir como punto de partida para explorar la ambigüedad de la relación madre-hija que ha sido poco tocada por la literatura psicoanalítica.[20] (No es de sorprenderse que Rosario Castellanos verá su propio destino reflejado en el de la Malinche.) Esta historia de la niña regalada o vendida, sin embargo, es la norma exogámica. La mujer tiene que abandonar el hogar donde nació para vivir en el hogar ajeno. Se sabe además que en ciertas sociedades es un cambio brutalmente enajenante.

A la luz de esta historia exogámica, se aclara la importancia de la literatura minoritaria de los Estados Unidos por haber puesto el tópico "en la mesa". Un examen de las novelas de Toni Morrison y Sandra Cisneros, los poemas de Lucha Corpi y L. Dee Cervantes, los ensayos de Anzaldúa y Cherrié Moraga, y de Audree Lorde, nos llevan a la conclusión de que es precisamente aquí en donde se entiende claramente la doble crisis —la de la separación de la madre y más allá la separación de la comunidad y por lo tanto la imposibilidad de toda identidad previamente constituida. Cherrié Moraga representa este dilema en forma aguda puesto que es doblemente una "vendida", por su padre gringo que hace de su madre una descendiente de un abolengo malinchista y vendepatrias y por su lesbianismo.

> Para colmo yo, una chicana mestiza, traiciono aún más mi raza porque escojo una sexualidad que ex-

---

[20] Luz Irigaray, *This Sex which is not One*.

cluye a todos los hombres y por lo tanto y más peligrosamente a todos los hombres chicanos. Soy una lesbiana chicana. Mi relación especial al ser una persona sexuada; y una posición radical que contradice directamente y viola el papel de la mujer para el cual me destinaban.[21]

El *self-fashioning* de las chicanas puede consistir, como consiste para muchas norteamericanas, en un acentuado individualismo, pero también puede consistir en el acto de entendimiento que es necesario para que se funde otro tipo de comunidad.

Malintzin, Marina, Malinche son etapas de un proceso. En el siglo XVI, esta mujer pasaba de una sociedad en que su estatus era determinado no solamente por nacimiento sino también por un sistema que la convertía en mercancía. En el curso de la Conquista se convierte en sujeto por medio de la conversión y el bautismo, por medio de la maternidad y por último y quizá más importante, por el contrato de matrimonio que la convierte en sujeto legal, por poseer terrenos y casa. Este tránsito marca la emergencia de nuevos sujetos, sujetos constituidos por la hegemonía del Occidente.

Bibliografía

ALARCÓN, Norma, "Chicana's Feminist Literature: a Revision through Malintzin / or Malintzin: Putting Flesh Back on the Object'", en Cherrié Moraga y Gloria Anzaldúa (eds.), *This Bridge Called my Back. Writings by Radical Women of Color*, Nueva York, Kitchen Table, 1981.

BAUDOT, Georges, "Política y discurso en la Conquista de México. Malintzin y el diálogo con Cortés", *Anuario de Estudios Americanos*, vol. XVI, Sevilla, 1988.

---

[21] Cherrié Moraga, "From a Long Line of Vendidas: Chicanas and Feminism", en Teresa de Laureti, *Feminist Studies. Critical Studies*, pp. 173-190.

CASTILLO, Adelaida R. del, "Malintzin Tenepal: A preliminary Look into a New Perspective", en Rosaura Sánchez y Rosa Martínez Cruz (eds.), *Essays on La Mujer*. Los Ángeles, Chicano Studies Center Publications, Universidad de California, 1977.

CHAKRAVORTY SPIVAK, Gayatri, "Can the Subaltern Speak? Speculations on Widow Sacrifice", en Cary Nelson y Lawrence Grossberg (eds.), *Marxism and the Interpretation of Culture*, Londres, Macmillan, 1988.

FABIAN, Johannes, *Time and the Other. How Anthropology Makes its Object*, Nueva York, Universidad de Columbia, 1983.

FLORES GALINDO, Alberto, *Buscando un inca: identidad y utopía en Los Andes*, La Habana, Casa de las Américas, 1986.

FUENTES, Carlos, *Valiente mundo nuevo*, Madrid, Mondadori, 1990.

GLANTZ, Margo, "Lengua y conquista", en *Revista de la Universidad*, núm. 465, México, octubre de 1989.

————, "Las hijas de la Malinche", en Karl Kohut (ed.), *Literatura mexicana hoy. Del 68 al ocaso de la revolución*, Frankfurt del Mein, Vervuert Verlag, 1991.

GREENBLATT, Stephen, *Marvellous Possessions. The Wonder of the New World*, Chicago, Universidad de Chicago, 1991.

HARRISON, Regina, "Cultural Translation of the Andean Oral Tradition", en *Signs, Songs and Memory in the Andes*, Austin, Universidad de Texas, 1989.

IRIGARAY, Luz, *This Sex wich is not One*, trad. de Catherine Porter, Ithaca, Universidad de Cornell, 1991.

LAURETIS, Teresa de, *Alice Doesn't. Feminism, Semiotics, Cinema*, Bloomington, Universidad de Indiana, 1984.

MESSINGER CYPESS, Sandra, "Re-formation of the Tradition by Chicana Writers", en *La Malinche in Mexican Literature. From History to Myth*, Austin, Universidad de Texas, 1991.

MONTESINOS AGUIRRE, Sonia, *Madres y huachos. Alegorías del mestizaje chileno*, Santiago, Editorial Cuarto Propio, Cedem, 1991.

MORAGA, Cherrié, "From a Long Line of Vendidas: Chicanas and Feminism", en Teresa de Lauretis (ed.), *Feminist Studies. Critical Studies,* Madison, Universidad de Wisconsin, 1985.

PATEMAN, Carole, *The Sexual Contract,* Cambridge, Polity, 1988.

PAZ, Octavio, "Los hijos de la Malinche", en *El laberinto de la soledad,* 5a. ed., México, FCE, 1967.

SÁNCHEZ, Marta E., *Contemporary Chicana Poetry. A Critical Approach to an Emerging Literature,* Berkeley/Los Ángeles, Universidad de California, 1985.

TODOROV, Tzvetan, *La Conquête de L'Amérique. La question de l'autre,* París, le Sevil, 1982. También existe edición en español: *La Conquista de América. El problema del otro,* México, Siglo XXI, 1987.

—————, *Nous et les autres; reflexions françaises sur la diversité humaine,* París, Le Seuil, 1989. También existe edición en español: *Nosotros y los otros,* México, Siglo XXI, 1991.

ZIZEK, Slavoj, *The Sublime Object of Ideology,* Londres, Verso, 1989.

El complejo de la Malinche
Claudia Leitner

En la pieza de teatro *La Malinche* de Víctor Hugo Rascón Banda, llevada a escena en México de forma espectacular por Johann Kresnik, el nombre de la protagonista se convierte en un asunto marcadamente político. Provoca, muy al principio de la obra, debates a voz en grito entre los diputados al Congreso de la Unión mexicano actual.[1] En escenas más silenciosas, sin embargo, la "lengua" de los conquistadores, así traspuesta al presente, vituperada y maltratada, se somete a varias sesiones de psicoanálisis. Ya en la primera sesión se deja entrever la complejidad de su problema:

> ANALISTA: —¿Hijos?
> MALINCHE: —Sí.
> ANALISTA: —¿Cuántos?
> MALINCHE: —Muchos.
> ANALISTA: —¿Algún problema con ellos?

[1] La creación escénica de *La Malinche* por Kresnik así como las encontradas reacciones que provocó en México quedan registradas p. ej. en Uta Ackermann (ed.), *Johann Kresnik und sein Choreographisches Theater*. Cabe agregar que la ficción de debates tumultuosos entre políticos mexicanos sobre la importancia de la protagonista histórica para el México contemporáneo provee un marco para abordar temas conflictivos de la realidad social mexicana actual, tales como la pobreza, el abuso de poder, el neoliberalismo, la influencia hegemónica creciente de Estados Unidos y el conflicto chiapaneco.

MALINCHE: —Me odian.
ANALISTA: —Es natural. Se deben encontrar en la etapa de rechazo.
MALINCHE: —No me comprenden.
ANALISTA: —Vamos atrás, hasta su infancia. Dígame la imagen más antigua que recuerda.[2]

Según una convención psicoanalítica, se continúa la interrogación para traer a la memoria traumas infantiles y primeras experiencias sexuales, que llevan atrás hacia el tiempo de la Conquista. Irónicamente, empero, esta parte de la "anamnesia" hace que el problema de la Malinche aparezca también como el de su progenie. La incomprensión, el odio, el rechazo que tiene que enfrentar ella, así se sugiere, deben mirarse como efectos tan transitorios como naturales de una fase de desarrollo en que se encuentran los "hijos" de la Malinche.

Esta escena es sintomática para el argumento subsiguiente. No son, sin embargo, las motivaciones y profundidades psíquicas de la protagonista histórica las que quiero explorar; es más bien el revestimiento del "problema" de la Malinche en dos *grands récits* modernos: el del psicoanálisis y el de la autodefinición nacionalista. Quiero interrogar el engranaje mutuo de estos dos discursos en la creación de un campo semántico compacto alrededor de la figura de la Malinche (II), y al mismo tiempo complementarlo con apropiaciones semánticas bien distintas de fines del siglo XX (I),

---

[2] Víctor Hugo Rascón Banda, *La Malinche*, Escena IV. Mis citas se refieren al texto (entonces inédito) que llegó a mis manos gracias a la diligencia de Margo Glantz y Víctor Hugo Rascón Banda, a quienes estoy muy agradecida. El texto dramático, junto con una documentación del montaje, ha sido publicado recientemente por Plaza & Janés; *cf.* Carlos Paul, "Controvertida puesta en escena que adquiere forma de libro. La Malinche aún es rencor vivo y tendrá que ser revalorada: Rascón Banda", *La Jornada*, 7 de junio de 2000.

así como de tiempos de la Conquista (III) y del margen —o más bien, de los pliegues— de la escritura (IV).

I. Mundos conectados, códigos entremetidos

Hay una referencia pasajera pero significativa a la Malinche en un texto seminal para la teoría y metodología feminista hacia finales del siglo XX: el "Manifesto for *cyborgs*" de la norteamericana Donna Haraway, que termina y culmina en la ya famosa frase de "I would rather be a *cyborg* than a goddess".[3] Frente a un mundo cada vez más artificial, cada vez más determinado por nuevas tecnologías de comunicación, de procreación y de guerra, el feminismo según Haraway no ha de quedarse orientado hacia una naturaleza idealizada o hacia una espiritualidad exagerada. Más bien la política feminista ha de entrar en el circuito integral de las nuevas realidades, adoptando y apropiándose de los medios y las estrategias pertenecientes a culturas altamente tecnologizadas. No es pues el modelo de la diosa el que debe orientar las posiciones feministas, sino el mito irónico del *cyborg*, es decir del "organismo cibernético", un ser híbrido que es tanto ente orgánico como máquina, y que reúne en sí a la vez realidad social vivida y (ciencia) ficción.[4]

---

[3] Donna Haraway, "A Manifesto for Cyborgs: Science, Technology, and Socialist Feminism in the 1980s", en Linda J. Nicholson (ed.), *Feminism/Postmodernism*, pp. 190-233, especialmente p. 223. Para repercusiones y discusiones críticas del "Manifesto" *Cf.* p. ej. Susan Bordo, "Feminism, Postmodernism, and Gender-Scepticism", *ibid.*, pp. 133-156; Patricia S. Mann, *Micro-Politics. Agency in a Postfeminist Era*; Elizabeth Weed (ed.), *Coming to Terms: Feminism, Theory, Politics*. En el ámbito alemán queda manifiesto el impacto harawayano en Marit Rullmann, *Philosophinnen*, vol. 2; así como en Ansgar Nünning (ed.), *Metzler-Lexikon Literatur- und Kulturtheorie*, s.v. 'Gender Studies' e 'Hybridität'.

[4] *Cf.* sobre todo la primera parte del "Manifesto": "An Ironic Dream of a Common Language for Women in the Integrated Circuit" (D. Haraway, "A Manifesto for Cyborgs...", en Linda J. Nicholson, *op. cit.*, pp. 190-196).

El mundo del *cyborg* se plantea como problema de codificación, en que ya no valen dicotomías tan familiares como cultura *vs*. naturaleza, público *vs*. privado, humano *vs*. animal, material *vs*. inmaterial. La reproducción ya no es cuestión de procreación biológica sino de replicación; ya no cuentan ni la noción de principio ni la de origen sino la de acoplamiento y retroacción; las unidades y coaliciones ya no se fundan en nociones de identidad sino en las de afinidad.[5] Los *cyborgs* no aspiran a una lengua común sino a una "heteroglosia poderosa e infiel" con la cual consigan interrumpir cualquier comunicación perfecta y que les permita "access to the power to signify":[6] "acceso al poder de significar".

¿Pero dónde en todo esto está la Malinche? Parece que surge tan fugazmente en el "Manifesto" que la gran parte de las críticas y réplicas no le hace caso. Y es que Haraway mantiene que en los textos escritos por mujeres 'de color' estadounidenses se manifiesta ya algo que podría entenderse como identidad *cyborgiana*: "una subjetividad potente sintetizada mediante fusiones de identidades marginalizadas".[7] Sirve de ejemplo la indígena Malinche con su importancia para las construcciones de identidad de mujeres chicanas:

> Figuratively and literally, language politics pervade the struggles of women of color, and stories about language have a special power in the rich contemporary writing by U.S. women of color. For example, retellings of the story of the indigenous woman Malinche, mother of the mestizo "bastard" race of the new world, master of langua-

---

[5] *Ibid.*, pp. 191-193, 196-198.
[6] *Ibid.*, p. 217; "a powerful infidel heteroglossia", p. 223 (*cf.* también pp. 215, 218, 232, núm. 31).
[7] *Ibid.*, p. 216.

ges, and mistress of Cortés, carry special meaning for Chicana constructions of identity.[8]

Es curioso el orden en que aparecen las tres aposiciones con las cuales Haraway define a la Malinche —es en primer lugar, madre de la raza "bastarda" mestiza del Nuevo Mundo, en segundo lugar dueña de lenguas, y en tercer lugar amante de Cortés. De acuerdo con la preocupación *cyborgiana* por el acceso al poder de significar, por la comunicación, Haraway hace resaltar sobre todo el segundo aspecto, el del don de lenguas. Así agrega, contraponiendo la Malinche a la escritora chicana Cherrié Moraga: "Moraga's writing, her superb literacy, is presented in her poetry as the same kind of violation as Malinche's mastery of the conqueror's language— a violation, an illegitimate production, that allows survival".[9]

Según esta perspectiva, tanto la escritora contemporánea Moraga como la Malinche histórica se caracterizan por su capacidad *cyborgiana* de apropiarse violentamente de una lengua, de violar un código ajeno y hostil: la Malinche dominando la lengua del conquistador, el español; Moraga brillando con una "quimera monstruosa" entre el inglés y el español, ambas lenguas de conquistadores. He aquí el don de lenguas como violación —una violación sin

---

[8] *Ibid.*, p. 217. Para discusiones de apropiaciones de la Malinche por escritoras chicanas *cf.* p. ej. Norma Alarcón, "Chicana's Feminist Literature: A Re-Vision Through Malintzin/or Malintzin: Putting Flesh Back on the Object", en Cherrié Moraga y Gloria Anzaldúa, eds., *This Bridge Called My Back: Writings by Radical Women of Color*, pp. 182-190; Sandra Messinger Cypess, "Re/formations of the Tradition by Chicana Writers", en *La Malinche in Mexican Literature: From History to Myth*, pp. 138-152; Jean Franco, "La Malinche y el Primer Mundo", en Margo Glantz (ed.), *La Malinche, sus padres y sus hijos*, pp. 201-215; Mary Louise Pratt, "'Yo soy la Malinche': Chicana Writers and the Poetics of Ethnonationalism", en Peter Verdonk (ed.), *Twentieth-Century Poetry: From Text to Context*, pp. 171-187.

[9] D. Haraway, "A Manifesto for Cyborgs ...", en Linda J. Nicholson, *op. cit.*, pp. 217-218.

preocupación por el origen o la legitimidad de las cosas, pero que hace posible la sobrevivencia justamente en los márgenes:

> Stripped of identity, the bastard race teaches about the power of the margins and the importance of a mother like Malinche. Women of color have transformed her from the evil mother of masculinist fear into the originally literate mother who teaches survival.
> This is not just deconstruction but liminal transformation.[10]

La Malinche, propone Haraway, ya no es la madre mala del temor masculinista sino principalmente la madre "letrada" que enseña a sobrevivir. E insiste que este cambio, llevado a cabo por mujeres "de color", no es simplemente un acto de deconstrucción: es un acto de transformación liminal, es decir, de transformación de límites.

Así es como desaparece la Malinche del "Manifesto". En el debate que se remonta al texto, ya lo anticipé, pasa largamente inadvertida. He encontrado solamente una réplica al "Manifesto" en que sí se presta atención a la Malinche harawayana —atención que equivale a rechazo instantáneo—. Paula Moya, la autora de la réplica, sitúa a Haraway junto con Judith Butler entre las "influyentes teóricas posmodernas" culpables de "the theoretical misappropriation of women of color —specifically Chicana activist and theorist Cherrié Moraga".[11] Sostiene Moya que, fuera de eso, Haraway abusa del "mito mexicano/chicano de Malinche" sometiéndolo a "misreading" al ocultar

---

[10] *Ibid.*, pp. 218-219.
[11] Paula M. L. Moya, "Postmodernism, 'Realism', and the Politics of Identity: Cherrié Moraga and Chicana Feminism", en M. Jacqui Alexander y Chandra Talpade Mohanty (eds.), *Feminist Genealogies, Colonial Legacies, Democratic Futures*, p. 128.

su herencia dolorosa y dotar a la Malinche de "questionable agency", o sea, de un poder de actuación cuestionable.[12] Sin embargo, Moya deja entrever también que el intento de Haraway debe considerarse como parte de una tradición más larga (y no sólo posmoderna) de recuperaciones feministas de la Malinche:

> From the 1970s on, Mexicana and Chicana feminists have addressed the myth of Malinche, and several have attempted to recuperate and revalue her as a figure of empowering or empowered womanhood. Such recuperations are generally problematic, inasmuch as attempts to absolve or empower the historical figure can result in reductive interpretations of what is a very complex situation.[13]

El empeño feminista de revalorizar a la Malinche, según Moya patente desde los años setenta, suele ser problemático porque puede llevar a interpretaciones reductoras de una situación muy compleja. Este curioso escepticismo de la feminista Moya frente a resemantizaciones demasiado "apoderantes" de la Malinche suscita dos preguntas inmediatas: ¿Cuál es, entonces, el repertorio de actuación correcto, justo, legítimo para atribuírselo a la Malinche? Y ¿a qué complejos semánticos en torno a la Malinche se refiere Moya reclamando complejidad y "continuos efectos dolorosos"?[14] Para aclarar estas interrogantes, volvamos ahora a dos textos mexicanos que explícita y programáticamente conjugaron la idea de un malestar colectivo, históricamente fundado con el nombre Malinche.

---

[12] *Ibid.*, pp. 129 y 131.
[13] *Ibid.*, p. 130.
[14] *Ibid.*, p. 131.

II. El complejo de la Malinche

En 1942 el escritor mexicano Rubén Salazar Mallén publica en la revista *Hoy* un artículo dedicado a lo que él llama "El complejo de la Malinche".[15] Es, según él, "uno de los rasgos más característicos, tan característico como deplorable, del mexicano [...] la oscura y confusa voluntad, que mana de la subconciencia, de rendir tributo a todo lo extraño, y despreciar lo propio". Mencionando el homenaje que acababa de rendirse en México a un reportero extranjero "espantosamente mediocre", se queja de la desventaja para los artistas e intelectuales domésticos:

> Hay artistas e intelectuales mexicanos de un gran valor, de positivos y relevantes méritos. Yacen en la sombra y jamás serán rescatados de ella mientras perdure el complejo de la Malinche, ese complejo que hizo a la servil indígena traicionar a los suyos y humillarse ante el conquistador.[16]

El servilismo y la humillación, sugiere Salazar Mallén, no corresponden tanto a un defecto o una debilidad femenina; son algo inherente a la cultura indígena, o más bien se deben considerar como efectos de la *falta de cultura* en el mundo prehispánico: "Esa lucha grandiosa que es la lucha por construir un sobremundo, un mundo independiente de la Naturaleza, el de la cultura, no se iniciaba, o se iniciaba muy parcamente, en el México anterior a la Conquista."[17] Déficit implacable que expone a los indígenas sin amparo a la cultura española:

---

[15] Rubén Salazar Mallén, "El complejo de la Malinche", reproducido en 1991 en *Sábado*, núm. 722, pp. 1-2. Ahí es también donde José Luis Ontiveros señala la primera publicación en *Hoy*, núm. 270, el 25 de abril de 1942.
[16] *Ibid.*, p. 1.
[17] *Ibid.*, p. 2.

Por eso los indígenas del México precortesiano se encontraron ante la cultura española, independientemente de la crueldad de los encomenderos, independientemente de las armas de fuego, independientemente de los caballos, como ante algo que les era inaccesible y que les marcaba en la frente una implacable señal de inferioridad.

Fue la cultura, vaciándose en un dato histórico, la que engendró el complejo de la Malinche en el mexicano. Fue la cultura, que todavía permanece inaccesible, distante, la que hizo al mexicano aceptar su humillación y recrearse en ella.[18]

Inferioridad es lo que define a los indígenas del México antiguo frente a la cultura española que no sólo queda inaccesible para ellos, sino que a su vez capta de tal forma a los conquistados que genera en ellos un complejo persistente: Salazar Mallén no es el único de su época en partir de semejante supuesto[19], pero vale la pena detenerse un momento para atender a las implicaciones sexuadas peculiares de su argumento. El dato histórico en que nació este complejo es la Conquista. Su padre metafórico es la Cultura que trajeron los españoles, su madre la ausencia de cultura manifiesta en el mundo de los indígenas, o sea, su falta

[18] *Ibid.*
[19] También Samuel Ramos diagnostica en 1934 en *El perfil del hombre y la cultura en México* —ensayo clásico y clave para la constitución del "inconsciente mexicano"— un complejo de inferioridad típicamente mexicano, radicando en las experiencias de conquista y colonización, escasez de civilización y abundancia de Naturaleza: "Afirma Adler que el sentimiento de inferioridad aparece en el niño al darse cuenta de lo insignificante de su fuerza en comparación con la de sus padres. Al nacer México, se encontró en el mundo civilizado en la misma relación del niño frente a sus mayores. Se presentaba en la historia cuando ya imperaba una civilización madura, que sólo a medias puede comprender un espíritu infantil. De esta situación desventajosa nace el sentimiento de inferioridad que se agravó con la conquista, el mestizaje, y hasta por la magnitud desproporcionada de la Naturaleza" (pp. 70-71).

de emancipación de la Naturaleza. El complejo de la Malinche, en fin, hijo de la Conquista, se ha perpetuado en la historia de México. Sostiene Salazar Mallén que se hace patente en la serie de importaciones de formas y esencias culturales ajenas a lo largo de la historia mexicana, importaciones superficiales, mal absorbidas. Y recae también en la historia social y política del país: "Todos los movimientos sociales, todas las convulsiones sociales que registra la historia de México, tuvieron por origen la imitación de lo extraño, de lo culto." Así es como para Salazar Mallén la Independencia mexicana, es poco más que el resultado de la lectura de libros franceses de parte del cura Hidalgo. La gran excepción, por ser un proceso verdaderamente autóctono, es la Revolución Mexicana, pero este "impulso noble e intrínseco fue torcido y deformado por el comunismo".[20]

Si algunas de las tesis de Salazar Mallén nos parecen familiares será porque resuenan en *El laberinto de la soledad* de Octavio Paz —y efectivamente, el "Complejo" ha sido considerado como una de las fuentes secretas del *Laberinto*.[21] Es curioso en este contexto que Paz mismo publica en 1943 un artículo bajo el título "¡Viva México, hijos ...!"

---

[20] *Cf.* R. Salazar Mallén, "El complejo de la Malinche", *Sábado*, p. 2.
[21] José Luis Ontiveros, en su anotación al "Complejo" (*cf. supra* núm.15), pone de relieve el carácter polémico de esta conjetura: el "Complejo", igual que otros escritos de Salazar Mallén sobre el tema de lo mexicano "han producido diversas polémicas en el medio intelectual nacional, especialmente la que Emmanuel Carballo analizó para comparar estos olvidados ensayos con las "fuentes secretas" de *El laberinto de la soledad*, de Octavio Paz. Considerando su incuestionable interés para la cultura mexicana, se ha rescatado este ensayo que para José Emilio Pacheco merece una atención definitiva. Quizá su publicación sirva para dirimir la hasta ahora irresuelta polémica." En la nota al artículo "El machismo" de Salazar Mallén, originalmente de 1939 y reproducido en el mismo número de *Sábado*, Ontiveros deja perfilarse más claramente su propia posición en el debate: "Este ensayo [...] es el que produjo que Octavio Paz expresara que "el león se come al cordero" en relación a las "fuentes secretas" de *El laberinto de la soledad*. Es notorio que al león se le atraganta el cordero, y al examinar esta

en que se ocupa ya del sentido nihilista de tal auto-proclamación mexicana;[22] auto-proclamación aún algo elíptica, escrita con tres puntos suspensivos porque, como apunta Fernando del Paso, la palabra vulgar "chingada" todavía no podía aparecer impresa en un periódico. Agrega Del Paso, no carente de ironía: "Mucho debió, sin duda, meditar Paz sobre esta palabra, porque siete años más tarde, en *El laberinto de la soledad*, no sólo aparece llena de sentido, sino también expone sus múltiples derivaciones".[23]

Una de estas derivaciones, quizá la decisiva, la que se ha vuelto canónica, es la que se presenta como la fusión de la Chingada de Paz con la Malinche acomplejada de Salazar Mallén. Parece evidente que la Malinche del *Laberinto* tiene una precursora en la del "Complejo". Las dos se destacan como asuntos sumamente patológicos, son figuras índices, síntomas de un malestar colectivo. Las dos se comprenden en conceptos importados del psicoanálisis, son asociadas con la oscuridad, lo inconsciente o reprimido: así "la oscura y confusa voluntad, que mana de la subconciencia"[24] de Salazar Mallén puede equipararse al "conflicto secreto, que aún no hemos resuelto"[25] de Paz. Las dos, finalmente, van acompañadas por un lenguaje cargado de sexualidad, sólo que en Salazar Mallén este lenguaje sexualizado se limita aún a perifrasear metafóricamente la Conquista —como la "chingadera" de la No-Cultura por la Cultura ("Fue la cultura, vaciándose en un

---

indigestión leonina, puede verse si tenía razón o no Emmanuel Carballo al afirmar que es una influencia definitiva en las tesis que ha presentado como suyas Octavio Paz [...]" (*Sábado*, núm. 722, p. 5).

[22] *Cf.* Fernando del Paso, "Octavio Paz: la madera y la materia", *La Jornada Semanal*, 11 de julio de 1999.

[23] *Ibid.* Exposición que tiene lugar en el capítulo "Los hijos de la Malinche" (Octavio Paz, *El laberinto de la soledad*, pp. 59-80).

[24] R. Salazar Mallén, "El complejo de la Malinche", *Sábado*, p. 1.

[25] O. Paz, *op. cit.*, p. 78.

dato histórico, la que engendró el complejo de la Malinche en el mexicano").[26]

En el *Laberinto*, por otra parte, este implicado acto fecundante que fue la Conquista no sólo se convierte llana y rotundamente en "violación", sino que es sólidamente personalizado: encuentra su personificación en la Malinche. Con un pequeño deslizamiento metonímico, la Malinche se convierte en la Gran Chingada.[27] Y al mismo tiempo, su figura se descompone hacia la No-Cultura, la falta de Forma, la Materia, la Nada:

> La Chingada es aún más pasiva. Su pasividad es abyecta: no ofrece resistencia a la violencia, es un montón inerte de sangre, huesos y polvo. Su mancha es constitucional y reside, según se ha dicho más arriba, en su sexo. Esta pasividad abierta al exterior la lleva a perder su identidad: es la Chingada. Pierde su nombre, no es nadie ya, se confunde con la nada, es la Nada. Y sin embargo, es la atroz encarnación de la condición femenina.[28]

En este círculo declinatorio de asociaciones, la Malinche termina profundamente sexualizada a la vez que, en palabras de Carlos Monsiváis, "su sexo" y "su vientre" son convertidos en "matrices de la nacionalidad".[29] Infiere Paz: "Y del mismo modo que el niño no perdona a su madre que lo abandone para ir en busca de su padre, el pueblo mexicano no perdona su traición a la Malinche. Ella encarna lo abierto, lo chingado, frente a nuestros indios, estoicos, impasibles y cerrados."[30]

[26] *Cf. supra* núms. 17 y 18.
[27] *Cf.* O. Paz, *op. cit.*: "Si la Chingada es una representación de la Madre violada, no me parece forzado asociarla a la Conquista, que fue también una violación, no solamente en el sentido histórico, sino en la carne misma de las indias. El símbolo de la entrega es doña Malinche, la amante de Cortés" (p. 77).
[28] *Ibid.*
[29] Carlos Monsiváis, "La Malinche y el malinchismo", *supra*.
[30] O. Paz, *op. cit.*, p. 78.

Frente a tales cargos alegóricos, Carlos Monsiváis recomienda librar a la Malinche de sus "cadenas ideológicas" y recuperarla para la "precisión histórica".[31] Él mismo agudamente pone de relieve los aspectos ideológicos en la génesis del mito negativo de la Malinche, leyendo el mito como parte integral del proceso de desespañolización que empezó en el siglo XIX. Este proceso debe comprenderse como "campaña de largo alcance, que exige símbolos de rápido aprendizaje colectivo";[32] campaña en que se alían las exigencias de la forja de nacionalidad con prejuicios patriarcales para convertir a la Malinche en traidora de "su pueblo". Indica además que lo que en las condenas de la Malinche era un asunto de moral en el siglo XIX —de pecado y expiación—, en el siglo XX resurge como asunto patológico —como problema tanto de anatomía como de psique.[33] Cabe concluir que este cambio de "inventario" se hace patente ya en el olvidado ensayo de Salazar Mallén, olvidado quizá porque pertenece a lo reprimido por *El laberinto de la soledad*.[34]

---

[31] C. Monsiváis, "La Malinche y el malinchismo", *supra*. Tales "cadenas" no sólo tienden a inmovilizar y silenciar a la Malinche, conjetura corroborada por un comentario crítico de Vittoria Borsò respecto a la "detención en *El laberinto de la soledad*": "Mientras que Paz en 1950 —con la figura de la Malinche— oblicuamente presentará una interpretación de cultura purista y elitista, en que la traducción está bajo sospecha de traición y se establece una jerarquía entre original y copia, Reyes concibe ya años antes una visión de cultura basada en pluri-perspectivismo (así como cosmopolitismo). Paz tendrá que sustraer esta visión para hacer pasar por innovador su propio concepto de una apertura frente a la cultura universal y de una interpretación interiorizada de lo mexicano." (Véase Borsò, "Mexiko jenseits der Einsamkeit. Perspektiven vor und nach Tlatelolco (II. Teil)", *Matices*, núm. 22, 1999.

[32] C. Monsiváis, "La Malinche y el malinchismo", *supra*.

[33] *Ibid.*, pp. 183-193.

[34] Con la excepción de Bolívar Echeverría, quien someramente menciona el aporte de Salazar Mallén a la imagen negativa de la Malinche de cuño nacionalista (*cf.* B. Echeverría, "Malintzin, la lengua", *cfr. supra*), el "Complejo" apenas ha encontrado consideración en los estudios sobre la

III. Curiosas metonimias

Las "cadenas ideológicas" alrededor de la figura de la Malinche, sin embargo, se remontan más allá del siglo XIX. Ya en los textos coetáneos de la Conquista se dan muestras de la gran importancia que tiene el poder de disposición sobre su voz y figura, no sólo en la ejecución de la Conquista misma, sino también en su representación por escrito. Este aspecto es justamente el punto de partida para un ensayo de Margo Glantz, que, bajo el título irónico y perspicaz de "la lengua en la mano",[35] vuelve la mirada hacia el siglo XVI para indagar con precisión histórica los problemas de traducción no sólo de una lengua a otra sino también de una práctica discursiva a otra.

"La Malinche: la lengua en la mano" aparentemente desconoce el texto canónico de Octavio Paz y es por tanto en un principio lectura desconcertante para los lectores iniciados y condicionados por el *Laberinto* y sus réplicas.[36] Es que Margo Glantz, con una lectura de fuentes antiguas, vuelve sobre el cuerpo de la Malinche, incluso lo desmonta en partes —lengua, labios—, pero habla muy poco de su sexo. Para colmo, vuelve a emplear lenguaje sexualizado, pero lo aplica de forma bien distinta a la de Paz y Salazar Mallén.

Malinche. Agradezco a Jaime Turrent el habérmelo señalado en una charla en 1994.
[35] Margo Glantz, "La Malinche: la lengua en la mano", *supra*, pp. 91-111; título que parece apuntar a lo que Walter Mignolo llama "política de la colocación enunciativa" (*cf.* W. Mignolo, "La razón postcolonial: herencias coloniales y teorías postcoloniales", *Revista Chilena de Literatura* 47 (1995), pp. 91-114, especialmente p. 107). Este ensayo de Margo Glantz se encuentra también, con el título "Los problemas de la interpretación: La Malinche y su papel como lengua", en Iris Zavala, ed., *Breve historia feminista de la literatura española*, vol. 2, pp. 127-144.
[36] Una de estas réplicas proviene, justamente, de Margo Glantz: es el ensayo "Las hijas de la Malinche" (*infra*, pp. 279-302), en que se someten a examen las premisas que presenta el *Laberinto* específicamente para quienes compartan con la Malinche la "fatalidad anatómica" y el acceso precario a la escritura: las mujeres (mexicanas). Existe también otra versión de este valioso análisis de la producción literaria femenina en el México de segunda

Meditando sobre histórica y culturalmente diferentes formas de percepción y de cognición, hace resaltar varias y mutuas perplejidades que los protagonistas de la Conquista experimentaban y expresaban frente a lo desconocido. Pasa de un Cortés obsesionado por "calar hondo" para descubrir el "secreto de las tierras" a un "Moctezuma admirado de ver la lengua de Marina hablar en castellano",[37] o sea, admirado de verla abrirse paso en una lengua aparentemente inaccesible para los demás autóctonos. Esta "habilidad tajante", esta "capacidad de hendir" de Marina es lo que un historiador indígena llama "cortar la lengua".[38] Margo Glantz llega a asociarla con el sobrenombre de la Malinche, *Tenepal* —que permite la asociación con "labios fuertes" y "facilidad de palabra"—, y le da un fundamento firme arraigándola en el cuerpo mismo de la Malinche: "En este contexto, parece meridiano que sólo *puede penetrar en ese lenguaje cerrado* —en esa habla apretada— quien tenga la lengua filosa y los labios muy gruesos para poder cortar lengua".[39]

Este cuerpo evidentemente no comparte la "fatalidad anatómica" de la Malinche/Chingada del *Laberinto*, no está abierto al gran agresor; este cuerpo posee labios fuertes y una lengua muy aguda —y podríamos concluir: fálica— para penetrar. Tales metáforas van en contra de las bases epistémicas del *Laberinto* y su texto precursor, incluso en contra de una tradición más larga de simbolismo sexual en el mundo occidental. Con la imagen irritante de una Malinche travestida de "chingona", en fin, Margo Glantz

---

mitad del siglo XX en Karl Kohut, ed., *Literatura mexicana hoy: del 68 al ocaso de la revolución* (pp. 121-129). En cuanto a su impacto sobre la recepción internacional de la literatura femenina mexicana *cf.* Vittoria Borsò, "Las hijas de la Malinche", en Michael Rössner, ed., *Lateinamerikanische Literaturgeschichte* (pp. 421-423).

[37] M. Glantz, "La Malinche: la lengua en la mano", *supra*, pp. 91-109.

[38] *Ibid.*, pp. 110-111. La fuente indígena aludida es la "Crónica mexicana" de H. Alvarado Tezozómoc.

[39] M. Glantz, "La Malinche: la lengua en la mano", *supra*, p. 111. *cf.* también Georges Baudot, "Malintzin, imagen y discurso", *supra*, pp. 66-67.

hace resaltar "su enorme capacidad para la interpretación en una sociedad que [...] está vinculada con la tradición oral y donde los códices necesitan de la palabra memorizada para interpretarse".[40]

Las fuentes de procedencia indígena[41] son efectivamente las que más atestiguan la importancia de Malintzin: nos presentan escenas dramáticas en las que es Malintzin la que convoca, manda, interroga, reclama, negocia, la que fija medidas y condiciones, la que está en el centro de los discursos, dotada de insignias y atributos importantes. Aparentemente, esta pre-potencia contribuye a merecerle estatus divino entre los "naturales" de la tierra: Marina fue "tenida por diosa en grado superlativo", comenta el cronista mestizo Muñoz Camargo, quien vincula su don de palabra con su papel de evangelizadora.[42] Incluso la inviste de aspectos marianos, algo evidente en frases como "comunicaban por intercesión de Marina".[43]

También en los textos de la época más ortodoxamente españoles y católicos se encuentran rastros de la enorme competencia de Marina para la interpretación e intercesión. Hay que tomar en cuenta que los autores españoles del siglo XVI ya desde un principio se veían muy obligados a justificar la Conquista. Pero sobre todo en las obras escritas posteriormente a las acusaciones del padre Las Casas es notable la tendencia a destacar la negociación por medio de "lenguas". Así, también en los textos españoles Marina asume, en principio, un papel de protagonista. El

---

[40] M. Glantz, "La Malinche: la lengua en la mano", *supra*, p. 110.
[41] Me refiero sobre todo al "Relato de la Conquista por un autor anónimo de Tlatelolco", al *Lienzo de Tlaxcala* y a la *Historia general de las cosas de Nueva España* de Fray Bernardino de Sahagún. *Cf.* en especial el importante estudio de Gordon Brotherston, "La Malintzin de los códices", *supra*, pp. 19-31.
[42] Diego Muñoz Camargo, *Historia de Tlaxcala*, libro II, cap. II, pp. 186-187. El pasaje correspondiente es citado por M. Glantz, "La Malinche: la lengua en la mano", *supra*, p.102.
[43] D. Muñoz Camargo, *op. cit.*, libro II, cap. I, p. 185.

puñal, por ejemplo, que según Las Casas los españoles ponen al pecho del preso Moctezuma para forzarlo a salir y hablar a su pueblo sublevado, viene a ser reemplazado por Marina en la *Crónica* de Cervantes de Salazar.[44] Incluso en las obras no tan apologéticas de la Conquista, Marina se encuentra en contraposición sistemática a escenas violentas, tal como en la *Historia* del dominicano Durán que, hablando del conflicto en Tecoac, presenta dos variantes contradictorias de solución: una, "con la lengua de Marina", la otra, "por fuerza de armas".[45]

El soldado-cronista Bernal Díaz del Castillo, bien lo sabemos, enaltece a "doña Marina" no sólo al insistir en su ascendencia noble, señorial, sino también al eximirla de la flaqueza femenina común: "doña Marina", escribe, "con ser mujer de la tierra, qué esfuerzo tan varonil tenía".[46] Es interesante observar cómo esta calificación viril repercute en otras obras antiguas; en el mismo contexto, vuelve a figurar en la *Crónica* del humanista Cervantes de Salazar, quien la modifica e intensifica combinándola con "espíritu profético":

> Aquí dicen que Teuch, uno de los nobles y principales de Cempoala, dixo, cortado y desmayado, a Marina: "¡Oh, Marina y cómo veo la muerte de todos

---

[44] Bartolomé de las Casas, *Brevissima relacion de la destruycion de las Indias:* "Ponen vn puñal a los pechos al preso Motençuma, que se pusiesse a los corredores, y mandasse que los Indios no combatiessen la casa, sino que se pusiessen en paz" (fol. 19r). Francisco Cervantes de Salazar, *Crónica de la Nueva España:* "Crescía la guerra; víase afligido Cortés y Motezuma, y porque los españoles no le matasen, o porque verdaderamente los amaba y quería bien, ca jamás en ausencia ni en presencia le oyeron decir mal dellos, que era de lo que más pesaba a los mexicanos, invió a llamar a Marina; rogóle dixese al Capitán que él quería subir al azotea y desde el pretil hablar a los suyos, que por ventura cesarían y vendrían en algún buen concierto" (libro IV, cap. CXII, p. 479).

[45] Diego Durán, *Historia de las Indias de Nueva España e islas de Tierra Firme*, vol. 1, tratado I, cap. LXXII, pp. 602-603.

[46] Bernal Díaz del Castillo, *Historia verdadera de la conquista de la Nueva España*, cap. LXVI, p. 135.

> nosotros delante de los ojos! ¡No es posible que ha de quedar vivo ninguno!" Marina, con ánimo varonil y espíritu profético, le respondió: "No tengas miedo ni desmayes así, que el Dios destos cristianos es muy poderoso; quiérelos y ámalos mucho, y presto verás, cómo siendo vencedores, los saca deste peligro".[47]

Marina es sobre todo instrumento de la providencia divina: garantiza la superioridad cristiana, anticipa el triunfo del cristianismo a la vez que sirve de mediadora entre culturas. Así es como Díaz del Castillo puede establecer una analogía entre doña Marina y el personaje bíblico José:[48] los dos son *figurae Christi*. Consta además que doña Marina tenía tanto "ser", tanta presencia, que los "naturales" llamaban a Cortés por su nombre.[49] Este acto de "curiosa metonimia"[50] queda también documentado en otras obras de la época, incluso por ejemplo en las crónicas "letradas" de Cervantes de Salazar y Fernández de Oviedo. Dice este último:

> [...] e para servir a Cortés todos los caciques de la tierra estaban aparejados, porque tenían en mucho

---

[47] F. Cervantes de Salazar, *op. cit.*, libro III, cap. XXXIV, p. 206. Torquemada, que al parecer se adhiere a Cervantes de Salazar, borra en este contexto el "espíritu profético" y transfiere lo "varonil" hacia los soldados españoles; no obstante, es aún Marina la que "asegura la Victoria de Cortés contra Tlaxcalla": "Y aqui dixo Teuch, uno de los Nobles de Cempoala, á Marina, que via la muerte de todos delante de los Ojos, y que nos [*sic*] era posible, que ninguno escapase vivo. Respondióle Marina, que no tuviese miedo, porque el Dios de los Christianos, que es mui Poderoso, y los queria mucho, los sacaria de peligro. Y no mucho despues de estas palabras, peleando varonilmente los Castellanos, y los Indios Amigos, por no ser Sacrificados, con mucho esfuerço, salieron de aquella apretura [...]" (Juan de Torquemada, *La Monarquía Indiana*, vol. 1, libro IV, cap. XXX, p. 421).
[48] *Cf.* B. Díaz del Castillo, *op. cit.*, cap. XXXVII, p. 84.
[49] *Ibid.*, cap. LXXIV, p. 149. El pasaje correspondiente es citado por M. Glantz, "La Malinche: la lengua en la mano", *supra*, pp. 107-108.
[50] Adopto aquí la terminología de Jean Franco (*Cf.* J. Franco, "La Malinche: de don a contrato sexual", en *Marcar diferencias, cruzar fronteras*, p. 24).

su reputación e fama por haber conquistado a Temistitán; e nombrábanle Malinche, a respeto de una lengua que traía consigo, que llamaba Marina.[51]

En la nomenclatura de la Conquista, pues, es la "lengua" la que le presta nombre y renombre al capitán, la que contribuye a su fama y reputación. Esto es mucho "acceso al poder de significar", para recordar la frase de Donna Haraway.

IV. La hija de Moctezuma

El antiguo poder simbólico de Marina/Malintzin no tarda mucho en devenir partícula apócrifa e insignificante en los escritos eruditos sobre la Conquista. El hecho no sólo contribuye al crédito y prestigio de Cortés sino que incluso le confiere su nombre y tiende a ser ignorado,[52] reprobado o "corregido" por la posteridad.[53] Hay, sin embargo, una práctica cultural en que —probablemente justo por no

---

También Georges Baudot habla, además de "la Malintzin-argumento" y "la Malintzin-pretexto", de la "la metonimia Malinche, figura de retórica inventada conjuntamente por Cortés y por la auténtica Malintzin Tenepal de carne y hueso en los fragores de la gesta conquistadora" (G. Baudot, "Malintzin, imagen y discurso", *supra*, p. 67). Para un análisis detallado de estas "transformaciones onomásticas" *cf.* M. Glantz, "La Malinche: la lengua en la mano", *supra*., pp. 100-102 y 106-107.

[51] Gonzalo Fernández de Oviedo, *Historia general y natural de las Indias*, vol. 4, libro XXXIII, cap. XLIX, p. 238.

[52] *Cf.* p. ej. Antonio de Solís, *Historia de la Conquista de Méjico*, obra de resonancia enorme, publicada en 1684.

[53] Rectificaciones y comentarios ásperos que sintomáticamente tienden a encontrarse apartados del texto "regular" en forma de paréntesis o notas. Son patentes p. ej. en una obra del siglo XIX: Manuel Orozco y Berra, *Historia antigua y de la conquista de México:* "Los mexicanos, no sabemos si con cierta ironía, llamaban a Cortés el capitán Malinche" (libro I, cap. V, p. 103 n. 57), así como en dos bestsellers del siglo XX: Hugh Thomas, *Die Eroberung Mexikos. Cortés und Montezuma* (p. 379); Tzvetan Todorov, *Die Eroberung*

practicarse en el ámbito de la escritura, de lo culto— se ha preservado mucho del antiguo repertorio semántico en cuanto a la Malinche: las danzas folklóricas mesoamericanas. Dice, por ejemplo, el *Diccionario de mejicanismos* de Porrúa a propósito del término "Malinche": "En la danza que los indios conservan como tradición de los antiguos bailes mejicanos, es la única mujer y se le hacen ciertas reverencias y ceremonias." No obstante, a pesar de las reverencias y ceremonias, la mayoría de los que estudian estas danzas en la actualidad, las interpretan a la luz, o más bien al foco estrecho de la fórmula nacionalista, rigiéndose por el "guión" de *paradise lost* rematado de forma tan magistral por Octavio Paz, y atribuyéndoles a las figuras Malinche el papel de mujer mala, traidora, peligrosa y sexualmente intercambiable.

En un artículo publicado en 1996, el estadounidense Max Harris pone radicalmente en tela de juicio este modo de interpretación.[54] Subraya que en muchas de las danzas que dramatizan la Conquista, la figura Malinche se asocia más con la figura Moctezuma que con la figura Cortés. Aparece muchas veces como la mujer, hermana o hija de Moctezuma, que consigue que éste se convierta al cristianismo, o que lo hace resucitar después de caer muerto en el combate.[55]

Señalando que la Malinche aparece también de forma genérica en danzas que aparentemente no llevan a es-

---

Amerikas. Das Problem des Anderen. Dado el hincapié de este último en el desciframiento semiótico de la Conquista, extraña que el "apodo de Cortés" le valga tan sólo un comentario parco y esquivo entre paréntesis (p. 124).

[54] Max Harris, "Moctezuma's Daughter: The Role of La Malinche in Mesoamerican Dance", *Journal of American Folklore* 109, núm. 432 (1996), pp. 149-177. Hablando de la Danza de los Negritos, Harris destaca justamente el concurso de "Christian and Freudian narrative" en promover interpretaciones erróneas o simplistas del papel de la Malinche (p. 170).

[55] M. Harris, "Moctezuma's Daughter ...", *Journal of American Folklore*, pp. 151, 161, 163, 165-168; *cf.* Nancy Saldaña, "La Malinche: Her Representation in Dances of Mexico and the United States", *Ethnomusicology* 10,

cena la Conquista, Harris sostiene de forma convincente que la figura Malinche de las danzas tiene más que ver con la mitología indígena que con la narración del hecho histórico.[56] Demuestra que, por ejemplo en la Danza de los Santiagos y la Danza de los Negritos, hay asociaciones obvias de la figura Malinche con la diosa indígena Matlalcueye, diosa tutelar del agua y de la fertilidad. Observa también que el volcán gigante cerca de Tlaxcala se solía llamar Matlalcueye en tiempos de la Conquista —volcán que hoy en día lleva el nombre Malinche: "The mountain, therefore, offers an illuminating parallel to the Malinche of the dances. Demonstrably linked to a preconquest goddess rather than to the companion of Cortés, it nonetheless now shares its name with the latter".[57]

Harris, que parte de una diferenciación demasiado nítida entre mitología indígena e historiografía de la Conquista, no llega a cuestionar la imagen profana de una Malinche reducida a amante de Cortés. No obstante, sus observaciones son también valiosas para repensar el estatus y el campo de actuación de la protagonista histórica. La "paralela alumbradora" de Harris puede, por ejemplo, echar nueva luz sobre un comentario de Margo Glantz acerca de la Malinche de los documentos antiguos de la Conquista. Margo Glantz no sólo repara en los atributos divinos de

---

núm. 3 (1966), pp. 301 y 304. Me ocupo más detalladamente de perspectivas innovadoras sobre la Malinche de las danzas en otro ensayo ("Zunge des Eroberers, Markenzeichen kultureller Alteritäten: La Malinche", en Eva Kimminich y Claudia Krülls-Hepermann (eds.), *Zunge und Zeichen. Perspektiven kultureller Wahrnehmungs-und Darstellungsformen*, pp. 41-70).

[56] M. Harris, "Moctezuma's Daughter ...", *Journal of American Folklore*, p. 152.
[57] *Ibid.*, p. 172. Hubo otro designio de rebautizar esta montaña, atestado en un comentario de Muñoz Camargo sobre "la Sierra Matlalcueye, que llaman agora la Sierra de Tlaxcalla" (*op. cit.*, libro II, cap. I, p. 183); cabe agregar que entre sus editores modernos, sólo León-Portilla remite al nombre actual "Malinche". *Cf.* Miguel León-Portilla (ed.), *Visión de los vencidos. Relaciones indígenas de la Conquista*, p. 11; Georges Baudot y Tzvetan Todorov (eds.), *Relatos aztecas de la conquista*, p. 247.

Marina en la *Historia* de Muñoz Camargo y en su colocación central, dominante en el *Lienzo de Tlaxcala*; especifica también que en el *Códice Cuauhtlatzingo* aparece "ataviada como la diosa del agua, Chilchiuhtlicue". Estos datos, conjetura, podrían "remacharse" si se estudiara con mayor precisión el papel de Marina en los códices antiguos.[58]

Aun la literatura del siglo XX nos proporciona, *en passant*, una cantidad asombrosa de asociaciones de la Malinche con agua y montañas. A mediados de los años cuarenta, Egon Erwin Kisch "descubre" en su exilio mexicano una "leyenda de Tacuba" según la cual el tesoro de Moctezuma yace al fondo del estanque de Zancopinca, vigilado por "Malinche, la amante de Cortez", que a modo de ondina atrae a perecer a los ávidos de oro.[59] En 1929, Anita Brenner empieza por dar en *Idols Behind Altars* la versión corriente

---

[58] M. Glantz, "La Malinche: la lengua en la mano", *supra*, pp. 102-103. Dice Muñoz Camargo: "¿Es Chilchiuhtlicue la diosa Chalchihuitlycue, diosa del agua identificada por Torquemada con Matlalcueye, compañera del dios de la lluvia Tlaloc, y venerada en la sierra arriba mencionada? Son reveladoras las observaciones de Torquemada acerca de las "idolatrías" y "errores de estos Indios" aún muy presentes a principios del siglo XVII: "Tenian tambien creído, que todos los Montes eminentes, y Sierras altas, participaban de esta condicion, y parte de Divinidad, por lo qual fingieron aver en cada lugar de estos, vn Dios menor, que Tlaloc, y sujeto á él, por cuio mandato hacia engendrar Nubes, y que se deshiciesen en Agua, por aquellas Provincias, que aquel Lugar, y Sierra aguardaban [...] Otro, es en la falda de la Sierra de Tlaxcalla, que mira al Poniente, llamada aora, Santa Anna Chiauhtempan.

Esta Sierra fue en el tiempo de su Gentilidad, de grandisima veneracion, y en ella adoraban á la Diosa Chalchihuitlycue, aunque los Tlaxcaltecas la llamaron Matlalcueye; que quiere decir Vestida, ó Ceñida de vn Faldellin, ó Naguas açules, del color de la flor Matlalin [...] Llamaron á esta Diosa, Matlalcueye, que quiere decir, Encamisada de açul; porque pintan estos Indios al Agua, açul; y asi la denominan de el color de ella, por esto decian á esta, y al Dios Tlaloc, Señores del Agua; pero en Tetzcuco, y Mexico, era mui honrado Tlaloc, y en Tlaxcalla, Matlalcueye". (*op. cit.*, libro VI, cap. XXIII, p. 46).

[59] Egon Erwin Kisch, *Marktplatz der Sensationen. Entdeckungen in Mexiko*, p. 402. Kisch explícitamente descifra esta leyenda en función de la "Fischerballade" de Goethe.

de una "Malintzin" como traidora de su pueblo, empero agrega: "She realized the betrayal afterwards. Now she mourns by all the rivers and in all the mountains and helps revolutions whenever there are any".[60] Y también en *The Plumed Serpent* de D. H. Lawrence se trata de revoluciones que debe conllevar una diosa de lluvia y fertilidad llamada "Malintzi": así es como uno de los protagonistas masculinos, el mexicano Cipriano, le propone a la europea Kate asumir, bajo el nombre "Malintzi", el papel femenino de liderazgo en un movimiento de restauración política y religiosa. Es en la primera versión de esta novela (para la cual Lawrence en un principio proyectaba el título *Quetzalcoatl*), donde según anotación de L. D. Clark se expresaban aún más claramente las divinas funciones previstas para Kate: "She is to be the 'living Malinchi, the white goddess, the mother of rain', that is, the 'mother of gentle rain, which Mexico needs, not our heavy, breaking Tlaloc rain'".[61]

Cambiemos de escena y volvamos a finales del siglo XX, y con eso a la última escena de *La Malinche*, en que otra vez se reúnen protagonista y psicoanalista. Muy desilusionada, la Malinche está a punto de terminar la sesión: "Sigo viva. Humillada, insultada. Viva mientras sigan odiándome. Soy el río de todas las culpas".[62] En las corrientes profanas de este río han quedado liquidadas tanto la

---

[60] Anita Brenner, *Idols Behind Altars*, p. 62.
[61] D. H. Lawrence, *The Plumed Serpent (Quetzalcoatl)*, ed. L. D. Clark, p. 476n.370:33. Estas asociaciones con lo divino quedan atenuadas en la versión terminal de la novela. Hay, sin embargo, otra función de Kate/Malintzi mucho más llamativa —la de exaltar la sexualidad—. En un momento clave reconoce: "It is sex [...] How wonderful sex can be, when men keep it powerful and sacred, and it fills the world! Like sunshine through and through one!" (p. 436); soliloquio ejemplar y culminante que reaparece en la *Historia de la sexualidad* de Michel Foucault (vol. 1, pp. 190-191). Cabe observar que Foucault lo cita y analiza pasando por alto el *setting* (post) colonial de la novela así como el sobrenombre histórico-mitológico de Kate.
[62] V. H. Rascón Banda, *op. cit.*, escena XXXVII.

figura Christi como la diosa de la lluvia, probablemente de forma irremediable. Sin embargo, hay otra sugerencia quizá más importante en esta resignación de la Malinche: parece entender que el psicoanálisis no es recurso suficiente, a lo mejor ni adecuado para deshacer su complejo.

Sería tal vez un remedio más efectivo reconocer que existe todo un espectro —o quizá debería decir: complejo, en un sentido más amplio y menos enfermizo— de apropiaciones de la Malinche a lo largo de la historia, apropiaciones que sirven para asegurar distintas funciones discursivas e ideológicas, que tienen alcance y duración variables y a veces incluso flexibilidad asombrosa para la adaptación instantánea. El sujeto de deficiencia, ignominia y culpa al que se refieren tanto el "complejo" de Rubén Salazar Mallén como el "conflicto secreto" de Octavio Paz no tardaría entonces en revelarse como producto relativamente tardío de modos secularizados de razonamiento, cuya atracción en el siglo XX se debe de forma considerable al apresto de términos psicoanalíticos.

Sería saludable, en fin, intensificar aquella "transformación liminal" en aproximaciones a la Malinche comprobable ya en trabajos tan distintos como la proyección somera, utopista de Donna Haraway y el estudio minucioso, históricamente fundado de Margo Glantz. Existe una convergencia digna de notar entre los dos textos: ambos dejan en su sitio —otra vez metonímicamente hablando— al sexo y al vientre de la Malinche para volver la vista sobre la lengua, apartándose de una Malinche que es suma de feminidad victimizada para acercarse a una Malinche elocuente, de entendimiento ágil, capacitada para nuevas tecnologías de cognición y comunicación. Una Malinche así versada haría más justicia a la actuación de la protagonista histórica, ampliaría considerablemente el radio de acción de sus "hijas" y, *last but not least*, facilitaría el acceso al poder de significar a los indígenas. Y eso quizás aun sin llegar al extremo harawayano de figurar como "madre letrada".

Bibliografía

ACKERMANN, Uta f, *Johann Kresnik und sein Choreographisches Theater*, Berlin, Henschel, 1999.

ALARCÓN, Norma, "Chicana's Feminist Literature: A Revision Through Malintzin/or Malintzin: Putting Flesh Back on the Object", en Cherrié Moraga y Gloria Anzaldúa (eds.), *This Bridge Called My Back: Writings by Radical Women of Color*, pp. 182-190, Latham, Nueva York, Kitchen Table, Women of Color Press, 1983.

BAUDOT, Georges, "Malintzin, imagen y discurso", en Margo Glantz (ed.), *La Malinche, sus padres y sus hijos*, México, UNAM, 1994.

————, y Tzvetan Todorov (eds.), *Relatos aztecas de la Conquista*, México, Grijalbo, 1990.

BORDO, Susan, "Feminism, Postmodernism, and Gender-Scepticism", en Linda J. Nicholson (ed.), *Feminism/Postmodernism*, Nueva York, Routledge, 1990.

BORSÒ, Vittoria, "Las hijas de la Malinche", en Michael Rössner (ed.), *Lateinamerikanische Literaturgeschichte*, Stuttgart, Metzler, 1995.

————, "Mexiko jenseits der Einsamkeit. Perspektiven vor und nach Tlatelolco (II. Teil)", *Matices. Zeitschrift zu Lateinamerika, Spanien und Portugal*, núm. 22, 1999.

BRENNER, Anita, *Idols Behind Altars*, Nueva York, Biblo and Tannen, 1967.

BROTHERSTON, Gordon, "La Malintzin de los códices", en Margo Glantz (ed.), *La Malinche, sus padres y sus hijos*, México, UNAM, 1994.

CASAS, Bartolomé de las, *Brevissima relacion de la destruycion de las Indias*, Sevilla, Trugillo, 1552.

CERVANTES DE SALAZAR, Francisco, *Crónica de la Nueva España*, México, Porrúa, 1985.

CHAVERO, Alfredo (ed.), *Lienzo de Tlaxcala*, México, Cosmos, 1979.

CYPESS, Sandra Messinger, *La Malinche in Mexican Literature: From History to Myth*, Austin, University of Texas Press, 1991.

DÍAZ DEL CASTILLO, Bernal, *Historia verdadera de la Conquista de la Nueva España*, Madrid, Espasa-Calpe, 1989.

Diccionario de mejicanismos, México, Porrúa, 1983.

DURÁN, Diego, *Historia de las Indias de Nueva España e islas de Tierra Firme*, 2 vols. México, Cien de México, 1995.

ECHEVERRÍA, Bolívar, "Malintzin, la lengua", en Margo Glantz (ed.), *La Malinche, sus padres y sus hijos*, México, UNAM, 1994.

FERNÁNDEZ DE OVIEDO, Gonzalo, *Historia general y natural de las Indias*, 5 vols. Madrid, Atlas (Biblioteca de Autores Españoles, 120), 1992.

FOUCAULT, Michel, *Historia de la sexualidad*, Vol. I: *La voluntad de saber*. 3 vols. Madrid, Siglo XXI, 1992.

FRANCO, Jean, "La Malinche y el Primer Mundo", en Margo Glantz (ed.), *La Malinche, sus padres y sus hijos,* México, UNAM, 1994.

—————, *Marcar diferencias, cruzar fronteras,* Santiago de Chile, Cuarto Propio, 1996.

GLANTZ, Margo, "Las hijas de la Malinche", en Karl Kohut (ed.), *Literatura mexicana hoy: del 68 al ocaso de la revolución.* Frankfurt A.M., Vervuert, 1995.

—————, "Las hijas de la Malinche", en Margo Glantz (ed.), *La Malinche, sus padres y sus hijos*, México, UNAM, 1994.

—————, "La Malinche: la lengua en la mano", en, *La Malinche, sus padres y sus hijos*, México, UNAM, 1994.

————— (ed.), *La Malinche, sus padres y sus hijos*, México, UNAM, 1994.

—————, "Los problemas de la interpretación: La Malinche y su papel como lengua", en Iris Zavala (ed.), *Breve historia feminista de la literatura española*, Vol. II, Barcelona, Anthropos, 1995.

HARAWAY, Donna, "A Manifesto for Cyborgs: Science, Technology, and Socialist Feminism in the 1980s", en Linda J.

Nicholson (ed.), *Feminism/Postmodernism*, Nueva York, Routledge, 1990.

HARRIS, Max, "Moctezuma's Daughter: The Role of La Malinche in Mesoamerican Dance", *Journal of American Folklore* 109, núm. 432, 1996.

KISCH, Egon Erwin, *Marktplatz der Sensationen. Entdeckungen in Mexiko*, Berlin, Aufbau-Verlag, 1993.

LAWRENCE, D. H., *The Plumed Serpent (Quetzalcoatl)*, L. D. Clark (ed.), Cambridge, Cambridge University Press, 1987.

LEITNER, Claudia, "Zunge des Eroberers, Markenzeichen kultureller Alteritäten: La Malinche", en Eva Kimminich y Claudia Krülls-Hepermann (eds.), *Zunge und Zeichen. Perspektiven kultureller Wahrnehmungs und Darstellungsformen*. Frankfurt a.M., Lang, 2000.

LEÓN-PORTILLA, Miguel (ed.), *Visión de los vencidos. Relaciones indígenas de la Conquista,* México, UNAM, 1992.

MANN, Patricia S., *Micro-Politics. Agency in a Postfeminist Era*, Minneapolis, University of Minnesota Press, 1994.

MIGNOLO, Walter, "La razón postcolonial: herencias coloniales y teorías postcoloniales", en *Revista Chilena de Literatura* 47, 1995: pp. 91-114.

MONSIVÁIS, Carlos, "La Malinche y el Primer Mundo", en Margo Glantz (coord.), *La malinche, sus padres y sus hijos*, México, UNAM, 1994.

MOYA, Paula M.L., "Postmodernism, 'Realism', and the Politics of Identity: Cherrié Moraga and Chicana Feminism", en M. Jacqui Alexander y Chandra Talpade Mohanty (eds.), *Feminist Genealogies, Colonial Legacies, Democratic Futures*. Nueva York, Routledge, 1997.

MUÑOZ CAMARGO, Diego, *Historia de Tlaxcala,* Germán Vázquez (ed.), Madrid, Historia 16, 1986.

NÜNNING, Ansgar (ed.), *Metzler Lexikon Literatur- und Kulturtheorie*, Stuttgart, Metzler, 1998.

OROZCO Y BERRA, Manuel, *Historia antigua y de la conquista de México*, México, Porrúa, 1960.

PASO, Fernando del, "Octavio Paz: la madera y la materia", en *La Jornada Semanal*, 11 de julio de 1999.

PAUL, Carlos, "Controvertida puesta en escena que adquiere forma de libro. La Malinche aún es rencor vivo y tendrá que ser revalorada: Rascón Banda", *La Jornada*, 7 de junio de 2000.

PAZ, Octavio, *El laberinto de la soledad*. México, FCE, 1990.

PRATT, Mary Louise, "'Yo soy la Malinche': Chicana Writers and the Poetics of Ethnonationalism", en Peter Verdonk (ed.), *Twentieth-Century Poetry: From Text to Context*, Nueva York, Routledge, 1993.

RAMOS, Samuel, *El perfil del hombre y la cultura en México*. México, UNAM, 1963.

RASCÓN BANDA, Víctor Hugo, *La Malinche*, México, Plaza y Janés, 2000.

RULLMANN, Marit, *Philosophinnen*, Vol. 2: Von der Romantik bis zur Moderne. 2 vols. Frankfurt a.M., Suhrkamp, 1998.

SAHAGÚN, Fray Bernardino de, *Historia general de las cosas de Nueva España* A.M. Garibay (ed.), México, Porrúa, 1975.

SALAZAR MALLÉN, Rubén, "El complejo de la Malinche" y "El machismo" en *Sábado* (suplemento cultural de *Unomásuno*) núm. 722, 3 de agosto de 1991.

SALDAÑA, Nancy, "La Malinche: Her Representation in Dances of Mexico and the United States", en *Ethnomusicology* 10, núm. 3 (1966).

SOLÍS, Antonio de, *Historia de la Conquista de Méjico*, Madrid, Espasa-Calpe, 1970.

THOMAS, Hugh, *Die Eroberung Mexikos. Cortés und Montezuma,* Frankfurt a.M., Fischer, 1998.

TODOROV, Tzvetan, *Die Eroberung Amerikas. Das Problem des Anderen*, Frankfurt a.M., Suhrkamp, 1985.

TORQUEMADA, Juan de, *La Monarquía Indiana*, 3 vols. Sevilla, Clavyo, 1615.

WEED, Elizabeth (ed.), *Coming to Terms: Feminism, Theory, Politics*. Nueva York, Routledge, 1989.

Malinche
Jorge Alberto Manrique

Todo historiador que se haya ocupado de la Conquista de México ha destacado la importancia que doña Marina —según su nombre de bautizo, corrompido en Malina y reverencialmente en Malintzin y luego en Malinche— tuvo como auxiliar de Cortés en la Conquista.

Desde el principio de su relación con Cortés, Marina, traductora primero a través de Jerónimo de Aguilar y después por sí misma (la cama es el mejor lugar para aprender idiomas), resulta un personaje ambiguo. Los historiadores coloniales y posteriores no podían fácilmente explicárselo. Cortés recibe a esta mujer como "regalo" al hacer las paces después de una batalla en Tabasco. En la visión cristiana eso la rebajaba al grado de hacerla aparecer, aunque de alta estirpe, como esclava, pero para los tabasqueños que la donaron, como para muchos otros pueblos en la historia del mundo, incluidos los europeos medievales, dar a las mujeres de alcurnia como acción amistosa no los rebajaba a ellos ni rebajaba a las mujeres.

¿Hubo amor —ése de las novelas, el que dicen que se inició en el Mediodía francés en los siglos XIII y XIV— entre Cortés y Marina? La pregunta es ociosa porque no tiene respuesta posible. Lo cierto es que Cortés *usó* a la Malinche sexualmente, como era inveterado derecho en ambos lados del Atlántico; y la usó (seguramente con su consentimiento) en sus hábiles manejos diplomático-políticos. Marina fue usada como en todo tiempo y lugar, hasta antier, ha sido usada toda mujer. Si gozó con ello tampoco podemos saberlo, aunque ¿por qué no? Pero sí podemos saber que, siendo usada, usó a Cortés. Por medio de él se levantó a unas alturas mucho mayores que aquellas a las que su origen *pipiltin* la destinaban. Fue la consorte de Cortés en la guerra y a la caída de México una —breve— especie de emperatriz.

Lo que hizo fue, se dice, por su odio a los opresores mexicas, pero quizá más por su encumbramiento personal.

Los cronistas alaban a Marina. Le daban el *doña*. Pero su gran éxito, y tal vez el que ella verdaderamente buscaba, fue frente a los indios. La desinencia *tzin* equivale o supera al *doña*. Llegó a ser tanto que para ellos su personalidad se confundía con Cortés, al punto de que, siguiendo una idea de dualidad propia al mundo prehispánico, llamaron a don Hernando *Malinche*.

La historiografía liberal, a partir del supuesto de que con la Independencia el "imperio" mexicano *recobraba* su libertad, empezó a ver con malos ojos a la colaboradora de Cortés. Su prestigio fue en picada. Era la traidora. Surgió entonces el término *malinchista*, primero aplicado a los colaboradores de los extranjeros, luego a todos los que —en la idea popular— prefieren lo ajeno a lo propio. La Malinche se había convertido no sólo en la traidora sino (muy de acuerdo a la moral decimonónica y posterior) en la *puta* de Cortés. La asimilación traidora-puta conforma el personaje en la imaginería popular.

La cultura mexicana reciente se ha ocupado del personaje de Marina. En el mundo popular e informal la identificación Malinche-traidora-puta es una constante, pero no trasciende, sino esporádicamente, a la cultura de mayores pretensiones. Octavio Paz ha escrito brillantes páginas donde la Malinche se relaciona con la violada, la "rajada", la imagen de una madre india sometida violentamente por el padre europeo, que pesa sobre la debilidad existencial de los mexicanos. Hipótesis que en su momento resultó reveladora, escandalosa y contundente, y que quizá ahora haya que tomar con más cuidado.

Como quiera, es impresionante la forma en que el término *malinchista* se ha instalado en la cultura popular. Las preguntas serían: ¿el éxito del adjetivo se debe a un acendrado amor patrio?, ¿se debe a un problema no resuelto de identidad?, ¿se debe a motivaciones psicológicas sexuales profundas?

Creo que la respuesta está en esas tres preguntas:

1. En efecto, quien quiere a su lar se siente incómodo con quien prefiere otro: lo califica de débil, puto: la Malinche es la puta por antonomasia en ese sentido.

2. En efecto, el problema universal y nunca resuelto de identidad se hace más agudo en un mundo excéntrico como el mexicano. La manera de defenderse en ese equilibrio difícil es echar la culpa a otros: para el caso a la puta Malinche, que por gozar de la cama de Cortés vendió a su pueblo.

3. En efecto, la debilidad del ser masculino triunfante se compensa, en una manera siempre insatisfactoria, culpando de sus males al ser femenino que quisiera ser. La cultura judeocristiana que nos conforma es especialmente dura en ese sentido. Al culpar a Eva de la caída culpamos a nuestras madres y a nuestras esposas y creemos ilusamente liberarnos de nuestras propias culpas. ¿Qué mejor manera —en el supuesto histórico-mitológico— de tratar de liberarnos de nuestra debilidad que achacándosela a una mujer, la puta de Cortés?

En todo caso, lo que es indispensable distinguir es a la Malinche histórica, que utilizó la cama y la lengua (y no es albur) para alcanzar poder, y que en ese sentido es una mujer ejemplar, de la Malinche como símbolo actual de entrega a lo extranjero.

La Malinche y el desorden amoroso novohispano
Herbert Frey

Quisiera aclarar en primera instancia que de ninguna manera me siento un especialista en el tema de la Malinche y de la mujer en México. Sin embargo, no lo rehusé cuando me salió al encuentro al trabajar el tema de Cortés. El objeto central de mi investigación giraba en torno a la relación entre Carlos V y Cortés, y su vinculación con el tema de la modernidad. La perspectiva no fue tanto un punto de vista histórico sino la de la filosofía de la historia en la que contrastaba la importancia de la modernidad en estas dos personalidades de importancia mundial. Entrego mi aportación no sin dudas sobre su plena justificación en un coloquio sobre la Malinche.

La única justificación podría ser el hecho de que el tema está sustentado por mi estudio del trasfondo europeo de la Conquista y las transformaciones europeas de este tiempo. Esto nos permitirá subrayar algunos momentos de este contexto que nos posibilitarían ver a doña Marina desde otros ángulos no frecuentados.

En *El laberinto de la soledad*, Octavio Paz evoca la relación entre la Chingada (la madre violada) con la Conquista que fue no solamente una violación histórica sino también una violación carnal de la indígena. En esta interpretación, doña Marina, la amante de Cortés, se transformó en el símbolo de esta entrega concediendo que fue una entrega voluntaria al conquistador.

> Doña Marina se ha convertido en una figura que representa a las indias fascinadas, violadas o seducidas por los españoles. Y del mismo modo que el niño no perdona a su madre que lo abandone para ir en busca de su padre, el pueblo mexicano no perdona su traición a la Malinche. Ella encarna lo abierto, lo chingado, frente a nuestros indios estoicos, impasibles y cerrados.

Hasta ahí Octavio Paz. En esta imagen aparece la mujer, especialmente la mujer indígena, en la figura de la Malinche, como objeto del deseo del hombre, como violada que, representando a toda una cultura, se transforma en víctima de los españoles. Esto no sólo es un estereotipo próximo a ciertas interpretaciones dominantes en la historiografía mexicana sino un probable elemento esencial en el proceso de su constitución misma. Aun reconociendo la invaluable contribución de Paz al análisis de este tema, viviendo momentos de revisión general de clichés, parece útil cuestionar antiguas proposiciones en favor de una interpretación que permita otros acercamientos a la realidad histórica.

En el *Códice florentino* se puede ver la ilustración del primer encuentro de Cortés y Moctezuma: los dos jefes militares están visibles en la orilla de este cuadro que se encuentra totalmente dominando por la imagen de la Malinche. Esto concuerda con un párrafo de Bernal Díaz del Castillo: "Doña Marina tenía un carácter muy fuerte y dominaba a los indígenas de la Nueva España de una forma impresionante". Igualmente revelador es el apodo que los indígenas dan al propio Cortés. Le llaman Malinche porque es ella quien le "presta sus palabras". En todos estos ejemplos, la Malinche aparece como sujeto, no como una subyugada sino como mujer activa que identificándose con los valores de los españoles les ayuda a descifrar su propia cultura. Los mexicas no sabían que las palabras podían ser tan peligrosas como las armas, si no es que más. Algunos días antes de la caída de Tenochtitlán, siendo ya prácticamente un hecho la victoria de Cortés, los mexicas rechazaron el ofrecimiento de paz hecho por los españoles con las siguientes palabras: "Deja de hablar de paz: palabras son cosas de mujeres, el asunto de los hombres son únicamente las armas" (Bernal Díaz del Castillo).

Sin embargo, al principio de la edad moderna, el poder de las palabras (cosa de mujeres para los mexicas) se transforma en un arma mortal. Las palabras representan la posibilidad del engaño y de la astucia, virtudes recomendadas por Maquiavelo a todos los príncipes. El mundo del lenguaje usado por Cortés en contra de los mexicas se transforma también en el mundo de la Malinche quien aprende a usarlo en contra de su propio pueblo; en la construcción del mundo del lenguaje se mezclan Cortés y la Malinche. La Malinche presta a Cortés su lenguaje de tal forma que los indígenas llaman a Cortés, como lo hemos señalado anteriormente, "Malinche". Él le enseña a usar la palabra como instrumento de lucha mientras ella le introduce a las contradicciones de su cultura y de su antigua patria. Por otro lado, es la Malinche quien se apropia del lenguaje de sus nuevos señores y se transforma, de esta manera, en una pieza insustituible de la comunicación entre las dos culturas.

No sabemos qué papel juega en la relación amorosa entre la Malinche y Cortés. El deseo es el deseo del otro, dice Lacan, y no cabe duda que la "extrañeza étnica" aumenta el deseo entre conquistadores y mujeres indígenas. Eso no quiere decir que no haya violencia en el proceso por el cual los conquistadores se apropian de las mujeres. Pero no es solamente violencia. Según un episodio que cuenta Bernal Díaz son algunas mujeres indígenas las que rechazan ser devueltas a sus antiguos maridos después de haber convivido con los conquistadores. El deseo despertado por la "extrañeza" se transforma en algo esencial, en un espacio en el cual se rompieron las viejas normas sociales. Ese espacio sin reglas fijas, creado por la Conquista, se transforma en un lugar que hace posible vivir deseos incumplidos que eran imposibles en ambas sociedades antes del contacto. Esto como hipótesis, sin justificar el empleo de violencia, pero recordando que hasta la violencia puede ser parte en un juego erótico.

Es en el espacio erótico donde se encuentran las proyecciones de dos culturas diferentes. El cuadro que pinta Palacios Rubio en su obra *De Insulanis*, de los indígenas, es típico de este caso. "Ellos —dice de las indígenas— están siempre dispuestos de hacer el amor y consideran una actitud inadecuada de negarse al hombre". Esas proyecciones tienen su correspondencia con los relatos de un oidor de la provincia de Michoacán que se enorgullece de contar la impresión que causó su órgano sexual entre las indígenas. De esta manera, es la apertura de una esfera erótica la que mueve lo imaginario del Viejo y del Nuevo Mundo al comienzo de la edad moderna cuando se da el encuentro entre dos grupos étnicos tan diferentes. Es el momento en el cual se cierra este *laisser faire* erótico medieval europeo, bajo la crítica de la Reforma y el proceso de la constitución de un Estado absolutista. Mientras que este Estado controla de una forma cada vez más perfecta el espacio privado de sus súbditos e impone estrictas normas en torno a la vida sexual, en el Nuevo Mundo se abre el espacio erótico para los conquistadores.

Aquí, lejos del control de una Inquisición en formación, lejos de las viejas estructuras familiares castellanas, se vive no solamente la guerra sino también todas las fantasías sexuales reprimidas. La caída del orden mexica libera los cuerpos femeninos y permite su libre circulación. Bajo el dominio de los conquistadores, se forma en la Nueva España una sociedad civil que se autogobierna durante algunos años antes de que se imponga en Estado centralista por el virreinato y termine con las ambiciones particulares de Cortés y de sus conquistadores. Este fin, sin embargo, es solamente un "fin" político. La posibilidad de terminar con el desorden erótico está fuera de las posibilidades de una máquina burocrática ocupada en la explotación de sus colonias y en el control de sus propios colonizadores. Aunque existe cierta presión social en el sentido de que los funcionarios tomen sus esposas en España, eso no sólo no tuvo mayor validez para el español emigrado común sino que incluso entre los funcionarios se dio un significativo aporte al mestizaje. ¿Acaso no se constituye precisamente en esos momentos esa *long durée* de un maravilloso desorden amoroso que pervive de manera consistente en las casas "chicas" y "chiquititas"?

Estas aventuras eróticas que eran posibles en las colonias españolas hubiesen sido imposibles en las posesiones inglesas. Una clase colonial dominante que legitima a sus hijos e hijas habidos de indígenas o negras fue totalmente impensable para aquellos formados en el espíritu puritano del protestantismo. Cualquier acto de esta índole habría llevado a la exclusión social.

La legitimación de Martín Cortés, hijo de la Malinche, por parte de su padre fue solamente un ejemplo drástico de un comportamiento que fue en cierta manera usual entre los conquistadores. De esta forma, España reconoce a las mujeres indígenas respetando su atractivo sexual y su nobleza de estirpe, incorporando los frutos de este deseo a la sociedad colonial. En las colonias inglesas los indígenas eran seres que se encontraban fuera de la sociedad, amenazados por la extinción por no tener ninguna significación en el proceso económico. En el ámbito colonial, el mestizo era parte de la sociedad aunque de una manera que se expresaba en una identidad conflictiva.

El hecho de que entre miembros de diferentes grupos étnicos exista el deseo, cuya intensidad aumentaba probablemente por la fascinación de la "diferencia", fue reconocido generalmente en el ámbito del dominio español. Como la religión católica se había impuesto, al menos superficialmente, en todos los lados, no había impedimentos religiosos para legitimar relaciones amorosas entre indígenas y españoles.

Sin embargo, hay que hacer una observación en torno al proceso civilizador en Europa. En el momento de la imposición del poder español en la tierra firme, el proceso civilizador europeo que consiste, entre otras cosas, en un control más rígido de la sexualidad, no había alcanzado todavía su cúspide. Aún existían espacios sociales que se mantenían libres del control de la Iglesia y del Estado. En el caso de la colonización inglesa, los colonos llevaban consigo a ultramar un pequeño dios vengativo, en forma de una conciencia interiorizada, al que no tuvieron la posibilidad de dejar en la vieja patria.

Éstas son algunas pequeñas reflexiones en torno de la pregunta, ¿por qué los hijos e hijas de la Malinche juegan hasta ahora sus juegos y esto sin mala conciencia, mientras en el norte del continente, un paso en falso del presidente, se transforma en asunto de Estado?

Bibliografía

DÍAZ DEL CASTILLO, Bernal, *Historia verdadera de la Conquista de la Nueva España*, México, Editorial Patria, 1983.

PAZ, Octavio, *El laberinto de la soledad*, México, Cuadernos Americanos, 1950 (Cuadernos americanos, 16).

TODOROV, Tzvetan, *La Conquista de América. El problema del otro*, México, Siglo XXI, 1987.

Re-visión de la figura de la Malinche en la dramaturgia mexicana contemporánea
Sandra Messinger Cypess

En este ensayo propongo estudiar los cambios en la presentación de la Malinche por los dramaturgos mexicanos para mostrar que la perspectiva del escritor o la escritora está condicionada por sus experiencias en una sociedad patriarcal. La imagen de la Malinche, que antes fue presentada sin matices ni dudas, fue dominada por el patriarcado que formó el canon histórico y las ideas de la cultura nacional. Con el cuestionamiento de la autoridad oficial, se han ofrecido otros dramas que representan una versión subversiva, o antipatriarcal, de la Malinche y su papel en la Conquista.

Fue el conquistador Bernal Díaz del Castillo quien nos dio los pocos detalles difundidos de su biografía (se remite al capítulo 37 de *la Historia verdadera de la conquista de la Nueva España*). El relato de Bernal Díaz es muy positivo, claro, pues para los españoles la Malinche se transforma en la imagen de doña Marina quien les ayudó a conquistar a los indígenas. Es la traductora, guía y amante de Cortés, mujer enamorada que acepta al hombre español y toda su cultura, es decir, la religión católica y el idioma llamado "cristiano" —el castellano.

Después de la Independencia de México, estos pocos detalles conocidos se convierten en elementos inicuos en vez de laudatorios —la Malinche pierde el don de la doña y se asocia con la infame Chingada; es traidora además de ser traductora. La lupa nacionalista exagera todo lo negativo e ignora cuanto positivo pudiera haber existido. La interpretación tradicional nutrida por la actitud dominante se ve reflejada en el ensayo de Octavio Paz, en el capítulo "Los hijos de la Malinche" de *El laberinto de la soledad*. Sin embargo, como el mismo Octavio Paz reconoce, "La historia es diaria invención, permanente creación [...] no una técnica, sino un arte".[1] Examinemos, pues, cómo la literatura inventa, en nuestra época, la leyenda de la Malinche y el contexto histórico dentro del cual actuó.

Varios dramaturgos mexicanos han tratado el tema de la Conquista y así presentan una versión contemporánea de la Malinche.[2] Entre otras piezas se incluyen *La Malinche* (1958) de Celestino Gorostiza, *Corona de fuego* (1960) de Rodolfo Usigli, *Cuauhtémoc* (1962) de Salvador Novo, *Todos los gatos son pardos* (1970) de Carlos Fuentes, *El eterno femenino* (1974) de Rosario Castellanos y *Águila o sol* (1984) de Sabina Berman. Todos estos se inscriben en la corriente histórica de los otros textos existentes, con los que establecen un diálogo; cada texto, inmerso en la corriente de discursos ajenos, repite las palabras de otros del pasado o será citado en otras obras venideras. Existen textos que repiten la ideología oficial canónica, mientras otros por medio de esta misma intertextualidad cuestionan la cultura oficial y problematizan la representación. El público que presencia estos espectáculos y el lector de los textos ya conocen bien la historia

---

[1] Octavio Paz, *Corriente alterna*, p. 95.
[2] José Sánchez, en *Hispanic Heroes of Discovery and Conquest of Spanish America in European Drama. Estudios de Hispanófila*, comenta en detalle la falta de interés en el tema entre los dramaturgos españoles de los años de la Colonia. Véase el estudio de Kirsten Nigro que refleja el nuevo interés en el tema, por lo menos en México: "Rhetoric and History in Three Mexican Plays", en *Latin American Theatre Review*, pp. 65-73.

oficial, así que el receptor entiende bien que lo que se ofrece no es "la verdad" sino una "mera versión", según lo que expresa la Sor Juana que Castellanos presenta en su drama satírico *El eterno femenino*. Lo importante de todas estas piezas dramáticas que versan sobre la misma referencialidad histórica es que dan a luz el debate sobre el papel verdadero de la Malinche en la vida cultural de México.

El mundo de la dramaturgia patriarcal, entre el cual incluimos textos de Rodolfo Usigli, Celestino Gorostiza y Carlos Fuentes, exhibe una voz central privilegiada, una posición ideológica que lo rige todo. Según el teórico literario Mikhail Bajtín, el texto monológico refleja una única conciencia, una única voz narrativa. Es una visión monolítica unilateral, mientras el texto polifónico condensa varias voces haciendo que las diversas ideologías entren en choque en el cuerpo textual. La perspectiva monovalente no cuestiona las complejas realidades mientras la polifonía refleja contrastes y contradicciones.[3]

Para los escritores polifónicos, que incluyen a las dramaturgas Rosario Castellanos y Sabina Berman, no existe "la verdad", sino hay varias verdades incompatibles que los individuos llevan en sí. Puede existir "una posición autorial" pero "la verdad" no existe fuera del contexto de un diálogo específico entre varios hablantes. En su resistencia a la perspectiva androcentrista de los textos tradicionales mexicanos, estas dramaturgas contribuyen a la deconstrucción de los viejos paradigmas. Los reemplazan con nuevas imágenes y a la vez dan a las mujeres un papel en el discurso mexicano.

Los dramas patriarcales

Rodolfo Usigli es muy conocido por la frase libertadora que dice: "el dramaturgo no es el esclavo sino el intérprete

---

[3] Para las ideas de Bajtín, consulté *The Dialogic Imagination* y *Problems of Dostoievsky's Poetics*.

del acontecimiento histórico".[4] En *El gesticulador* y las tres *Coronas*, vemos que el hecho histórico es muy importante en su obra dramática. Usigli no se contenta con representar la versión consagrada de la historia oficial sino ofrece una perspectiva: excluye algunos datos, destaca otros, alternando énfasis. Al sacrificar los detalles y las exactitudes de una crónica oficial, reconoce que su perspectiva está condicionada por sus propias premisas ideológicas y no pretende representar "la verdad". Así, por ejemplo, en *Corona de sombra*, según los hechos históricos seleccionados por Usigli, Maximiliano "sacrifica su vida y su trono para garantizar deliberadamente la sobrevivencia de Benito Juárez, y para asegurar, en última instancia, el futuro de las leyes de Reforma y del sistema republicano en México y quizás en toda América".[5]

Lo interesante para mí es que a pesar del hecho de que un sistema ideológico liberal motiva a Usigli, no es un sistema suficientemente grande para abarcar el feminismo. O sea, Usigli no revela una postura liberal cuando tiene que ver con el papel de la mujer en la sociedad mexicana, por lo menos, en el drama que nos ocupa, *Corona de fuego*.

Como tragedia épica de la Conquista, la Malinche presentada por Usigli es vista como mujer mala en todo lo que se refiere a su uso de la función discursiva. Así, las imágenes que emplea Usigli cuando se refiere a la voz de la Malinche son todas negativas. El coro mexicano, que emplea el mismo lenguaje elitista que el coro español, la llama "voz marina engañosa y sibilante" y un príncipe azteca la llama "voz impura, voz traidora [...] mancha de aceite de tu raza/ que más y más se ensancha cada día".[6] En otras palabras, todo lo que tiene que ver con el ejercicio de su voz, con el po-

---

[4] Rodolfo Usigli, *Corona de sombra. Corona de fuego. Corona de luz*, p. XV.
[5] Ramón Layera, "Mecanismos de fabulación y mitificación de la historia en las 'comedias impolíticas' y las *Coronas* de Rodolfo Usigli", en *Latin American Theatre Review*, núm. 18.2 (1985), pp. 54-55.
[6] R. Usigli, *op. cit.*, pp. 124-125.

der del discurso de esta mujer, todo eso recibe la maldición, pues la mujer dentro del sistema patriarcal dominante no tiene el derecho de hablar. Pero cuando Usigli quiere hacer resaltar su función procreadora como la primera madre de la raza mestiza mexicana, la trata de una manera más positiva. Usigli quiere alabar a la raza mestiza, producto histórico de las acciones de la Malinche con Cortés. Deja al lado la imagen de la voz, para emplear otra sinécdoque: la Malinche se convierte en útero y es "la mujer en quien conquista y guerra fecundaron un vientre endémico y longevo".[7] Por medio de la voz intratextual de Cuauhtémoc, Usigli trata de transformar las acciones de doña Marina-madre en un acontecimiento positivo para los mexicanos, pues destaca la importancia de los hijos mestizos de la Malinche en la formación de la nación mexicana: "Cuauhtémoc: 'Y ahora, adiós Malintzin/ Ojalá que en el fruto de tu prole/ el mexicano venza al español/ y el sentido de México perdure'".[8]

La identificación positiva de la mujer como vientre sí sirve para la agenda nacionalista de Usigli, agenda liberal en el sentido que le da a Cuauhtémoc un papel importante como el padre espiritual de la nación mexicana contemporánea, pero en cuanto a su presentación de la mujer, el contexto patriarcal viene a inscribirse en el texto.

Como Usigli, Celestino Gorostiza también aparenta incluir un variado número de voces que emiten distintos discursos pero, al fin de cuentas, Gorostiza sumerge todos los posibles discursos polifónicos y crea una forma monológica que hace víctima a la Malinche; la presenta desde la perspectiva de su ideología patriarcal.

En el guión, Gorostiza la llama "la Malinche", reconocimiento de su papel en el proceso de mestizaje mexicano. El personaje Cortés la llama a veces doña Marina, a veces Malinche, mientras Cuauhtémoc, siempre símbolo del México indígena, se dirige a ella por medio de la ver-

[7] *Ibid.*, p. 131.
[8] *Idem.*

sión náhuatl, "Malintzin". Por medio de la variedad de nombres, Gorostiza por lo menos hace algún esfuerzo por tratar el plurilingüismo de México, aspecto importante no sólo en relación con el papel de la Malinche como traductora sino en relación con la realidad histórica de la cual los otros dramaturgos ni hacían caso.

Gorostiza emplea signos lingüísticos y quinésicos para subvertir la leyenda de la Malinche como la Eva mexicana, traidora y tentadora. Al contrario de la mujer mala, Gorostiza crea la imagen de la madre abnegada, pero primero tiene que vindicarla de su reputación de traidora. Sin vergüenza, hace referencia a la infame masacre que tuvo lugar en Cholula, cuando la Malinche, según las crónicas, descubrió el plan de los indios que querían sorprender a los españoles y matarlos. En vez de ser las víctimas, fueron los españoles los que asesinaron a los cholultecas.

En el drama, Cuauhtémoc le echa la culpa de no favorecer a su "propia sangre". La Malinche le "descubre" que favorece la sangre de un nuevo necesitado de su ayuda, un hijo por nacer:

> En mis entrañas empieza a moverse un ser que no tiene ya tu sangre ni la mía. Tampoco la de Cortés. Es un ser nuevo que quiere vivir y que da con la suya un nuevo sentido a mi vida [...] a él no puedo traicionarlo. ¡Por él viviré y lucharé contra todo y contra todos, a pesar de todas las amenazas, de todos los castigos, de todos los sufrimientos, hasta el martirio [...] hasta la muerte![9]

Por medio de un discurso dirigido a su supuesto enemigo, el príncipe azteca Cuauhtémoc, la Malinche le informa al público también que está encinta, que dará a luz al niño que unifique las dos razas. Es bien importante que la Malinche no anuncia la llegada del mestizo a Cortés, el padre

[9] Celestino Gorostiza, en *Teatro mexicano del siglo XX*, vol. 4, p. 358.

histórico, sino a Cuauhtémoc, el padre espiritual, representante de los indígenas. Así, al crear el contexto discursivo intertextual de Cholula, momento históricamente vinculado con la traición de la Malinche, e involucrar tanto a Cuauhtémoc como a su hijo, factores inapropiados históricamente, Gorostiza trata de oponer el tema de la traición con el de la procreación. Los conceptos culturales de *pater* y *patria* se funden cuando la mujer encinta reemplaza la lealtad a su amante con la devoción a su hijo, cumpliendo así con un paradigma mucho más respetable según la sociedad mexicana contemporánea de Gorostiza. En vez de apelar al sustrato ideológico de la Eva mexicana, la Malinche de Gorostiza se convierte en la madre que se sacrifica, la abnegada, la dolorosa —en fin, casi la virgen de Guadalupe.[10]

Este subtexto transforma a la Malinche de mujer traidora en madre de la raza mestiza, icono con el cual inicia el fin del tercer y último acto del drama. Además, durante la última escena ocurre el único incidente del drama en el cual se hace verdadero caso de la diversidad de lenguas que florecían en el México indígena. Es la Malinche quien emplea el náhuatl durante este momento clave del drama.

Al empezar la primera escena del tercer acto, la Malinche entra abrazando a su hijo, y cantándole una canción de cuna en español. Al final del acto, y la conclusión del drama, el público la ve otra vez haciendo los mismos gestos y acciones, pero con un cambio significativo. La Malinche canta en náhuatl, lengua identificada con Cuauhtémoc y los indígenas. No importa que el drama, y la historia, se refiera a los varios grupos indígenas que poblaron México a la llegada de los españoles. Los aztecas y su lengua representan el signo de los indígenas, lo autóctono mexicano, y

[10] Por lo general, la virgen de Guadalupe está en el polo opuesto de la Malinche, como indican los estudios de Luis Leal; Rosario Castellanos, "Otra vez, Sor Juana". En *El uso de la palabra*, pp. 21-25.

Gorostiza asocia a la Malinche con estos signos. La figura de la Malinche literalmente no está abrazando al extranjero sino al mestizo, este símbolo de la nación mexicana. Gorostiza subvierte de esta manera quinésica el significado del malinchismo, según lo vimos definido por Octavio Paz, como "los partidarios de que México se abra al exterior: los verdaderos hijos de la Malinche que es la Chingada en persona".[11]

Esta Malinche de Gorostiza, sin embargo, no rechaza lo nativo a favor de lo extranjero, pues usa el lenguaje de los nativos y cuida al niño que será, en sus palabras, "un hombre nuevo y con el que empieza una raza nueva en un mundo nuevo".[12] Aquí tanto el náhuatl como la imagen de la madre abnegada sirven de disfraz para la ideología nacionalista de Gorostiza. Los dos signos sirven para convertir a la Malinche en figura aceptable según una civilización autoritaria que escribe la mitología oficial; ya no es la traidora sino la que cuida a su hijo mestizo. Ya no es la malinchista, sino la que habla náhuatl y rechaza el idioma de los conquistadores. Es irónico que lo que sirve de ejemplo del plurilingüismo entre los mexicanos, funciona para obliterar la polifonía del texto, pues la Malinche se convierte en otra mujer hispánica, quien lo sacrifica todo por el hijo. No es la mujer rebelde, locamente enamorada del conquistador, pero la ideología subyacente es siempre una sola: la mujer cristiana, hispánica, patriarcal. Y Gorostiza presenta otro episodio clave más que refleja su necesidad, inconsciente quizá, de convertirla en una mujer típica, estereotípica que representa los valores del patriarcado.

En el tercer acto, ya establecida la imagen de la Malinche como mujer que lo sacrifica todo por su hijo, Gorostiza la convierte en otra imagen estereotípica, la mujer enamorada que es traicionada por el hombre. Otra vez ocurre un diálogo entre la Malinche y Cuauhtémoc, en el

---

[11] O. Paz, *El laberinto de la soledad*, p. 78.
[12] C. Gorostiza, *op. cit.*, p. 376.

cual los dos no representan voces que contrastan, o filosofías opuestas, sino una sola ideología, la dominante en México. En este incidente, la Malinche descubre que la esposa legítima de Cortés llega a México y se pone histérica frente a Cuauhtémoc, el supuesto enemigo de Cortés:

> MALINCHE (...*alarmada*): —¿Su esposa? ¿Ha dicho que viene hacia aquí su esposa?
> CUAUHTÉMOC (*disimulando*): —No estaba prestando atención[...]
> MALINCHE: —¡Sí! Dijo que ha llegado a Texcoco y viene hacia Coyoacán. ¿Por qué no me dijo nada? ¿Por qué esta traición y este engaño?
> CUAUHTÉMOC: (...*tratando de calmarla*): —Nunca oí decir que fuera casado... (*Conciliador*) Él mismo podrá explicártelo. Tal vez has oído mal. En todo caso, él tendrá razones que darte[...].[13]

Es importante notar que la Malinche reacciona con celos cuando se entera de la llegada de su "rival", repitiendo el paradigma establecido por el eterno triángulo machista, que consiste en el esposo, la mujer legítima y la amada. Aunque podemos analizar muchas facetas del diálogo, lo importante para nuestro proyecto es hacer notar la reacción de Cuauhtémoc. Si la Malinche es "el eterno femenino" aquí, Cuauhtémoc pierde su papel de adversario de los españoles y se solidariza con el que llega a ser su "imagen y semejanza", es decir, el hombre. Cortés es su "hermano", ya no su enemigo, pues los dos comparten el mismo código masculino frente de la "otra", la mujer. Cuauhtémoc no piensa en la sangre india que le une con la Malinche, sino en lo importante del género. Entonces, la creación de ideologías no se produce dentro de un proceso de dialéctica interna de la obra, sino los valores vienen desde el exterior y parecen anteriores al texto, ajenos a la rivalidad vital de los personajes.

[13] *Ibid.*, p. 361.

Carlos Fuentes es generalmente asociado con el proyecto de analizar y censurar los mitos nacionales establecidos. En los textos más conocidos, como *La muerte de Artemio Cruz* (1962), y los ensayos en *Tiempo mexicano* (1971), a pesar de su agenda progresista, vemos la presentación de la figura de la mujer desde una perspectiva patriarcal. En cuanto a la Malinche, dice en *Tiempo mexicano* que ella "genera la traición y la corrupción en la mujer".[14] Pero en el drama *Todos los gatos son pardos*, de 1970, la presenta como la protectora de los valores democráticos y la que defiende los derechos de los indígenas. No es traidora como la Malinche de Usigli, sino una figura puente entre dos civilizaciones, la que trata de distanciarse de los tiranos, tanto Moctezuma como Cortés; los dos son para ella los déspotas que tratan de esclavizar a los indios. Antes de darse cuenta de que todos los gatos son pardos, de que los dos jefes son igualmente malos, la Malinche aceptó el sueño de Quetzalcóatl, el dios de la creación, el amor y justicia social. La Malinche de Fuentes trata de motivar a Cortés, quien asume el papel de Quetzalcóatl, el papel del dios bueno. No funciona como traidora, sino como el puente entre dos culturas con buenas características que ofrecer. Según lo que dice la Malinche a Cortés: "No asesines el bien de mi pueblo, señor [...] trata de entendernos [...] toma lo que está construido aquí y construye al lado de nosotros: déjanos aprender de tu mundo, aprende tú del nuestro".[15]

La Malinche espera mantener los valores y la identidad individual de los indígenas y mezclarlo todo con los valores positivos de la cultura europea. Como vemos por la manera de tratar a Cortés, tiene las ideas pero no las puede poner en marcha sin la ayuda del hombre, es decir, de Cortés. Cuando se da cuenta de que Cortés es el mismo gato que Moctezuma, la única solución que le queda es espe-

---

[14] Carlos Fuentes, *Tiempo mexicano*, p. 140.
[15] Carlos Fuentes, *Todos los gatos son pardos*, p. 100.

rar los cambios que traiga su hijo, el hijo de las "dos sangres", como se lo describe a Cortés. Otra vez, se dirige a otro hombre, el que va a nacer, para colocar las esperanzas en él, que sea este hijo el nuevo Quetzalcóatl: "tú mismo, mi hijito de la chingada; tú deberás ser la serpiente emplumada, la tierra con alas, el ave de barro, el cabrón y encabronado hijo de México y España: tú eres mi única herencia, la herencia de Malintzin, la diosa, de Marina, la puta, de Malinche, la madre".[16]

Aprendemos por lo menos dos lecciones en esta presentación: que a pesar de la voluntad de Fuentes de crear una visión nueva de la Malinche, sigue con los viejos patrones. Su Malinche no puede actuar por sí misma, depende del hombre para poder desarrollar sus planes. Además, a pesar de querer predicar la idea revolucionaria de que sea posible en México que el patrón no continúe en el futuro, lo que indicaría que la Malinche hubiera logrado su proyecto, Fuentes sin embargo deconstruye su propia idea renovadora en la configuración dramática. La estructura, las imágenes y la manipulación temporal de la última escena se basan en la temática de un eterno retorno y no en una nueva sociedad. El patriarcado que trastornó el proyecto idealista de la Malinche y la convirtió más bien en traidora, sigue teniendo éxito en postergar el reino de Quetzalcóatl. Descubrimos esto cuando el hijo deseado de la Malinche, el nuevo Quetzalcóatl, no aparece en escena. Al contrario, los personajes que tuvieron un papel en las acciones de la Conquista reaparecen vestidos en trajes contemporáneos; en vez de conquistadores o indígenas son soldados del siglo XX, policías, mendigos, estudiantes universitarios. El código visual indica de esta manera que los papeles eternos de opresor y oprimido no han desaparecido, los significantes cambian pero no los significados. Fuentes parece indicar que los avances tecnológicos del México contemporáneo representan una

---

[16] *Ibid.*, p. 116.

fachada ilusoria que cubre las mismas estructuras que operaron en el pasado.

Los dramas polifónicos

De las piezas escritas por mujeres que presentan la figura de la Malinche, *El eterno femenino* (1934) de Rosario Castellanos y *Águila o sol* (1984) de Sabina Berman comparten una versión satírica y subversiva. En *El eterno femenino*, Castellanos incluye a la Malinche como una de las figuras más importantes en su repaso de las mujeres destacadas de la historia oficial. La Malinche que presenta Berman actúa dentro de un contexto histórico desprovisto totalmente de su carácter solemne, épico. Aunque estas dos obras muestran diferencias entre sí, lo que las dos tienen en común les separa de la interpretación hecha por la dramaturgia patriarcal. Tratan el tema histórico con un humor que se mofa de la tradición establecida. Cada obra representa un paso más en el cambio a la desmitificación de la historia nacional.

El eterno femenino es un texto escrito por una mujer sobre mujeres, que además está localizado en un espacio dedicado a las mujeres, el salón de belleza. Aunque tiene un marco realista, se remite a una técnica fantástica para permitir que la mujer histórica se dirija en su propia voz al público. La protagonista Lupe va al salón de belleza en preparación para el día más importante de su vida, el de las nupcias. Al someterse a los procedimientos típicos del salón, sufre los malos efectos de un nuevo aparato dentro del secador. En vez de producirle sueños pacíficos —el propósito del aparato— éste funciona mal y le estimula a repasar la difícil trayectoria de las experiencias de la mujer mexicana.

El primer acto dramatiza las distintas etapas de la vida de la mujer casada mientras el tercer acto ofrece ejemplos de las mínimas alternativas para la mujer que no se casa. En el segundo acto llegan a la escena las "pocas mujeres mexicanas que han pasado a la historia", en las palabras de una de ellas, Josefa; es la Josefa Ortiz de Domínguez que participó en la lucha por la Independencia.[17] Sor Juana, como es de esperar, añade lo que es la actitud filosófica que guía este repaso; le dice a Lupita que, a pesar de la escasez, no va a ser tan fácil identificar a las mujeres, porque "nos hicieron pasar bajo las horcas caudinas de una versión estereotipada y oficial. Y ahora vamos a presentarnos como lo que fuimos. O, por lo menos, como lo que creemos que fuimos".[18]

Cuando le toca a la Malinche presentarse como lo que fue, o lo que cree que fue, trata de liberarse de la visión masculina, patriarcal, de la cual ha sido prisionera tanto tiempo.

La nueva visión que sale del conquistador y la Malinche no plantea a la mujer arrebatada ni locamente enamorada que obedece ciegamente al valiente hombre español. Por ejemplo, la historia tradicional refiere al episodio de la quema de las naves para mostrar que Cortés era hombre de mucha resolución y osadía. El diálogo presentado por Castellanos, al contrario, plantea una inversión de papeles tradicionales. La Malinche es la figura valiente, perspicaz, mientras Cortés sólo sabe quejarse de las circunstancias y echar la culpa a otros. La quema de las naves se maneja como un contexto donde se ha cambiado la idea de un plan genial por un accidente. Además, es la Malinche quien inventa la estrategia que los salva:

> CORTÉS: —Ay, cuánto diera yo por tener en mis manos un momento, nada más un momento, al

[17] Josefa Ortiz de Domínguez tiene la reputación de haber participado en la lucha por la Independencia a causa de su gran patriotismo, pero en *El eterno femenino* (p. 87), de Rosario Castellanos, ella misma dice que lo hizo porque la vida doméstica le aburría mucho.
[18] *Idem.*

marinero que se puso a fumar en la bodega del barco y se quedó dormido! [...] No quedó ni rastro de ninguna de las naves.
MALINCHE: —[...] ¿Por qué no aprovechas esta circunstancia para hacer correr el rumor de que tú, *tú*, quemaste las naves?
CORTÉS: —¿Yo? ¿Para qué?
MALINCHE: —Para cortar la retirada a Cuba. Hay en tu ejército muchos cobardes y uno que otro traidor que querían volver. Ahora no pueden hacerlo y no les queda más remedio que enfrentarse a los hechos.[19]

En contraste con las versiones recopiladas en las crónicas, Castellanos convierte el famoso episodio de las naves en algo humorístico de origen casual que no tiene nada que ver con el genio de Cortés.[20]

En el mismo episodio, que también destaca la perspicacia de la Malinche, Cortés quiere que le ayude a quitarse la armadura incómoda que le molesta por el peso y el calor: la Malinche se niega a hacerlo, y le responde firmemente que no.

CORTÉS: —¡Cómo te atreves a decir que no! ¡Eres mi esclava, mi propiedad, mi cosa!
MALINCHE: —Soy tu instrumento, de acuerdo. Pero, al menos aprende a usarme en tu beneficio.[21]

---

[19] *Ibid.*, p.89.
[20] Los cronistas no están de acuerdo con respecto a la motivación de Cortés cuando hizo quemar las naves. En las *Cartas de relación*, Cortés acepta toda la responsabilidad por su atrevimiento, declarando que lo hizo para que los soldados no pudieran escapar de la empresa de conquista, precisamente lo que la Malinche le sugiere en el texto de Castellanos. Gómara y Oviedo le dan el crédito completo a Cortés. Al contrario, la versión de la quema de las naves que ofrece Bernal Díaz sugiere que Cortés había ideado el plan pero que no había querido tomar la responsabilidad de una acción tan decisiva. Véase Bernal Díaz del Castillo, *Historia verdadera de la Conquista de México*, cap. 58 y William H. Prescott, *History of the*

Malinche le explica a Cortés que le conviene soportar el calor y las molestias porque la armadura le da el aire de un dios:

> MALINCHE: —Si te despojas de ella los indios verían lo que he visto y me callo: que eres un hombre como cualquier otro. Quizá más débil que algunos. Armado te asemejas a un dios.
> CORTÉS (*halagado*): —¡Dame un espejo! (*Se contempla y se aprueba.*) Es verdad. Y este papel de dios me viene pintiparado.

Este Cortés que se contempla en el espejo, que fácilmente se deja engañar por unas palabras bonitas, se parece más a la idea tradicional de la mujer que al astuto conquistador genial pintado por López de Gómara, su secretario, entre otros; aun Justo Sierra en su famoso ensayo histórico *Evolución política del pueblo mexicano* compara a Cortés con César.[22]

Cuando el Cortés de Castellanos quiere pasar el tiempo disfrutando de la belleza de la Malinche, ésta posterga este tipo de encuentro recordándole que tiene que encontrarse con los tlaxcaltecas. Como buen general, la Malinche le aconseja: "La situación de tus hombres es desesperada y los tlaxcaltecas son la única tabla de salvación. Recíbelos. Ellos te señalarán el camino seguro a Tenochtitlán".[23] Si la Malinche le aconseja cómo conquistar a los aztecas, es porque cree que Moctezuma es "un amo cruel" que merece ser castigado. Al contrario de la tradición, la versión que Castellanos

---

Conquest of Mexico and History of the Conquest of Perú, 1843-1847, p. 203, nota 25.

[21] Rosario Castellanos, *El eterno femenino*, p. 89.

[22] Justo Sierra, *Evolución política del pueblo mexicano,* vol. XII, en *Obras Completas del maestro Justo Sierra*, p. 60. En otros estudios Cortés es también comparado con César, Aquiles, Aníbal y Alejandro Magno; véase Winston A. Reynolds, "Hernán Cortés y los héroes de la antigüedad". Para un compendio reciente sobre Cortés, véase José Luis Martínez, *Hernán Cortés*.

[23] Rosario Castellanos, *op.cit.*, p. 91.

nos ofrece muestra a una Malinche no arrebatada ni desarraigada; no parece ser traidora al pueblo indígena porque no existe tal unidad sino un país con muchas tribus en conflicto. La relación degradante con la cual siempre ha sido asociada se convierte en una alianza política que ella quiere utilizar en contra de los aztecas. ¡Qué lejos de la imagen estereotípica!

Es importante mencionar que la revisión de la Conquista que Castellanos sugiere por boca de la Malinche y la actitud sarcástica hacia los hombres tanto como la inversión de la historia oficial son repetidas cuando Castellanos presenta a las otras mujeres históricas. Sabina Berman continúa con el mismo tono burlón en su obra *Águila o sol*. En el prólogo de la versión publicada se menciona ya la intención de desviar de la historia oficial al presentar la voz de los que son generalmente excluidos del discurso y el poder: "Se fundamenta en las crónicas indígenas de los sucesos recopilados por el maestro León Portilla en *La visión de los vencidos*. Así, es el punto de vista de los conquistados el que se expresa".[24] De acuerdo al propósito desmitificador de Berman, nada es sagrado y el discurso dramático se burla de todos los que ejercen el poder, sea quien sea, el conquistador desde luego, pero también el sacerdote azteca y el emperador Moctezuma. Y también, por medio de su técnica de incluir referencias anacrónicas, alude a la situación contemporánea de México. Su uso del contexto histórico le ayuda a criticar los problemas del presente, otro aspecto interesante de la obra que no nos toca desarrollar aquí.

Una característica clave de la Malinche histórica es su papel de traductora de los discursos entre los indígenas y los españoles. La Malinche que presenta Berman sigue en el papel de traductora, pero la parodia reside en cómo deja que hable Cortés, el gran conquistador, signo de España, de la civilización y la cultura europea.

---

[24] Sabina Berman, *Teatro de Sabina Berman*, p. 225.

> CORTÉS: —Oí mexicanuss: oí: diez aztecas versus mil y los aztecas ¡bravo!
> MALINCHE: —Ha escuchado el dios que son los mexicanos muy bravos. Que un mexicano vence a diez perfectamente.
> CORTÉS: —Morgn morgn cascarita: hispanuss versus mexicanuss.
> MALINCHE: —Quiere medirlos. Mañana se hará en la playa un torneo. Se guerreará por parejas: hombre blanco contra hombre indio.
> CORTÉS: —Anden almohada.
> MALINCHE: —Les da permiso de irse a prepararse y descansar hasta entonces.[25]

Con este diálogo se aprecia la interpretación paródica presentada de la Malinche como mediadora entre el pueblo indígena y los invasores. Notamos que a Cortés le hacen falta los servicios de su esclava india para ser entendido por los nativos, como se supone que pasó históricamente. Pero, el hecho de que, a la vez el lenguaje que Cortés utiliza tampoco puede ser entendido por el público, profundiza la parodia. Es un castellano bastardo, que incluye palabras que aparentan ser del latín, del alemán y del inglés —todos los lenguajes asociados con las empresas colonialistas y el imperialismo cultural y político—. Cortés se convierte en signo de todos los imperialistas que llegarán a entrometerse en el Nuevo Mundo. Además, otra ironía que crea Berman tiene que ver con el hecho de que son los indígenas los que hablan un lenguaje que el receptor puede comprender. Por medio del juego lingüístico, el espectador llega a identificarse con los vencidos y no con los vencedores; además, el público se siente frustrado escuchando a Cortés. Esta inversión de las identificaciones tradicionales y del sistema discursivo crea una dinámica parodizante que ridiculiza la cultura canónica.

---

[25] *Ibid.*, p. 237.

En otros episodios de la pieza, Berman inventa diálogos absurdos en los cuales tanto Cortés como Moctezuma hablan de una manera ilógica —no tienen "razón"— y tampoco "tienen razón" en el sentido de estar equivocados. La Malinche parece ser una de las pocas que lo comprende todo y puede funcionar en los dos mundos —el de los indígenas y de los españoles—. No es la mujer enamorada ni sumisa, ni es culpable de una traición, pues los jefes indígenas tampoco parecen dignos de lealtad. Invertir los papeles y los signos asociados con éstos sugiere una inversión de la tradición y el sistema que la mantiene. Berman ataca la percepción mitificada del poder patriarcal, mostrándolo en su faz absurda. Puesto que ese mundo absurdo es el que da a luz al México contemporáneo, la incapacidad de resolver los problemas actuales es para Berman el resultado natural de las circunstancias históricas. Así Berman, como Castellanos, se inserta dentro de la empresa cultural mexicana del revisionismo que cuestiona la validez de los mitos sagrados. Ambas dramaturgas se aprovechan del tono irónico, burlón, para tratar a los personajes identificados con el poder. Las dos muestran que el poder patriarcal es un juego, no una realidad dada, y de este modo, parecen desmitificar los mitos sagrados.

El ataque a la historia oficial que vemos en estas obras desmitifica a los personajes de la misma; también ayuda a desmitificar el concepto oficial de "lo femenino" que la cultura mantiene. La mujer no es la figura sumisa, pasiva, un objeto manipulado por el hombre, sino un ser con una voluntad independiente. Castellanos y Berman nos hacen recordar el pasado para crear una tensión entre el pasado oficial y la versión que prefieren sustituir. Empezando con la Malinche, la primera mujer mexicana, las dos dramaturgas muestran la capacidad de ejercer el poder del discurso. Rechazan las interpretaciones de la historia oficial y crean sus propias versiones. Fue el canon patriarcal el que inventó a la "Malinche traidora, la Chingada", ahora son las mujeres y la voz polifónica las que la rescatan.

Bibliografía

BAJTÍN, Mikhail. *The Dialogic Imagination*, Michael Holquist, ed., M. Holquist y Caryl Emerson, traductores. Austin, Universidad de Texas, 1987.

──────, *Problems of Dostoievsky's Poetics*, de Caryl Emerson (ed. y trad.), Minneapolis, Universidad de Minneapolis, 1984.

BERMAN, Sabina, *Águila o sol. Teatro de Sabina Berman*, México, Editores Mexicanos Unidos, 1985.

CASTELLANOS, Rosario, *El eterno femenino*. México, FCE, 1975.

──────, "Otra vez, Sor Juana", en *El uso de la palabra*, México, Excélsior, 1974.

CORTÉS, Hernán, *Cartas de relación*, México, Porrúa, 1970.

DÍAZ DEL CASTILLO, Bernal, *Historia verdadera de la conquista de la Nueva España*, 6a. ed., Madrid, Espasa-Calpe, 1984.

FOUCAULT, Michel, *History of Sexuality*, I. Robert Hurley (trad.), Nueva York, Pantheon Books, 1978.

FUENTES, Carlos, *Tiempo mexicano*, México, Joaquín Mortiz, 1971.

──────, *Todos los gatos son pardos*. México, Siglo XXI, 1970.

GOROSTIZA, Celestino, *La Malinche o la leña está verde*, en *Teatro mexicano del siglo XX*, vol. 4, ed. de Antonio Magaña Esquivel. México, FCE, 1970.

LAYERA, Ramón, "Mecanismos de fabulación y mitificación de la historia en las 'comedias impolíticas' y las *Coronas* de Rodolfo Usigli", *Latin American Theatre Review*, núm. 18.2, rev. del Centro de Estudios Latinoamericanos de la Universidad de Kansas. Kansas, 1985.

LEAL, Luis, "Female Archetypes in Mexican Literature", en Beth Miller (ed.), *Women in Hispanic Literature, Icons and Fallen Idols*, Berkeley, Universidad de California, 1983.

LÓPEZ DE GÓMARA, Francisco, *Historia de la Conquista de México*, pról. y cronología de Jorge Gurría Lacroix, Caracas, Ayacucho, 1984.

MARTÍNEZ, José Luis, *Hernán Cortés*, México, FCE, 1990.
NIGRO, Kirsten, "Rhetoric and History in Three Mexican Plays", en *Latin American Theatre Review*, núm. 21.1, rev. del Centro de Estudios Latinoamericanos de la Universidad de Kansas, Kansas, 1987.
PAZ, Octavio, *Corriente alterna*, México, Siglo XXI, 1967.
—————, *El laberinto de la soledad*, 2a. ed. México, FCE, 1959.
PRESCOTT, William H., *History of the Conquest of Mexico and History of the Conquest of Peru 1843-1847*, Nueva York, Modern Library, 1936.
REYNOLDS, Winston A., "Hernán Cortés y los héroes de la antigüedad", en *Revista de Filología Española*, vol. 45, Madrid, 1962.
SÁNCHEZ, José, *Hispanic Heroes of Discovery and Conquest of Spanish America in European Drama. Estudios de Hispanófila*. Madrid, Chapel Hill, NC/Castalia, 1978.
SIERRA, Justo, *Evolución política del pueblo mexicano. Obras completas del maestro Justo Sierra*, t. XII, 2a. ed., Edmundo O'Gorman (ed.), México, UNAM, 1957.
USIGLI, Rodolfo, *Corona de sombra. Corona de fuego. Corona de luz.* México, Porrúa, 1983.

Las hijas de la Malinche
Margo Glantz

> *No, no es la solución tirarse bajo un tren como la Ana de Tolstoi ni apurar el arsénico de Madame Bovary [...] Ni concluir las leyes geométricas, [...] contando las vigas de la celda de castigo como lo hizo sor Juana [...] No es la solución escribir, mientras llegan las visitas, en la sala de estar de la familia Austen [...] Debe haber otro modo que no se llame Safo / ni Mesalina ni María Egipciaca ni Magdalena ni Clemencia Isaura [...] Otro modo de ser humano y libre. Otro modo de ser.*
>
> Rosario Castellanos,
> *Meditación en el umbral*

¿Desmitificar o mitificar?

En el ensayo que lleva justamente ese título, *Antígonas*, Georges Steiner[1] indaga acerca de la vigencia "eterna" de algunos mitos griegos, y, en especial, el de la Antígona de Sófocles. Por su parte (en el epígrafe), Castellanos se rebela y busca cancelar las referencias mitológicas: democratizar a la mujer y permitirle su entrada a la historia sin estridencias; anular actuaciones semejantes a las que Josefina Ludmer llamó, refiriéndose a Sor Juana Inés de la Cruz, las "tretas del débil".[2]

---

[1] George Steiner, *Antigones*. [Existe una versión en español: *Antígonas. Hacia una filosofía y una poética de la lectura.*]
[2] Josefina Ludmer, "Tretas del débil", en P.E. González y E. Ortega (eds.), *La sartén por el mango*.

Pareciera sin embargo que aún tenemos que mitificar. No acudiré a las Antígonas, tampoco a Mesalina, ni a Santa Teresa o la Bovary, ni siquiera a Virginia Woolf. Revisaré de nuevo a la Malinche,[3] mito surgido durante la Conquista y de nuevo muy frecuentado con asiduidad. Voy a ocuparme de algunos aspectos esenciales de esa tradición.

La Malinche

En la historia de México ocupa un lugar primordial la figura de Malintzin, mejor conocida como la Malinche. De ella dice Octavio Paz:

> Por contraposición a Guadalupe, que es la Madre virgen, la Chingada es la Madre violada [la] pasividad [de la Chingada es aún más] abyecta: no ofrece resistencia a la violencia, es un montón inerte de sangre, huesos y polvo. Su mancha es constitucional y reside, según se ha dicho más arriba en su sexo. Esta pasividad abierta al exterior la lleva a perder su identidad: es la Chingada. Pierde su nombre, no es nadie ya, se confunde con la nada, es la Nada. Y sin embargo, es la atroz encarnación de la condición femenina [...] Si la Chingada es una representación de la madre violada, no me parece forzado asociarla a la Conquista, que fue también una violación, no solamente en el sentido histórico, sino en la carne misma de las indias. El símbolo de la entrega es doña Malinche, la aman-

---

[3] *Cf.* Muy especialmente Jean Franco, *Plotting Women. Gender and Representation in Mexico*; también, Georges Baudot, "Malintzin l'Irrégulière"; Rachel Phillips, "Marina-Malinche: Mask and Shadows". Recientemente apareció un libro sobre la Malinche: Sandra Messinger Cypess, *La Malinche in Mexican Literature. From History to Myth*.

te de Cortés. Es verdad que ella se da voluntariamente al Conquistador, pero éste, apenas deja de serle útil, la olvida. Doña Marina se ha convertido en una figura que representa a las indias, fascinadas, violadas o seducidas por los españoles. Y del mismo modo que el niño no perdona a su madre que lo abandone para ir en busca de su padre, el pueblo mexicano no perdona su traición a la Malinche.[4]

Si uno estudia la figura de la Malinche, tal y como aparece en los textos de los cronistas, encuentra semejanzas y discrepancias con Paz. La Malinche no fue, de ningún modo, una mujer pasiva como podríamos deducir de la descripción que acabo de citar. Es cierto que fue entregada a los conquistadores como parte de un tributo, junto con algunas gallinas, maíz, joyas, oro y otros objetos. Cuando se descubrió que conocía las lenguas maya y náhuatl se convirtió en la principal "lengua" de Hernán Cortés: suplantó paulatinamente a Jerónimo de Aguilar, el español náufrago, prisionero de los indígenas, rescatado en Yucatán en 1519 y conocedor sólo del maya. Los lenguas eran los intérpretes: Malinche no fue sólo eso, fue "faraute y [su] secretaria" de Cortés como dice, atinado, López de Gómara y "gran principio para nuestra Conquista" aclara Bernal, es decir la intérprete, la "lengua", la aliada, la consejera, la amante, en suma una especie de embajadora sin cartera, representada en varios de los códices como cuerpo interpuesto entre Cortés y los indios y, para completar el cuadro, recordemos que a Cortés los indígenas lo llamaban, por extensión, Malinche. Más aún, en la desventurada expedición de Cortés a las Hibueras, acompaña a don Hernando, después de cumplida la Conquista de Tenochtitlán, como uno de los miembros más importantes de su séquito, aunque en ese viaje precisamente Cortés se desembaraza de ella y

[4] Octavio Paz, *El laberinto de la Soledad*, pp. 77-78.

la entrega en matrimonio a uno de sus lugartenientes.[5] Podríamos sin embargo afirmar que el término malinchismo, popular en el periodismo de izquierda de la década de los cuarenta, durante la presidencia del licenciado Alemán, hace su aparición después de la Revolución y se aplica a la burguesía desnacionalizada surgida en ese periodo: para la izquierda era entonces el signo del antipatriotismo. Paz no utiliza la palabra malinchismo, analiza a la Malinche como mito, la yuxtapone o más bien la integra a la figura de la Chingada, y la transforma en el concepto genérico —porque lo generaliza y por su género— de la traición en México, encarnado en una mujer histórica y a la vez mítica.

En una reciente compilación de textos intitulada *México en la obra de Octavio Paz*, el poeta selecciona para su primer tomo, *El Peregrino en su patria*, varios capítulos de *El laberinto de la soledad*, los cuales fechados y por tanto dotados de historicidad, como se señala en el prólogo, mantienen sin embargo su vigencia, según palabras textuales del autor.

> Todo se comunica en este libro, las reflexiones sobre la familia y la figura del Padre se enlazan con naturalidad a los comentarios en torno a la demografía, la crítica del centralismo contemporáneo nos lleva a Tula y a Teotihuacán, el tradicionalismo guadalupano y el prestigio de la imagen de la Madre en la sensibilidad popular se iluminan cuando se piensa en las diosas precolombinas.[6]

Es significativo entonces que en estas páginas se siga leyendo:

> Las mujeres son seres inferiores porque, al entregarse, se abren. Su inferioridad es constitucio-

---

[5] Los cronistas principales de la Conquista de México hablan de la Malinche. Menciono aquí a Francisco López de Gómara y a Bernal Díaz del Castillo.
[6] Octavio Paz, *El Peregrino en su patria*.

nal y radica en su sexo, en su "rajada", "herida que jamás cicatriza". De esa misma "fatalidad anatómica" que configura una ontología definida por el existencialismo, analizada exhaustivamente por Simone de Beauvoir en *El segundo sexo*, participa la Malinche, el paradigma de la mujer mexicana, en definitiva, la Chingada. La mujer es, como el campesino, un ser excéntrico, "al margen de la historia universal", "alejado del centro de la sociedad", "encarna lo oculto, lo escondido" [...] "Mejor dicho, es el Enigma".[7]

El primer límite de la mujer, según este análisis, es su marginación, su anonimato, su excentricidad. Sí, pero, ¿respecto a qué? Frente a la historia universal: desde la Conquista, América existe sólo en su relación con Europa: se está al margen de la historia si se está al margen de Europa pues sólo en ese continente y en el llamado Primer Mundo puede hablarse de historicidad.[8] "Estar en el centro" es estar en la conciencia europea. Algunos mexicanos lo están; los campesinos y las mexicanas, no. En este sentido Paz estaría de acuerdo con Simone de Beauvoir, por culpa de su cuerpo, de su "fatalidad anatómica", la mujer no puede ingresar a la historia, no puede trascender. En *El Laberinto*... Paz asegura que "la preeminencia de lo cerrado frente a lo abierto no se manifiesta sólo como impasibilidad y desconfianza [...] sino como amor a la Forma",[9] lo que equivaldría a decir que a la mujer no sólo se le niega la trascendencia sino también la posibilidad de la creación: al constituirse anatómicamente como un ser abierto, la mujer es incapaz de crear formas: "La Forma contiene y encie-

---

[7] *Ibid.*, pp. 59-60.
[8] *Cf.* J.H. Elliott, *El Viejo Mundo y el Nuevo*; Antonello Gerbi, *La disputa del Nuevo Mundo*; Marcel Bataillon y André Saint-Lu, *El padre Las Casas y la defensa de los indios*.
[9] Octavio Paz, *El laberinto de la soledad.*, p. 28.

rra a la intimidad, impide sus excesos, reprime sus explosiones, la separa y aísla, la preserva".[10]

La segunda marginación se relaciona con el pronombre de primera persona plural, usado a menudo por Paz en este mismo capítulo intitulado "Los hijos de la Malinche": "Cifra viviente de la extrañeza del universo y de su radical heterogeneidad, la mujer ¿esconde la muerte o la vida?, ¿piensa acaso?, ¿siente de veras?, ¿es igual a nosotros?"[11]

"Ser igual a nosotros" presupone de inmediato el complemento "los hombres", y la fijación del otro límite: la mujer. Ella cae en la misma categoría de irracionalidad que los indios, llamados eufemísticamente por Paz "los campesinos", los llamados naturales a partir del descubrimiento o invención de América, objeto de encomiendas y repartimientos. Ser hijos de la Malinche supone una exclusión muy grave, no seguir el cauce de la historia, guardar una situación periférica —La esclavitud *de jure* o *de facto*—, carecer de nombre o aceptar el de la Chingada que, concluye Paz: "No quiere decir nada. Es la Nada".[12] Ser mexicana (por ser mujer, es decir, un ser rajado, abierto) sería, si tomamos al pie de la letra las palabras ya canónicas de Paz, un desclasamiento definitivo, caer de bruces en el no ser: la existencia se define por una esencia negativa que en el caso de la mexicana es un camino hacia la "nada": ser mujer y mexicana no sólo implica una doble marginalidad, sino también la desaparición.

Malinche y sus hijas

Si todos somos los hijos de la Malinche, hasta las mujeres, ¿cómo pueden ellas (podemos nosotras) compartir o dis-

---

[10] *Idem*.
[11] *Ibid.*, pp. 59-60. Las citas que siguen provienen de la misma edición. Salvo aclaración, los subrayados son míos.
[12] *Ibid.*, p. 74.

cernir su (nuestra) porción de culpa y hasta de cuerpo? Llevar el nombre genérico de la Chingada como mujeres es mil veces peor, es carecer de rostro o tener uno impuesto: para verse hay que descubrir la verdadera imagen, cruzar el espejo, lavar la "mancha". Rosario Castellanos sintetiza en un fragmento de poema esta idea: "No es posible vivir/ con este rostro/ que es el mío verdadero/ y que aún no conozco".[13] Si el hombre mexicano ha sido un producto de la traición, de la entrega de la Malinche, la Chingada, ¿qué es entonces la mujer mexicana, o simplemente, en ese caso, la mujer? ¿Cómo se enfrenta ella a esta esencia negativa?

En la década de los cincuenta, hacen su aparición en la literatura mexicana varios libros escritos por mujeres: María Lombardo de Caso (*Muñecos*, 1953, *Una luz en la otra orilla*, 1959); Guadalupe Dueñas (*Las ratas y otros cuentos*, 1954 y *Tiene la noche un árbol*); Josefina Vicens (*El libro vacío*, 1958); Amparo Dávila (*Tiempo destrozado*, 1959); Luisa Josefina Hernández (*El lugar donde crece la hierba*, 1959); Emma Dolujanoff (*Cuentos del desierto*, 1959); y muchos más, pero de especial interés para el tema de este texto, *Balún Canán* de Rosario Castellanos en 1957.[14]

En la década siguiente empieza a multiplicarse el número de novelas y cuentos escritos por mujeres: Elena Garro, Julieta Campos, Inés Arredondo, Elena Poniatowska para sólo citar a algunas; a partir de la década de los seten-

---

[13] Rosario Casellanos, "Revelación", en *Poesía no eres tú. Obra poética: 1948-1971*, p. 179.

[14] Recordemos que *El laberinto de la soledad* se publicó por vez primera en 1950 como corolario de una serie de estudios sobre el mexicano entre los que destacan el clásico ensayo *Perfil del hombre y la cultura en México* de Samuel Ramos y, en el campo de la narrativa, *El luto humano* de José Revueltas, cuyas propuestas fueron luego continuadas en el marco de la filosofía del existencialismo por el grupo Hiperión: Lepoldo Zea, Luis Villoro, Emilio Uranga, etcétera. A su vez, en una obra posterior de Carlos Fuentes, *La muerte de Artemio Cruz* —década de los sesenta— se conjuga el verbo chingar, como sostén y argamasa de lo narrativo, actuación y desenlace del personaje de la Malinche-Chingada, analizado por Paz.

ta, y con un aumento prodigioso en la de los ochenta, la producción femenina adquiere carta de ciudadanía en las letras mexicanas. No puedo, obviamente, seguir más que una línea de persecución, la anunciada, la de las escritoras que asumen el papel de hijas de la Malinche, las escritoras que intentan crear una forma y trascender mediante ella la maldición a la que están condenadas por su "fatalidad anatómica" y por el papel simbólico y social de la Malinche a través de la historia.

Los rostros de las hijas

El personaje mítico, el estereotipo interiorizado, definido y poetizado por Paz, aparece en esta narrativa femenina que analizaré: constituye, ficcionalizado y profundamente transformado, una materia genealógica. El característico sentimiento de traición, inseparable del malinchismo, surge en la infancia, época durante la cual las escritoras analizadas fueron educadas por sus nanas indígenas, transmisoras de una tradición que choca con la de las madres biológicas. Esbozo brevemente esa simbiosis:

Rosario Castellanos: ¿indigenismo?

En su novela *Balún Canán*,[15] la infancia constituye el revés de la trama: sus hilos se bordan en la primera y la tercera partes del texto, narrado en primera persona por una niña de siete años. Es durante la infancia que se inscribe la marca de la traición:

> Este hecho —confiesa Rosario— trajo dificultades casi insuperables. Una niña de esos años es incapaz

[15] Rosario Castellanos, *Balún Canán*. La paginación corresponde a la edición de 1983.

de observar muchas cosas y sobre todo es incapaz de expresarlas. Sin embargo el mundo en que se mueve es lo suficientemente fantástico como para que en él funcionen. Ese mundo infantil es muy semejante al mundo de los indígenas, en el cual se sitúa la acción de la novela [las mentalidades de la niña y de los indígenas poseen en común varios rasgos que las aproximan]. Así, en estas dos partes la niña y los indios se ceden la palabra y las diferencias de tono no son mayúsculas.[16]

Y las diferencias de tono no son mayúsculas porque entre la niña y su nana india existe la complicidad de los que no son tratados con justicia ("La rabia me sofoca. Una vez más ha caído sobre mí el peso de la injusticia"). Advertirla es a la vez percibir que existe una ruptura social, "una llaga", "que *nosotros* le habremos enconado"[17] y reiterada por Castellanos al dejar en la infancia perpetua a los indios y permitir que los niños criollos salgan de ella, al situarse luego en otra perspectiva para escribir la novela.[18] El nosotros de Castellanos es muy diferente al de Paz, en este nosotros va implícito un reconocimiento: la niña se incluye entre los otros, los patrones; advierte que la aparente normalidad de un mundo donde hay servidores y señores propicia una zona borrosa que exige una aclaración. El nosotros de la niña denota su perplejidad, la percepción de un espacio nebuloso conectado con el lenguaje y con la

---

[16] Emmanuel Carballo, "Rosario Castellanos", en *Diecinueve protagonistas de la literatura mexicana...*, p. 419.
[17] R. Castellanos, *Balún Canán*, p. 17.
[18] Le declara textualmente a Emmanuel Carballo: "Si me atengo a lo que he leído dentro de esa corriente [la novela indigenista], que por otra parte no me interesa, mis novelas y cuentos no encajan en ella. Uno de sus defectos principales reside en considerar el mundo indígena como un mundo exótico en el que los personajes, por ser las víctimas, son poéticos y buenos. Esa simplicidad me causa risa. Los indios son seres humanos absolutamente iguales a los blancos, sólo que colocados en una circunstancia especial y desfavorable", *op. cit.*, p. 422.

tradición. "Conversan entre ellas, en su curioso idioma, acezante como ciervo perseguido".[19] Los indios no saben español, se comunican con el patrón en dialecto maya, "con unas palabras que únicamente comprendieron mi padre y la nana".[20] El indio asesinado por sus compañeros ("Lo mataron porque era de la confianza de tu padre"),[21] la nana alcanzada por un maleficio que la marca ("Porque he sido crianza de tu casa. Porque quiero a tus padres y a Mario y a ti")[22] y el desclasado blanco, el tío David, son sospechosos: no delimitan claramente su posición, son traidores, confunden, intensifican la zona intermedia, limítrofe; conectan jirones, retazos de una memoria secular que produce un espacio de tensión. El sentido queda oscilando; es la indefinición clásica de la infancia, agravada por el sexo de quien narra y por el cambio social: la Reforma Agraria que empieza a alcanzar a Chiapas a finales de la década de los treinta, durante la presidencia del general Cárdenas. Lo histórico, "la tempestad" (como la definen los hacendados, herederos de los encomenderos) precipita la comprensión. Verifica un hecho, recuperado en tiempos de la escritura del libro: "que la memoria [entre los chamulas, y yo agrego, siguiendo la línea de Castellanos, y entre los niños] trabaja en forma diferente: es mucho menos constante y mucho más caprichosa. De ese modo pierden el sentido del propósito que persiguen".[23] Probablemente, siglos de enajenación les impiden concentrarse, por ello han olvidado su propósito o, quizá, su forma de simbolizar es totalmente diferente, incomprensible para los "otros" y, por tanto, es vista como inferior y se desprecia.

Resumo: en *Balún Canán* la niña aprende a hablar y a vivir gracias a su nana india; participa, desde fuera, de una

---

[19] *Ibid.*, pp. 11-12.
[20] *Ibid.*, pp. 31-32.
[21] *Ibid.*, p. 32.
[22] *Ibid.*, p. 16.
[23] *Ibid.*, p. 419.

tradición ajena, el saber antiguo maya, sus leyendas. El mundo de los padres es hostil, hierático; divide a los hijos según su sexo y determina que el varón es superior a la mujer siguiendo, como debe ser, la tradición colonial, firmemente enraizada y sobre todo en Chiapas que mantuvo su estructura feudal hasta muy avanzado el siglo XX; los indios, por su parte, representan un elemento secreto y despreciable de la sociedad, pero sobre ellos recae el peso de la misma: ni siquiera tienen el derecho de hablar el castellano y cuando se les habla en ese idioma se utiliza una arcaica forma pronominal. La conciencia o, al principio, la intuición de la injusticia (su inferioridad en el seno de la familia por no ser hijo varón), acerca a la niña a los indios. Los indios y los blancos están en sitios separados, remotos, altamente jerarquizados y a la vez en indisoluble ligazón: los niños, a cargo de las nanas indias, esas mujeres entrañables, en verdad maternales, mucho más que las madres verdaderas, las criollas de la clase dominante están insertas en otra tradición que sólo es aceptada durante la infancia. La niña protagonista de la primera y la tercera partes de la novela pierde a su nana, expulsada por la madre; un día cree reencontrarla por la calle: "Dejo caer los brazos, desalentada. Nunca, aunque yo la encuentre, podré reconocer a mi nana. Hace tiempo que nos separaron. Además, todos los indios tienen la misma cara".[24] El fin de la pubertad cristaliza el sentimiento ambivalente y concientiza la idea de traición: el estar siempre en deuda con alguien y sobre todo no pertenecer nunca por entero a ninguna de las partes en contienda racial: no se puede ser indio sólo porque una nana india nos haya criado ("—Quiero tomar café. Como tú. Como todos / —Te vas a volver india [afirma la nana]. Su amenaza me sobrecoge").[25] Y, viceversa, no se pertenece a la clase dominante justo porque uno fue criado por una nana india, si el personaje es mujer. Hay una añoranza: regresar al paraíso de la infancia, época en

---

[24] *Ibid.*, p. 268.
[25] *Ibid.*, p. 10.

que la diferenciación aún no se produce y la traición no se ha consumado todavía o, mejor, no se ha concientizado, no se ha hecho necesario tomar partido, decidir de qué lado se encuentra uno. Una de las soluciones para Rosario Castellanos fue escribir poesía y también novelas con tema indigenista; integrar la autobiografía a la ficción como un arma para desintegrar el mito de la traición.

Elena Garro: La semana de colores

Corren rumores de que Elena Garro había escrito varios de sus textos fundamentales en la década de los cincuenta.[26] De ser así, sería contemporánea exacta (en su quehacer narrativo) de Rosario Castellanos. La realidad es que sus relatos más conocidos *Los recuerdos del porvenir* y *La semana de colores* fueron publicados en la década siguiente, en 1963 y 1964, respectivamente. Ambos textos se tocan, están estrechamente vinculados a una materia esponjosa y volátil de la que estaban hechas las visiones de las monjas de la Colonia y que con un andamiaje adecuado puede producir un efecto parecido al de los relatos fantásticos o "real maravillosos (mágicos)" que tan en boga se mantienen y sorprenden a los europeos por su riqueza imaginativa. Releer la literatura monacal explica y sobrepasa la imaginación de García Márquez y corrobora un dato puntual: el mundo femenino atesora un arsenal infinito de narraciones que a la menor provocación dispara los relatos: la mujer como Sherezada...

---

[26] "En 1953, estando enferma en Berna y después de un estruendoso tratamiento de cortisona escribí *Los recuerdos del porvenir*, como un homenaje a Iguala, a mi infancia...", Emmanuel Carballo, *op. cit.*, p. 504. Sobre Elena Garro y su relación con la Malinche hay numerosos ensayos. *Cf.* Gabriela Mora, "A Thematic Exploration of the Works of Elena Garro"; Sandra Messinger Cypess, *op. cit.*, y "From Colonial Constructs to Feminist Figures: Re-visions by Mexican Women Dramatists"; Sandra Messinger Cypess, "The Figure of La Malinche in the Texts of Elena Garro". No he podido consultar todos los textos.

En uno de sus texos autobiográficos, se lee:

> Mi gran amigo y compañero era (mi primo) Boni Garro, nos parecíamos mucho, sólo que él tenía los ojos azules. En una de nuestras correrías por el monte un arriero me preguntó: "¿Cuál de los dos ancianitos es tu papá, niña?" "¿Ancianitos?", pregunté humillada. "Sí, tú también naciste ya ancianita, con el pelo blanco". Sus palabras nos preocuparon. En efecto, en todos los corridos y las canciones las mujeres tenían el pelo negro y "brilloso", Boni y nosotros quisimos quejarnos de la triste suerte de ser güeros [...] pero en la casa nadie escuchó. No nos permitían lamentaciones, era falta de pudor.[27]

Ser güero equivale entonces a estar "desteñido". Recuérdese que Moctezuma encerraba en su zoológico a los albinos, considerados como monstruos o fenómenos porque su piel blanca contrastaba con el colorido de la gente de su pueblo. Los albinos son seres decolorados y lo decolorado es lo que alguna vez fue oscuro y se ha desteñido, en suma lo que no da color, lo amorfo, lo indefinido. Lo blanco es simplemente lo que permite los contrastes, el no color.

En *La semana de colores*,[28] el cuento que da nombre al libro, conviven hermanados los días aunque pasen como pasa el tiempo y aunque las sensaciones cambien de tonalidad; los listones de las trenzas brillosas y renegridas de las lavanderas contrastan con las faldas moradas y naranjas de las cocineras de la casa solariega donde transcurre la infan-

---

[27] Elena Garro, *La semana de colores*. La paginación es de esta edición. Los subrayados, si los hay, son míos. Fabienne Bradu en su libro *Señas particulares: escritora*, niega implícitamene que los textos de *La semana de colores* tengan un trasfondo autobiográfico. Creo que basta con leer sus entrevistas para comprobar lo contrario; los libros, obviamente, lo corroboran.
[28] *Ibid.*, pp. 81-89.

cia de las niñas Eva y Leli, idénticas, indiferenciadas, habitantes perfectas de un paraíso que existe sin fisuras, anterior al que evoca la niña que fuera Elena Garro al narrar el episodio recién citado. El ser designadas por los otros como las "güeritas", las "rubitas", el "par de canarios", no produce al principio desazón; sí una engañosa sensación de "formar parte" de un mundo donde uno es parte del cosmos, donde lo diferenciado y lo indiferenciado se amalgaman y el espacio y el tiempo son míticos: un jardín de *Las mil y una noches*, el espacio de Sherezada:

> El jardín era el lugar donde a mí me gustaba vivir. Tal vez porque ése era el juguete que me regalaron mis padres y allí había de todo: ríos, pueblos, selvas, animales feroces y aventuras infinitas. Mis padres estaban muy ocupados con ellos mismos y a nosotros nos pusieron en el jardín y nos dejaron crecer como plantas.[29]

En ese jardín viven también los niños Moncada, los protagonistas de *Los recuerdos del porvenir*, la novela cuya genealogía pareciera trazarse en el libro de cuentos que analizo. La infancia empieza a ser trágica cuando se adquiere conciencia de la identidad, cuando el cuerpo infantil se separa de un todo ("todos éramos uno"), que liquida la fusión y marca los contrastes; define los contornos, lacera. En la infancia todo era posible, hasta los extremos más violentos, las diferencias más flagrantes las de la historia y la leyenda, las de la imaginación y la realidad, las de los criados y los patrones; el paraíso se cancela cuando sobreviene la adolescencia y se distorsiona lo que en la infancia era íntegro, total, primigenio, para dividirse brutalmente.

> Eva y yo nos mirábamos las manos, los pies, los cabellos, tan encerrados en ellos mismos, tan le-

---

[29] E. Carballo, *op. cit.*, p. 500.

jos de nosotros. Era increíble que mi mano fuera yo, se movía como si fuera ella misma. Y también queríamos a nuestras manos como a otras personas tan extrañas como nosotros o tan irreales como los árboles, los patios, la cocina. Perdíamos cuerpo y el mundo había perdido cuerpo. Por eso nos amábamos, con el amor desesperado de los fantasmas.

La ruptura coincide en este cuento llamado "Antes de la guerra de Troya", justo después de que las niñas terminan la lectura de la *Ilíada*. Y en *Los recuerdos del porvenir* se empalma con una crisis histórica: el triunfo de una de las facciones en pugna después de la Revolución mexicana y el estallido de la Guerra Cristera —el enfrentamiento de los campesinos católicos contra el gobierno— al final de la década de los veinte. Esa época es vivida por Elena Garro con gran intensidad, porque en ese periodo capta la disparidad, el dramatismo de su sexualidad, al tiempo que concientiza el esquema de la traición, configurado por el mito de la Malinche, que en ella es de signo contrario, de otro color, de otra forma: su Malinche es de pelo rubio, de cuerpo esbelto, de ojos amarillos, piernas largas, como algunas protagonistas de sus cuentos, extrañamente parecidas a la propia narradora. De la Malinche conserva la función, no la figura. ¿Por qué esa trasmutación? Hija de español y mexicana, su infancia transcurre en la provincia, en estrecho contacto con el mundo indígena: "Yo era muy amiga de las criadas de mi casa. Me gustaban sus trenzas negras, sus vestidos color violeta, sus joyas brillantes y las cosas que sabían". Una cultura diferente que contiene su propia estética, donde lo colorido determina las categorías y una sensualidad: uno es el mundo indígena, intenso, fascinante, brillante, y otro el europeo, un mundo de cuerpos esbeltos pero desvaídos, sin poesía. De su íntima relación nace una conciencia culpígena, de extrañeza, la sensación de estar del otro lado, del de los invasores, los españoles, y convertirse así en el revés del personaje mítico.

En el libro de cuentos pueden percibirse netamene varios ejes biográficos antagónicos:[30] la infancia feliz es, cuando se recuerda, una infancia trágica, pero también el paraíso, o quizá la infancia empiece a ser trágica cuando se adquiere conciencia de la identidad, cuando el cuerpo infantil se separa de un todo ("todos éramos uno") que liquida el mundo de la infancia, produce la desilusión, marca la herida; distorsiona lo que en la infancia era íntegro, total, primigenio, para dividirlo brutalmente. Por ello, se construye un personaje que subvierte las categorías tradicionales. Para descubrir el mecanismo de esa inversión es útil analizar un cuento de *La semana de colores*, "La culpa es de los tlaxcaltecas".[31] El texto se inicia en la cocina. ¿Y qué mejor sitio para la intimidad que este espacio donde se preparan los alimentos, se condimentan los rumores y se propician las confidencias? "La cocina —dice Garro— estaba separada del mundo por un muro invisible de tristeza, por un compás de espera". Allí entra Laura, la patrona, buscando la complicidad con la cocinera; al hacerlo, se transforma, como por un golpe de magia, de nuevo en una niña protegida por su nana. El otro espacio de la casa es la recámara, allí duerme la señora Laurita con el señor, su marido, y su limpieza corre a cuenta de Josefina, la recamarera. Un tercero es el comedor donde conviven criados y padres e hijos, suegras y nueras. Cocina, comedor y recámara, pues, los espacios de la casa, los espacios de la mujer, los espacios íntimos, los que carecen de historia. En su *Utopía e historia de México*, Georges Baudot explica que en el campo de sus múltiples maniobras Cortés lleva a cabo una acción que "lo lleva a codearse y a relacionarse íntimamente con un mundo indígena que le alimenta, le aloja y que por mediación de las mujeres que pone a su servicio le

[30] Garro, *op. cit.*
[31] E. Garro, *op. cit.*, pp. 11-29.

devela la intimidad de sus costumbres".[32] Cortés lo sabía: es en lo privado, sobre todo en la cercanía vivida con las mujeres, que se descubre la verdadera naturaleza de una cultura. También lo sabe Elena Garro: es en la mesa y en la cama donde se inician todas las cosas. ¿No fue la Malinche una de las mujeres ofrecidas a Cortés como tributo para que les diesen a los españoles de comer y les sirviesen en todos los menesteres incluyendo los de la reproducción?

En la intimidad de la cocina se confiesa la culpa, se verbaliza la traición. Laura ha abandonado a los suyos como los tlaxcaltecas abandonaron a su raza para aliarse con los españoles: peor aún, Laura ha obrado como la Malinche, es la Malinche, se ha hecho cuerpo con ella, pero una Malinche "que ha comprendido la magnitud de su traición", el tamaño de su culpa, por eso "tuve miedo y quise huir", agrega. Y ese tamaño lo cuantifica el hecho de que, siglos más tarde, sea una mujer de la clase dominante la que se conciba a sí misma como traidora, como Malinche: una Malinche rubia que como la indígena traiciona a los suyos pero reforzando el revés de la misma trama porque al traicionar no aumenta las filas de los conquistadores sino la de los conquistados, la de los vencidos: ha asumido su visión. La conciencia de culpabilidad está naturalmente ligada al sexo, a un sexo entrevisto en la infancia con fascinación y temor, con miedo: un sexo ligado a la muerte, un sexo violentado, un sexo culpable, el sexo de los otros, los de pelo oscuro y brillante. En este tramado inextricable que son los cuentos de Elena Garro se deslizan sin ruptura varios niveles de relato: en "La culpa es de los tlaxcaltecas" hay un núcleo muy sencillo: puede leerse como la simple historia de una violación, una historia de nota roja: dos mujeres de la clase alta, blancas, suegra y nuera, van por una carretera, cerca del Lago Cuitzeo. Una avería del coche obliga a la suegra, Margarita, a buscar a un mecánico. Laura se queda sola. Aparece "un siniestro individuo, de

---

[32] G. Baudot, *op. cit.*, p. 20.

aspecto indígena", como se lee en un anuncio de periódico inserto en el texto. La violación se critaliza en un estereotipo: "¡Estos indios salvajes! [...] ¡no se puede dejar sola a una señora!" Pero la acusación, aunque se insinúa, nunca se materializa: el traje roto, las manchas de sangre, las quemaduras, son de inmediato, sin transición, el producto de un abrazo, del abrazo de un hombre que está herido.

La Laura del cuento de los tlaxcaltecas vive un amor maravilloso con su príncipe azteca, personaje que aparece y desaparece como en los cuentos de hadas o en las novelas de caballerías: busca a su amada igual que en las novelas de amor, pero como en un cantar de gesta continúa la lucha en el campo de batalla, contra los tlaxcaltecas y los españoles, aunque sepa de antemano que no hay escapatoria. Perpetúa al incorporarse (en su sentido literal) al siglo XX ese perfil de infancia presente en la novela más conocida de Garro, *Los recuerdos del porvenir,* donde la joven Julia prisionera en el castillo del ogro es liberada por un príncipe montado en un caballo blanco. La infancia con su fuerza redime la mezquina realidad, la necesidad de ser adulto y el tiempo infantil revivido sanciona la alianza con las mujeres de rostro moreno, trenzas negras y brillantes, y configura una temporalidad absoluta en donde los juegos infantiles constituyen la única realidad. Las niñas del cuento de "Antes de la Guerra de Troya" leen la historia de la Guerra de Troya: la situación se repite en "La culpa es de los tlaxcaltecas", la señora Laura lee *La historia verdadera de la conquista de la Nueva España* de Bernal Díaz del Castillo; el mecanismo es el mismo, una lectura dispara la irrealidad, la entrada a la leyenda, al cuento de hadas, pero la leyenda y la historia se transforman en la trama particular, cotidiana, de la protagonista, quien en el curso de la lectura descubre que está casada con dos maridos, el verdadero, el indio Cuitzeo —¿el violador?, ¿el príncipe azteca vencido?— y con Pablo, el marido que no habla "con palabras sino con letras", "el hombre de la boca gruesa y la boca muerta", el que carece de memoria y "no sabe más que las cosas de cada día", en suma el que no da color, el albino mental, el desmemoriado, el que carece de densidad y desconoce su propia historia.

En el primer cuento mencionado, la lectura precipita la conciencia de la individualidad del adolescente, su ruptura con el estado indiferenciado de la infancia. En el segundo cuento, la traición es la bigamia, pero también enamorarse del violador y para colmo de "un siniestro individuo, de aspecto indígena, un indio asqueroso", transmutado en la textualidad, como por arte de magia, en un príncipe de cuento de hadas y al mismo tiempo un personaje de crónica de la Conquista.

"La espesura del reproche": Elena Poniatowska

En Elena Poniatowska, el camino es recorrido de manera diferente, quizá de atrás para adelante. *Lilus Kikus* es un libro autobiográfico, luego vienen los libros de los otros, esos libros donde se pretende dar la voz a los que no la tienen, *Hasta no verte Jesús mío* (1969), *La noche de Tlatelolco* (1969), *Querido Diego te abraza Quiela* (1978), etcétera. En *La Flor de Lis* (1988), Elena usa su propia voz narrativa para dar cuenta de su autobiografía, ficcionalizándola. Podría decirse que la situación de Poniatowska fue similar a la de Castellanos y a la de Garro: su infancia transcurre en el seno de dos ámbitos divididos. Para empezar, su familia es aristócrata: "'La señora duquesa esta servida'. La señora duquesa es mi abuela, los demás son también duques, o los cuatro hijos: Vladimiro, Estanislao, Miguel, Casimiro, y sus cuatro esposas: la duquesa... etcétera".[33] De origen multinacional —francesa, norteamericana, polaca y, también, mexicana—, en su casa el idioma español es una lengua extranjera: "Mamá avisó que iba a meternos

[33] Elena Poniatowska, *La Flor de Lis*, p. 13.

en una escuela inglesa; el español ya lo pescaremos en la calle, es más importante el inglés. El español se aprende solo, ni para qué estudiarlo".[34] Poniatowska lo aprende, como Rosario Castellanos los rudimentos del maya, con su nana. En la novela se narra el intrincado proceso que la hace elegir el español como su propia lengua de escritora, nunca el inglés o el francés, las lenguas de la madre. Y se entiende, el mismo sentimiento de culpa presente en Elena Garro y en Rosario Castellanos la inclina a abrazar "la causa" de los desvalidos, de quienes, como sus criadas, hablan el idioma inferior, el doméstico, y pertenecen a esa vasta capa social que conforma lo que ella llama "la espesura del reproche". Su libro de cuentos *De noche vienes* (1979) incluye varios relatos, algunos, como su novela *La Flor de Lis*, claramente autobiográficos, por ejemplo "El limbo" y "El inventario" donde se establece esa circularidad en la que los extremos se tocan: aristocracia y "bultos enrebozados". Hay que agregar que la infancia mexicana de Poniatowska coincide con el periodo posrevolucionario en que la revolución empieza a ser "traicionada" y se acuña lingüísticamente esa peculiaridad —"¿ontológica?"—: el malinchismo.

A diferencia de las otras autoras, cuyas infancias transcurren en la provincia, la de Poniatowska es urbana. Hay una gran distancia entre vivir en una capital como México o una ciudad metropolitana como París. Las diversas nanas difieren profundamente entre sí. La primera francesa, Nounou, campesina, es metódica y permisiva. La segunda es europea, quizá internacional, pertenece a esa raza que engendró a las Brontë. La tercera, ya en México, es Magda, con ella entran a la casa las leyendas, los servicios, la segunda lengua: como Malinche, es la que interpreta la realidad, la transforma, le da sentido, la organiza:

---

[34] *Ibid.*, p. 33.

> Magda lava, chiquéame, plancha, hazme piojito, barre, hazme bichitos, sacude, acompáñame un rato, trapea, ¿verdad que yo soy tu consentida?, hace jugos de naranja, palomitas, jícamas con limón, nos despierta para ir a la escuela, nos pone nombres [...] Cuenta con voz misteriosa y baja para que nadie oiga [...]: "Las que platican puras distancias es porque el pelo se les ha enredado a los sesos hasta que acaban teniendo adentro así como un zacate".[35]

Las correspondencias, la relación autobiográfica, los diarios fueron considerados —por su carácter extra o paraliterario— algunas de las posibilidades escriturales de las mujeres, especie de subgénero. La biografía funciona durante la Colonia como historia de santidad —hagiografía autobiográfica—.[36] No es fortuito que los textos que he venido trabajando revistan la forma de la autobiografía disfrazada y se inserten sin embargo en géneros canónicos, cuento o novela. Para meterse en la piel de la Malinche, a la manera del dios prehispánico (o los guerreros nahuas) revestido con la piel de un desollado, es necesario un viaje mujer adentro y todo viaje interior pasa por la infancia; espacio vital en el que, en México, se engendra una polarización extrema dentro de las familias de las clases media y alta: los niños —sobre todo las niñas— dividen su lealtad entre sus madres biológicas y sus madres de crianza.

Para Poniatowska este dilema es esencial y en su libro la separación, mejor la escisión, es total, al grado que la imagen de la madre de crianza —la nana— es maciza, densa, aunque su propia corporeidad particular sea frágil ("es sabia, hace reír, se fija, nunca ha habido en nuestra ca-

---

[35] *Ibid.*, p. 42.
[36] *Cf.* El sugerente libro de Jean Franco arriba mencionado; Adriana Valdés, "El espacio literario de la mujer en la Colonia", en Ana Pizarro (org.), *América Latina: Palavra, Literatura e Cultura*, vol. 1.

sa presencia más benéfica").[37] La madre biológica es huidiza, etérea, cinematográfica:

> De pronto la miro y ya no está. Vuelvo a mirarla, la define su ausencia. Ha ido a unirse a algo que le da fuerza y no sé lo que es. No puedo seguirla, no entiendo hasta qué espacio invisible se ha dirigido, qué aire inefable la resguarda y la aísla; desde luego ya no está en el mundo y por más que manoteo no me ve, permanece siempre fuera de mi alcance.[38]

Ha adquirido una consistencia de celuloide puro, una bidimensionalidad que la reduce a un peinado, que la estereotipa en un gesto, vemos flotar su pelo dentro de los estrictos cánones estéticos de artificialidad del cine de las *vamps*. Una imagen de celuloide, inventada por los "otros", los de allá, para atajar el desarraigo de los de acá: "Éramos unas niñas desarraigadas, flotábamos en México, qué cuerdita tan frágil la nuestra, ¡cuántos vientos para mecate tan fino!"[39] El recuerdo del soslayo permanente, de la importancia disminuida que juega el niño en la mentalidad del adulto, su mirada perpetua, su calidad de testigo (*voyeur*) en el espacio de la casa se agiganta. El puente se atraviesa mediante la escritura: el rostro reflejado, el de la Malinche, el de la Chingada, el lugar de encuentro de los estereotipos, ser mexicana —ahistórica— y mujer —la traidora.

La modernidad: ¿Malinche se desvanece?

Uno de los fenómenos más importantes en la literatura mexicana desde 1968 es la aparición de una vasta producción de literatura femenina. Muchos de los textos publi-

---

[37] *Ibid.*, p. 58.
[38] *Ibid.*, p. 42.
[39] *Ibid.*, p. 47.

cados por mujeres son genealógicos[40] y, entre ellos debe incluirse el mencionado de Elena Poniatowska, *La Flor de Lis*. A los nombres consagrados se añaden muchos nuevos que no menciono para evitar la enumeración, ociosa, si no se hace el intento por aquilatar la nueva producción, un ensayo por aclararla, integrarla en el lugar que le corresponde. Toda genealogía acusa con obviedad la preocupación por conocer el origen, es un intento de filiación individual. Descubrir diversas historias, definir las diferencias individuales contrarresta el efecto de mitificación, absuelve la traición.[41]

Bárbara Jacobs, hija de emigrantes libaneses, escribe *Las hojas muertas* (1987),[42] un libro en donde predomina la

---

[40] En este contexto debo agregar un texto de mi autoría, *Las genealogías*.

[41] No analizo, porque no entran en el contexto de esta trama, los libros *Arráncame la vida*, de Ángeles Mastretta y *La boca de la necesidad*, de Lucy Fernández de Alba. Tampoco *La morada en el tiempo*, de Esther Seligson, que narra una historia personal, pero transmutada en el tiempo por una tradición milenaria, cósmica, bíblica, su preocupación esencial. *La familia vino del norte*, de Silvia Molina, organiza una historia de amor y una trampa policiaca, en un intento por descifrar un secreto familiar en el que se delinea a un abuelo héroe de la Revolución; hecho caduco, ya sin importancia histórica. *Como agua para chocolate*, de Laura Esquivel, relata, entre recetas arcaicas de cocina, previas al horno de microondas y a la licuadora, el camino de perfección que emprende una niña tiranizada por su madre y rescatada por su cocinera para acceder al camino heroico de la sexualidad. Resurgen las criadas y la provincia, las viejas nanas, creadoras de espacios domésticos perfectos y leyendas de cuento de hadas, donde la madre biológica es sólo la madrastra: en este libro de enorme éxito comercial intervienen varios modelos: el "realismo mágico" de García Márquez, el gigantismo de Botero, y como síntesis la factura escrituraria de la más cotizada escritora latinoamericana, Isabel Allende, que añadidos al cuento de hadas, ingrediente fundamental de esta cocina literaria y de muchas de sus antecesoras, ofrece una receta de gran popularidad.

[42] Incorporo aquí algunos libros que enumero y analizo brevemente, a partir del de Bárbara Jacobs, y los enlisto en el orden en que aparecen en el texto: Bárbara Jacobs, *Las hojas muertas*; Silvia Molina, *La familia vino del norte*; Laura Esquivel, *Como agua para chocolate*; Ángeles Mastretta, *Arráncame la vida*; Luz Fernández de Alba, *La boca de la necesidad*; Carmen Boullosa, *Mejor desaparece* y *Antes*.

figura del padre. El niño es siempre un testigo privilegiado, en este caso oculto tras un simulado narrador colectivo que se desdobla en un "nosotros" de las mujeres y en un "nosotros" de los varones de la casa, característico de la infancia. Como es habitual en esa época se contempla con curiosidad la actuación de los adultos y hasta meros viajes en coche adquieren una dimensión iniciática. Un padre mítico pero a la vez demasiado familiar "nos" acerca a un mundo heroico, el de la guerra de España, destruido por el exilio, la vejez, la separación, el derrumbe. Los vastos jardines y los encantamientos del pueblo mítico de Elena Garro contrastan con el hotel y la casa donde transcurre la infancia de los personajes de Bárbara Jacobs. Entre ellos o sus ellos-ellas narrativos (los nosotros, aquí simplemente los protagonistas niños) no hay ningún intermediario, ninguna criada, ningún idioma idealizado. En su casa se habla el inglés, y el español es el segundo idioma. No hay grandes espacios y la atmósfera es urbana: su urbanidad es distinta a la de Poniatowska, ceñida ésta a reglas estrictas de decoro, a jerarquías aristocráticas.

Menciono, para terminar, dos novelas cortas de Carmen Boullosa: *Mejor desaparece* y *Antes*. Tal vez Boullosa representa una ruptura, tanto en el lenguaje como en la concepción de la novela. En las dos obras, el tema central es la muerte de la madre y, también, como en varios de los textos anteriores, la muerte de la niñez, la llegada de esa decrepitud llamada pubertad. Se exploran las zonas devastadas de la infancia donde cualquier experiencia se produce al margen del idioma lógico y la coexistencia de mundos imposibles de reproducir. En esta experiencia la concatenación lógica de las palabras es inoperante: funcionan mejor las palabras-excrecencia, las palabras circunstanciales. En la casa, "eso", quizá la muerte de la madre, se vuelve un objeto viscoso, viciado, esencial. *Antes*, más coherente como texto, persigue visiones extrañas, recorre ámbitos imprecisos, delimita espacios prohibidos y produce actos violentos, inexplicables; por ellos se desliza una ligera sombra, la de Amparo Dávila, quien publicó sus libros de cuentos a finales de la década de los cincuenta. Pareciera como si en Boullosa, preocupada por encontrar una forma de enunciar esas presencias inexplicables, no verbales, que pugnan por encontrar su expresión, el problema de sus antecesoras desapareciera. La lengua, adquirida a trasmano en Castellanos, Garro, Poniatowska, debe ahora aniquilarse, desaparecer, para codificar un lenguaje otro, apenas balbuceado, pero también entrevisto como una traición. En cierto modo, Malinche desaparece, pero esto es sólo una apariencia; las que empiezan a desaparecer son las criadas, esas intermediarias de la infancia de otra historicidad que se nos antoja mítica, la de Garro, Castellanos y Poniatowska, mucho más arraigada en un México aún rural, distinto del de Jacobs y del de Boullosa, pues no en balde han pasado varias décadas: la proliferación de la literatura femenina responde a una proliferación de nuevas formas, de cambios radicales en el país. Las infancias han cambiado: las narradoras que tratan de recrearla quizá debieran enfrentarse a lo desverbal, a lo ingobernable, a lo que se desdibuja y trata de configurar otro diseño, cuya lectura sería importante descifrar...

Bibliografía

ARIZPE, Lourdes, *Indígenas en la ciudad de México. El caso de las Marías*, México, Diana, 1980. (Sep-setentas)

BATAILLÓN, Marcel y André SAINT-LU, *El padre Las Casas y la defensa de los indios*, Madrid, Ariel, 1976.

BAUDOT, Georges, *Utopía e historia en México*, Madrid, Espasa-Calpe, 1983.

——————, "Malintzin l'Irrégulière", en *Femmes des Amériques*, Toulouse, Universidad de Toulouse Le Mirail, 1986 (Actas du Colloque International).

BOULLOSA, Carmen, *Mejor desaparece*, México, Océano, 1987.
BOULLOSA, Carmen, *Antes*, México, Alfaguara, 2000.
BRADU, Fabienne, *Señas particulares: escritora*, México, FCE, 1987.
CARBALLO, Emmanuel, "Rosario Castellanos", en *Diecinueve protagonistas de la literatura mexicana del siglo XX*, México, Empresas Editoriales, 1965.
CASTELLANOS, Rosario, *Poesía no eres tú*, Obra poética: 1948-1971, México, FCE, 1972. (Letras mexicanas.)
——————, *El mar y sus pescaditos*, México, Diana/SEP 1975. (Sepsetentas.)
——————, *Balún Canán*, México, FCE, 1983.
——————, *Meditación en el umbral.* Antología poética preparada por Julian Palley, México, FCE, 1985.
DÍAZ DEL CASTILLO, Bernal, *Historia verdadera de la Conquista de la Nueva España*, México, Porrúa, 1977.
ELLIOTT, J.H., *El Viejo Mundo y el Nuevo*, Madrid, Alianza Editorial, 1984.
ESQUIVEL, Laura, *Como agua para chocolate*, México, Planeta, 1988.
FERNÁNDEZ DE ALBA, Lucy, *La boca de la necesidad*, México, Océano, 1988.
FRANCO, Jean, *Plotting Women. Gender and Representation in Mexico*, Londres, Verso, 1989.
GARRO, Elena, *La semana de colores*, México, Grijalbo, 1987.
——————, *Los recuerdos del porvenir*, Joaquín Mortiz, 1963.
GERBI, Antonello, *La disputa del Nuevo Mundo*, México, FCE, 1982.
GLANTZ, Margo, *Las genealogías*, México, Alfaguara, 1997.
JACOBS, Bárbara, *Las hojas muertas*, México, Era, 1987.
LÓPEZ DE GÓMARA, Francisco, *Historia de la Conquista de México*, introd. y notas de Joaquín Ramírez Cabañas. México, Editorial Pedro Robredo, 1943, 2 vols.
LUDMER, Josefina, "Tretas del débil", en Patricia Elena González y Eliana Ortega (eds.), *La sartén por el mango*, Puerto Rico, Huracán, 1984.

MASTRETTA, Ángeles, *Arráncame la vida*, México, Océano, 1986.
MESSINGER CYPESS, Sandra, "From Colonial Constructs to Feminist Figures: Re-visions by Mexican Women Dramatists", en *Theatre Jornal*, núm. 41, dic., 1989.
——————, "The Figure of la Malinche in the Texts of Elena Garro", en Anita K. Stoll (ed.), *A different reality. Studies on the Work of Elena Garro*, Lewisburg, Buckenell University Press, 1990.
——————, *La Malinche in Mexican Literature, From History to Myth*, Austin, Universidad de Texas, 1991.
MOLINA, Silvia, *La familia vino del norte*, México, Océano, 1987.
MORA, Gabriela, "A Thematic Exploration of the Works of Elena Garro", en Yvette Miller y Charles M. Tatum (eds.), *Latin American Women Writers: Yesterday and Today,* 1977.
PAYNO, Manuel, *Los bandidos de Río Frío*, México, Porrúa, 1976. (Sepan cuántos...)
PAZ, Octavio, *El laberinto de la soledad*, México, FCE, 1984.
——————, *El Peregrino en su patria*, en *México en la obra de Octavio Paz*, t. I, México, FCE, 1987.
PHILLIPS, Rachel, "Marina-Malinche: Mask and Shadows", en Beth Miller (ed.), *Women in Hispanic Literature, Icons and Fallen Idols*, Berkeley, Universidad de California, 1983.
PONIATOWSKA, Elena, *La Flor de Lis*, México, Era, 1988.
——————, *De noche vienes*, México, Grijalbo, 1979.
STEINER, George, *Antigones*, Oxford, Clarenden, 1986.
——————, *Antígonas, hacia una filosofía y una poética de la lectura*. México, Gedisa, 1987.
VALDÉS, Adriana, "El espacio literario de la mujer en la Colonia", en Ana Pizarro (org.), *América Latina: Palavra, Literatura e Cultura*, vol. 1, A situaçao Colonial, Sao Paulo, Campinas, Editora Da Unicamp, Brasil, 1993.

Las cuatro heridas
Hernán Lara Zavala

"¿Acaso hablas la lengua de estos moctezumas?", la interrumpió bruscamente un soldado, dirigiéndose a ella en maya, cuando conversaba con una mujer que molía maíz para los hombres barbados. "Es la lengua de mis padres", contestó ella, "no la he olvidado". El blanco que hablaba maya dio una orden y la condujeron ante el gran capitán. Un rato antes, Malintzin había notado que uno de los soldados, dispuesto ante ellas para vigilarlas, la observaba detenidamente. Ella había viajado junto con otras veinte mujeres en las naves de los blancos luego de que Tabzcoob las obsequiara como esclavas, después de una batalla en la que los barbados habían demostrado ser invencibles. El gran capitán las había repartido entre sus tropas, las había hecho bautizar y a ella le habían cambiado el nombre: de Malintzin a Marina. Ahora sólo esperaban los alimentos que preparaban las mujeres de Chalchicueyacan para seguir su curso. Juana Ramírez llora frente al espejo. Se ve como un jovencillo lampiño, no mal parecido (Éste que ves engaño colorido), aunque tal vez un poco afeminado. De un golpe se arranca la gorra y sus largos cabellos oscuros caen sobre sus hombros. A pesar del chaquetín, de los gregüescos, de las calzas y de las zapatillas —disfraz que se había puesto para ir a la Universidad— no había logrado su propósito, todo le había servido para maldita la cosa. "Ridículo", había comentado su madre. "¿Por qué fui mujer?", contesta Juana indignada.

"¿Por qué no puedo dedicarme a estudiar?" Porque mujer que sabe latín... le había respondido su madre. Ser madre, ser hija, he ahí el dilema: como te ves me vi, como me ves te verás. Su madre había rechazado de manera contundente la propuesta de que ella fuera a la Universidad vestida como varón a pesar de sus muchos ruegos. Por eso tomó unas tijeras y se empezó a cortar el cabello, mismo que horas antes había tratado de ocultar en vano acomodándoselo en un tocado bajo una boina (Detente sombra de mi bien esquivo) jurándose a sí misma renunciar a su nombre, a su sexo, a su voluntad y a su entendimiento: "¿Para qué quiero estas mechas en una cabeza hueca?" Igual a ti, Juana, mucho tiempo después, otra mujer se hará fotografiar como hombre y como monja. Como hombre parece ser señorito, casi un joto, de traje, chaleco, corbata, la mano derecha en uno de los bolsillos del pantalón, la pierna flexionada, el rostro serio, peinada de raya en medio junto a toda la familia, el brazo izquierdo apoyado en el hombro de su tío. Vestida como monja se ve sentada en una silla, con una especie de sayal, aunque más elegante, con un bordado de dos corazones invertidos en el centro del pecho. Las manos sobre el regazo deteniendo unos libros que parecen de la liturgia, las piernas pudorosamente colocadas, los dos pies sobre el piso, como mujer decente, uno adelante del otro, los zapatos de tacón grueso, como de monja, y medias de popotillo. La manga larga, el cuello alto, pudoroso, la falda ribeteada en el extremo por una cinta, debajo de la rodilla. Ella tiene la misma mirada que tú, Juana: como si pudiera mirar más allá de donde pone la vista y penetrar en el centro de las cosas. Y también, como tú, un día, vestida con un traje de hombre, cogería unas tijeras y se cortaría las greñas que dejaría tiradas por el suelo para que lograran apoderarse de todo: que treparan por las sillas, que se arrastraran por el piso, que se escondieran en los rincones, que reptaran por el techo, que estuvieran aquí y allá, en donde menos te imaginaras, como una auténtica plaga. Esas greñas reptantes fueron su única protesta ante los males de amor... María Ignacia no supo lo que era ser mujer hasta que su marido la empezó a celar. ¿Era ligereza de su parte sonreírle a los amigos de su esposo? ¿A los amigos de don José Jerónimo López de Peralta del Villar Villamil y Primo, caballero de la Calatrava? ¿Máxime cuando eran ellos los que celebraban su figura y simpatía y le decían que nunca olvidarían la mirada de los diáfanos ojos azules? Sólo piensas en ti, en tu ropa, en tu cuerpo, en tu sonrisa. Eres una mujer... ¿cómo decirlo...? (Hombres necios...) Ligera de cascos. La Güera aguantó silencios, malos humores, reclamos, insultos, golpes, vejaciones. Todo. La bofetada que te dio y que tuviste que cubrir con maquillaje. Y a pesar de ello alguien, uno de los amigos de tu marido, uno de los culpables, te comentó que tenías una mejilla inflamada. Inventaste una disculpa cualquiera que nadie te creyó porque ya todos sabían que tu esposo te celaba como un turco. ¿Y los demás moretones (¿cardenales?) que te dejaba por todo el cuerpo cuando te golpeaba con el puño cerrado? Todo fue en vano: súplicas, ruegos, paciencia hasta que mencionaste la palabra separación. ¡¿Separación?!

¿Malinche, ya sabes que están hablando mal de ti?

Yo no soy Malinche, Malinche es él. Soy Malintzin o Marina, como ellos me llaman. ¿Quién habla mal de mí?

Ellos, que se dicen mexicanos. Son hijos de indígenas y españoles, la madre es indígena, el padre español.

Pues maldigo a los mexicanos... y a ellos los llamo ¡hijos de la Malinche!: con eso se van a acordar siempre de mí.

Pero si no eres mexicana, le solían reclamar. ¿Cómo que no? Mamé leche indígena, soy descendiente de mexicana y europeo, como tú, como muchos de nosotros, como los hijos de la Malinche. Mi padre era epiléptico, mi madre era muy mocha, chapada a la antigüita, y como trataba mal a las indias, a las malinches, pos que me hago comunista.

Y, sin embargo, te convertiste en la palabra, en la voz que todos entendían, en la intercesora, en la protectora, en la que suavizaba las órdenes del capitán. Él, que te había regalado, como si fueras una bestezuela (tenías apenas quince años) te volvió a reclamar para sí cuando se dio cuenta de tu talento. Con un pretexto cualquiera se deshizo de Portocarrero: que se largue a España; ¿cómo? Como mi representante ante la corte, que más da. Y tú, Malinalli, Malintzin, Malinche a pesar de ti y de tu estirpe piensas que no te separarás jamás de él. Pensaste que huías de ti, Juana, pensaste que refugiándote en Dios podrías vencer al sosegado silencio de los libros pero te equivocaste como se equivocan los amantes cuando se juran no verse nunca más (Yo no puedo tenerte ni dejarte). Tomaste los hábitos. Empezaste a leer sobre Dios buscando la iluminación. Te convertiste en monja, te apartaste del mundo, de tus libros, de tus amores pero recaíste. ¿Fueron en efecto los libros los que te hicieron abrazar los hábitos o fue que te habías enamorado? (Cuando mi error y tu vileza veo.)

Vamos a reconciliarnos, date cuenta, eres la mujer de un noble y conmigo tienes todo lo que de otro modo no podrías tener... ¿Sabes el escándalo que va a crear nuestra separación? Reconciliémonos y sólo te pido que evites el trato con algunas personas. Tus parientes. Son ellos los que realmente nos han separado. A ti y a mí que éramos la pareja ideal... A tus padres los podrás ver, siempre y cuando me lo consultes... Soy tu marido, la máxima autoridad de una pareja, por eso tengo el derecho de exigirte obediencia. Y por favor ya déjate de tus caprichos y te prometo ser prudente, cuidar de ti, darte gusto en lo que desees.

"¡Qué ganas de tener un hijo contigo!", le gritaste al pintor con cara de rana, obeso y parsimonioso que se dirigía rumbo a su andamio en los muros de tu preparatoria.

Tenías doce años, y eras, como tú misma te describiste, una "ratita", una ratita cejijunta, de mirada dura y sonrisa burlona, de cuerpo delgado y los labios sensuales cubiertos de bozo. Desde entonces te aficionarías a la compañía de los hombres. Qué relajo. Tener un hijo: he ahí uno de los problemas. Una renuncia a los hijos, a otra se los quitan. Una más tiene dos, tres abortos y no puede concebir, la otra sufre por los hijos que ya tuvo, por los que han muerto y otra por los que ya no puede controlar. Hija de familia, madre de familia. ¡Qué relajo!

Notas, acaso por primera vez, que tu voz es escuchada con respeto y atención: es un símbolo de voluntad y fuerza. El capitán se ha olvidado de Aguilar. Has logrado aprender la lengua de tu amo en pocos meses. Al diablo con el tal Aguilar, te dice él. El imperio será nuestro: tuyo y mío, te confía. Escribir, escribir, escribir. Ser religiosa y profesar las letras. ¿Podría ser un remedio para el amor? Pero decepcionada como estaba, ¿cómo tener ánimo para escribir? "Yo lo llevo", le dijo la Güera al Barón. Y el Barón, sin mucho pensarlo, fue con ella hasta una nopalera donde se criaba la purpúrea cochinilla. "Pero si todavía tienes marido", la criticaban cuando la veían en compañía de algún hombre. "¡Bah!, esto no es más que un breve e inocente paréntesis." Y aun así, cuando el Barón se marchó a Veracruz rumbo a Europa su mirada delató un dejo de nostalgia, de complicidad, de arraigo que nada ni nadie pudo disipar y que hizo que alguien exclamara: "Mira: hasta el Barón tiene su corazoncito".

Empezaste a pintar durante la convalecencia que te dejó en cama durante casi un año. Tu palabra y tu consejo resultaron más potentes que la embestida de mil caballos. Los pueblos se quejan ante ti de los despojos y de las humillaciones. "El capitán", respondes, "vencerá a quien intente hacerte daño a ti o a los tuyos". Pero te enamoraste. "La mejor ruta es por Tlaxcala", le aconsejas al capitán. "Son los enemigos irreconciliables del gran señor." Tu palabra se convierte en la palabra de la guerra. A solas, acostada junto al capitán, que duerme junto a ti, crees que estás en la cama junto a un hombre de hierro y de súbito te preguntas: ¿podrá amarme un extraño, un extranjero como éste? Y es que Fabio la había decepcionado. ¿Por qué se había acercado a ella? ¿Para satisfacer sus bajas pasiones? ¿Y las suyas? ¿Cómo nombrar a las propias pasiones? ¿Acaso no son las mismas? ¿Altas o bajas? ¿Qué significa eso? ¿No es cierto que sus versos hablan de una intensidad y de una pasión que difícilmente pudo ser impostada? (Esta tarde mi bien cuando te hablaba.) ¿Fue mal correspondida? ¿Se burló Fabio de ella? (Que no me quiera Fabio al verse amado, es dolor sin igual por mí sentido.) ¿Pero quién es Fabio sino un mero recurso retórico, un nombre para representar a muchos hombres? ¿O un hombre para representar a muchos nombres? ¿Y qué más le quedaba a una mujer encarcelada en el siglo XVII entre sus mechas y sus greñas? ¿Para qué seguir? Tiene cuatro hijos pero aun así ha decidido separarse de él. Ella baila con el general antes de que él se marche hacia el sur a librar sus batallas en favor de la Independencia. Y cuando luego de toda la campaña entra victorioso en la gran ciudad obliga a todo el regimiento a pasar bajo el balcón de la Güera y aprovecha para enviarle una de las plumas que adornaban su sombrero. Sin que te des cuenta el "Piochitas", Trotsky, mete una carta en el libro y te lo da delante de Natalia y de Diego. Era *Padres e hijos* de Turgeniev. Leíste la carta con avidez, tres, cuatro veces. Del libro apenas y pasaste de la página 20. Se trataba de una declaración un poco ceremoniosa pero te hablaba de amor. Naciste para ser deseada por los hombres, independientemente de que no eras bonita. ¡Pobres pendejos, los hombres! Creen que se enamoran de las bonitas cuando lo que anhelan es que les roben el alma, no el cuerpo. ¡Qué lejos estaban entonces de ti aquellas cartas frescas y vibrantes que le escribiste a Alex después del accidente! Alejandro, a quien tanto querías y que te dejó bien calabaceada ("daría cualquier cosa porque en lugar de que vinieran todos los de Coyoacán y todo el viejerío que también viene, un día vinieras tú"). Qué bueno que Diego ni se las olió. Con lo celoso que es. Tú, igual que él, aprendiste por fin a hacer o a ser lo que se te diera la gana. ¡Faltaba más! Tal vez por eso, cuando acabó todo con el "Piochitas", le regalaste el cuadro aquel que tanto le gustaba al poeta francés. Habías abierto al fin tus cortinas mentales. Entras a la gran ciudad. Vas junto al capitán, como su pareja, su mujer, con tus mejores ropas. La gente los mira con curiosidad, con admiración. Los aclaman. El Gran Señor los recibe sumiso, doblegado. Les ofrece su reino, así, sin más ni más. Y tú sin creer en lo que oías. Se lo comunicas a tu capitán. Se queda tan sorprendido como tú. Un reino para los amantes. Y cuando escribes "muy ilustre señora mi señora" en ese juego de disfraces y seudónimos en el que se te acusaba de opinar contra el sermón del padre Vieyra aprovechas para reafirmar que has desechado el matrimonio de tu vida. ¡Una mujer que renuncia al matrimonio! ¿Qué le ocurre? ¿Era el único camino que te quedaba? ¡Claro que no! Deseabas vivir sola, con tus libros. O no tan sola pero como los que llegaron no vinieron y los que vinieron no llegaron. Y entonces defiendes lo mejor que tienes y que amas: la poesía. Tus superiores te recriminaron y qué. Nunca has escrito nada que no sea por encargo, argumentas. Pero en el fondo sabes que es falso, es una manera de justificarte porque no puedes negar que la poesía forma parte de ti, no puedes vivir sin ella (Baste ya de rigores mi bien, baste). Quítenme lo de "doña" si para eso me va a servir, piensas. Le has dado un hijo. Se llamará Martín, como el abuelo. Un hijo lo atará para siempre a ti. Pero te equivocas. El capitán te empieza a relegar. Te arrebatan a tu hijo, lo separan de ti, lo envían a España, ¡que lo eduquen en la corte! Envalentonado por el alcohol, te entrega públicamente a Juan de Jaramillo en Orizaba y él, tu propio hombre, el hombre de hierro, en el que tantas ilusiones te habías forjado, el invencible, el fuerte, el bullicioso, el altivo, el español, el conquistador, el amigo de las armas, el enamorado, hace que el cura que los acompaña los una en matrimonio. Pobrecillo, cree que deshaciéndose de ti logrará casarse con una noble que lo reivindique ante el emperador. Mulífera chicua Friduchín, te gustaba firmar. Vestida de largo, de almartigón y cola amarrada, de tehuana, para que no se te viera la pata chueca, la del accidente, y para que se te notara lo mexicana hasta las cachas, lo mal hablada, como presumiste siempre, porque te gustan los pelados y te chocan los decentes y hasta tu suerte te resultó lépera. Tú también dijiste aquello de quítenme lo de doña por más señora de Rivera que fuera o de Cortés, que para el caso es lo mismo. Y es que todas las mujeres somos esponjas, succionamos de nuestros hombres talento, seguridad, amor, dolor, semen. Y sin embargo... Una le dio un imperio, otra se enamoró del hombre entre los hombres, el de la cruz, el único, el etéreo, el innombrable, el señor, el nombre entre los nombres, el inexistente. Pero a veces no es sino hasta que una se independiza de él, hasta que se siente el dolor del abandono, que logras tus mejores obras, que te defiendes, escribes tus mejores poesías, te sale lo mejor de ti. Y te empiezas a preocupar por la muerte, y mandas al diablo el qué dirán y tus sueños empiezan a tomar forma hasta que te conviertes en mártir, en santa, en puta, en madre. Pero te encuentras completamente sola, sin el gran bebé, gordo y ojón, perverso. Y todo el mundo te preguntaba, ¿cómo lo puedes amar si está tan feo? ¿Qué tal es en la cama? Dicen que es impotente. Yo no me acostaría con él ni que fuera el último hombre sobre la Tierra: panzón, fofo, con cara de sapo y vete tú a saber qué cosas más. Y sin embargo cada vez que podían te lo trataban de volar. Feo como era o tal vez por eso. Perdónalo, le pediste con lágrimas en los ojos para que lo indultara. Por lo que te he ayudado, por lo que te he servido, por nuestro hijo, perdónalo pues si no la maldición recaerá sobre ti. Yo también los odio. Tenían sojuzgado el reino de mis padres y nos tiranizaron durante años pero él, él es distinto: se trata de un noble, leal a su pueblo, valeroso. Perdónalo por lo que más quieras. Pero el capitán no te hace caso y lo manda a ahorcar. Vuelves con él y con Juan de Jaramillo a la capital. En la noche, cuando duermes, sientes el sudor helado escurriendo sobre su cuerpo, oyes sus gritos de pavor, el castañear de sus dientes. ¡Está jodido!

Pícara, ligera, fácil, casquivana. Encinta te desnudas frente a un grupo de hombres: para que sean testigos de tu maternidad. Tu cuerpo es bello en el embarazo, con la semilla a punto de reventar y bendito es el fruto de tu vientre. Te acusan de sedición. De dar información, dinero al enemigo. Te enjuician. Te presentas con la confianza de una mujer que se sabe bella, fuerte, inteligente. La confianza natural a las mujeres, bellas o no. ¡Qué carajos nos importa Hollywood y su invención de cómo debe ser una! ¡Ya quisieran los hombres! ¿Qué vas a decir? No lo sé, ya se me ocurrirá algo. Haces una irónica reverencia. Te sientas y escuchas las acusaciones. Mientras los jueces te interrogan sabes que has vencido. Respondes con ironía, con burlas, con paradojas. Te condenan a un destierro temporal. Pobrecillos.

Estás hecha de tierra y de maíz, de carne y de sangre, de mar y de luna, de fuego al viento; eres una venada con el corazón herido por cuatro flechas, un coyote hembra por una tundra, una paloma por los aires; morirás antes de los veintitrés años, o tal vez a los cuarenta y cuatro; a los cuarenta y ocho o quién sabe, tal vez vivirás hasta los setenta o hasta los ochenta, qué más da. Lo importante es que mueras tratando de alcanzar el firmamento para convertirte en constelación, en volcán, en montaña, en musa, en palabra, en imagen, en lienzo, en heroína, en amante, en madre, en abandonada, en puta, en cadáver, en polvo, en sombra, en nada... para despertar como lo que eres: mujer.

La Malinche, sus padres y sus hijos terminó de imprimirse en octubre de 2001, en Litográfica Ingramex, S.A. de C.V. Centeno 162, Col. Granjas Esmeralda, C.P. 09810, México, D.F. Composición tipográfica: Patricia Pérez Ramírez. Lectura y corrección de pruebas: Bulmaro Sánchez y Verónica Lara. Cuidado de la edición: Margo Glantz y Mónica Vega.